HR

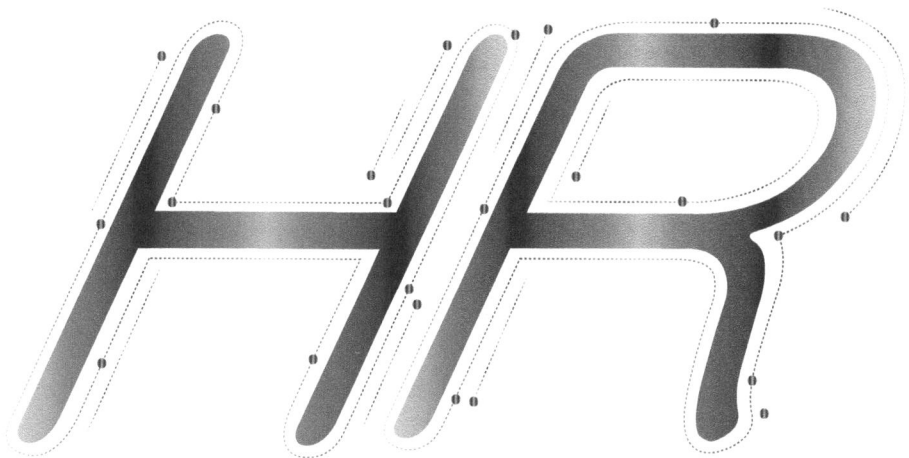

人力资源
数字化升级
策略、路径与实践

张月强 ◎ 著

人民邮电出版社

北京

图书在版编目（CIP）数据

人力资源数字化升级 ：策略、路径与实践 / 张月强

著. -- 北京 ：人民邮电出版社，2024. -- ISBN 978-7

-115-64985-0

Ⅰ. F249.23

中国国家版本馆 CIP 数据核字第 20246AW320 号

内 容 提 要

本书主要探讨人力资源数字化升级的价值、内涵、趋势、策略、路径与实践。从企业管理视角分析了人力资源数字化升级的内外部动因；从应用角度解读了人力资源数字化升级的内涵、构成和价值；从实践角度探讨了如何推动人力资源数字化升级。

本书适合企业管理者、人力资源从业者、人力资源数字化升级研究者、企业咨询顾问，以及对人力资源数字化升级感兴趣的读者阅读参考。

◆ 著　　　　张月强

　　责任编辑　刘亚珍

　　责任印制　马振武

◆ 人民邮电出版社出版发行　　北京市丰台区成寿寺路 11 号

　　邮编 100164　电子邮件 315@ptpress.com.cn

　　网址 https://www.ptpress.com.cn

　　固安县铭成印刷有限公司印刷

◆ 开本：720×960　1/16

　　印张：19.5　　　　　　　2024 年 10 月第 1 版

　　字数：242 千字　　　　　2024 年 12 月河北第 3 次印刷

定价：118.00 元

读者服务热线：(010)53913866　印装质量热线：(010)81055316

反盗版热线：(010)81055315

广告经营许可证：京东市监广登字 20170147 号

衷心祝贺张月强先生的新书《人力资源数字化升级——策略、路径与实践》出版。人力资源、数字化、升级，这三个关键词都是当前及未来不可忽视的概念。

随着数字经济在现代社会和企业组织中的不断渗透、普及和深化，我们工作时处理的数据越来越多，我们使用的数字技术越来越多，我们拥有的数据资产也越来越多，我们正日益融入一个崭新的数字世界，不可避免地成为"数字人"。

作为企业人力资源数字化管理方面的资深专家，张月强先生在这本书中敏锐地指出，企业用工主体正在从自然人向"自然人＋数字人"转变。过去，我们认为企业员工是由物质和精神构成的"有机人"，主要关注的是他们作为人的生物特征和价值，而现在我们逐渐把员工看成可以用数字表示的人、资产和价值，也就是构成新质生产力和新质生产关系的数字人、数字资产和数字价值。

随着数字技术的发展，出现了社会数字化、组织数字化、企业数字化、业务数字化、员工数字化，企业内的人力资源管理也朝着数字化的方向发展。本书中有很多新案例：例如，对于企业的薪资发放工作，数字化通过引入机器人流程自动化（Robotic Process Automation，RPA）工具和智能支付系统，不需要人工参与、干预和审核，即可实现薪酬计算、核算、发放等流程自动化，不仅提高了效率，还精减、优化甚至颠覆了原有的业务流程。又如，智能招聘平台利用人工智能技术改进和创新人员招聘流程，能够自动筛选简历，匹配最佳候选人，并利用自然语言处理技术进行面试预约，候选人可以通过在线平台完成自我评估和技能测试，招聘团队可以通过平台实时追踪招聘进展和分析数据，从而更快地找到合适的人选。

每次我在机场安检通道等待时，发现拥堵的地方往往是行李扫描处，看着安检人员盯着屏幕识别有无违禁物品的认真面孔，我就在想，这多累呀！分拣识别物品的工序大多是例行工作，仅仅凭借自然人的火眼金睛，不如采用数字化技术方法解决，或者让几个数字人来操作。如果自然人只是巡视，仅在发现异常情况的时候干预一下，该多好！

作者提出的人力资源数字化升级的定义值得深思——通过将社交、移动应用、云计算、人工智能（Artificial Intelligence，AI）、大数据、大模型等数字技术与人力资源管理结合，构建突破人才边界、业务边界的社会化组织体系，将传统的人力资源管理转变为自动化与数字化驱动的过程，最终实现"企业与人""业务与人""人与人"的相互融合，使人力资源管理工作变成自动化、智能化的"无生命的管理"系统。

本书中提出的人力资源数字化升级全景图很有意思。该全景图从价值创造方式和价值创造成效两个维度，详细地阐述了精准人才管理、敏捷组织发展、智能人力运营、卓越员工体验等内容。

本书作者实战经验丰富，对人力资源数字化升级可能遇到的8个误区、10个"雷区"的提醒很有警示意义，对人力资源数字化升级的策略选择、九大途径建议很有实操价值。

科学技术是第一生产力——因此，要重视数字技术。

人才是第一动力——因此，要重视人力资源管理。

经营管理是第一生产关系——因此，要重视把科技、人才、资金等生产要素黏结起来的经营管理。

思想体系是重要的上层建筑——因此，要重视企业文化建设。

本书提到的新技术、新模式，人类推动的人力资源数字化升级，较全面地涵盖了这些内容。盖楼需要施工，施工需要从下到上；未来需要设计，设计需要由远及近——没有正确的长远思想构成的企业上层建筑，就没有正确的企业生产关系，没有正确的科学技术和人才机制构成的新质生产力，就没有强大的核心竞争力！

相信本书中的诸多重要思想和实操策略建议，能够成为企业人力资源数字化升级实践的指导原则和有效借鉴。

中国人民大学商学院教授

杨杜

2024 年 6 月 27 日

序二

本书聚焦企业人力资源数字化升级，助力企业数智化成功，内容新颖，很有价值！

多年前，我在中国人民大学商学院举办的中国人力资源管理年会上，听过作者张月强先生对数字化与人力资源管理精辟的解读，印象深刻。之后多年间，不断追读他对人力资源管理的相关论述及发表的文章。这次，很高兴读到他的新作，收获很大。

诚如本书作者所说："人力资源数字化是企业组织能力重构的新引擎"。

企业正加速推动数智化转型，为客户创造新价值、新体验，提升企业核心竞争力。

重构组织及重塑生产关系，提升员工伙伴新能力，激发新活力，是企业数智化成功的关键。其中，人力资源管理者正扮演着核心的角色！

本书探讨的人力资源管理数字化正是重构企业组织能力、提升员工伙伴能力、激发员工活力的新引擎。

重构敏捷创新组织机制、促进组织战略与员工伙伴达成共识、人才与业务适配、通过绩效管理激发员工活力、数字员工实现人机协同、员工能力升级、数字领导力建设企业新文化等，这些都是企业数智化成功的关键。本书从企业人力资源数字化的视角，认真阐述了这些关键！

本书可以帮助企业管理者、人力资源管理者开拓思路，推动人力资源数字化升级的顶层设计、路径选择和落地，启动人力资源管理新范式！

本书介绍的是一流的企业人力资源数字化理念和国内外优秀企业实践，融合理论、知识和技能，帮助读者打开对人力资源数字化的新的认知，提升其实践能力，进而成功驱动企业数智化，为企业创造新价值。

企业数智化不断与时俱进，例如，在科技领域生成式人工智能（Artificial Intelligence Generated Content，AIGC），智能（群）体被热烈探讨，未来必将有更多的创新实践。

每个参与数字化的管理人员，都可以利用本书阐述的新内容更新自己的知识库，不断总结实践经验，提升能力，从而成为引领企业人力资源数智化的管理人才。

IBM 大中华区前董事长

钱大群

2024 年 7 月 17 日

从 2018 年起，我就开始关注数智化技术的发展对组织行为和人力资源管理的影响，我只要看到数智化相关的技术发展、相关的学术论文，以及数智化技术在企业中的管理实践，都非常关注，用心学习之余，深感这个时代，技术发展对企业经营管理的巨大冲击和颠覆。

尽管零零散散地跟踪或调研着企业的人力资源数字化转型，但总是感到困惑，人力资源数字化转型一定是"三支柱"模式？"三支柱"的含义是一样的吗？工业企业的人力资源数字化转型和消费或服务互联网有何区别？人力资源数字化转型在企业数字化转型中的顺序（相对于生产、销售、财务）是什么？人力资源的数字化和信息化有何区别和联系？人力资源的智能化应用场景有哪些？企业的数字化转型到底是以技术为主导，还是以管理和业务为主导？人力资源数字化转型和组织结构、组织文化是什么关系？

带着上述问题，我一方面向理论界求解，另一方面与实务界探讨，隐隐约约明白了一些答案，又似乎没有系统的、明晰的结果。当然，企业本身就是各具特色的，成功的道路不止一条，加上数字化技术的渗透，企业要想走出自己的成功之路，变数更大，但是我相信这种探索永远在路上。

非常幸运，2023年12月，我和张月强先生在一次人力资源数字化转型的研讨会上相遇，我们有许多共同的追求和相似的想法，我是理论研究和教学工作者，而张月强先生则集理论与实践思考于一身，我们找到了交集，他跟我无私地分享了自己发表的系列成果，让我很受启发。

看到张月强先生的新作《人力资源数字化升级——策略、路径与实践》，如获至宝，我前后阅读了多次，了解了企业人力资源数字化升级的现状，升级的策略和路径，以及升级的风险和"雷区"，这些重要内容本书都有论述，对我启发很大。

首先，该书前4章铺垫了企业数字化转型的社会、技术、经济发展背景；然后，从第5章开始，定义了人力资源数字化升级的内涵和外延，又分别从传统人力资源管理的痛点破题，深入描述了人力资源数字化升级的核心和目标，即通过精准人才管理、敏捷组织发展、智能人力运营、卓越员工体验，支撑"智效合一"（即智能和组织效率的统一）目标；最后，从实践的角度，介绍了人力资源数字化升级的误区、升级策略和路径选择，为希望开展人力资源数字化升级的企业提供了指引。

该书除了系统性，还有许多值得称道的理论亮点，包含但不限于以下观点：提出了人力资源管理者需要具备的数字化技能，包括数据驱动的意识、体验至上的思维、业务聚焦的导向思维；从组织和业务发展视角定义企业数字化转型的4种类型，即业务的数字化转型、组织的数字化转型、业务的数字化优化和组织的数字化优化；人工智能在人力资源管理中的应用，包括效率提升类、应用增强类、数据分析类和管理变革类；人工智能时代的智能管理模型，包括数据识人、智能育人和智慧用人；大模型在人才管理中的应用前景，包括人才引入、人才融入、人才培养、人才识别、人才使用、人才成长、人才保留和人才优化等。这些内容有助于帮助理论工作者进一步提炼未来的研究课题。

数字化技术对组织行为和人力资源管理的影响是不以个人意志为转移的。尽管人力资源数字化升级还处于发展的初级阶段，但其长久的影响不可忽视。为了照顾系统性，作者的案例大都渗透在行文中，而并非简单地介绍不同行业企业的系统先行实践，相信能为广大的读者提供一个理论框架，为实现人力资源数字化升级启智生慧。

华中科技大学管理学院教授

龙立荣

2024 年 8 月 3 日

序 四

我和张月强先生是北京大学光华管理学院的博士同学，张月强先生是人力资源管理领域的专家，他对人力资源管理、组织能力建设方面有很多真知灼见，每次跟他就组织能力建设方面的话题进行沟通，都获益良多。祝贺月强同学的新书《人力资源数字化升级——策略、路径与实践》出版，相信会给企业高管、人力资源从业者带来很多启发。

美国管理学家吉姆·柯林斯、杰里·波勒斯在《基业长青》一书中提起，通过研究能够长盛不衰的公司，找到他们背后的共同特质和原则，创造一个"基业长青"的公司是所有企业家的共同理想。但实际情况是，能够存活10年以上的企业是少之又少的。

一家企业要想获得持续的发展，第一是要找到社会需求，抓住时代带来的机会，这个机会要足够大，即企业需要有明确的业务战略。一家没有明确业务战略的企业是很难走远的，业务战略代表着企业的发展方向。

业务战略清晰了，考验的就是企业是否能打通战略到执行的环节，不断地提升组织执行力。组织执行力才是保障业务战略得以实现的关键，组织执行力代表的其实就是企业的组织能力，也就是企业的人力资源管理能力。只有不断提升企业的组织能力，才能支持企业战略目标的实现，才能支持企业的可持续发展，也才能真正地实现"基业长青"。

如今的数字经济时代，数字技术和人工智能技术的发展，为企业带来了前所未有的机遇和挑战，也给企业的人力资源管理者提出了新的要求，本书中提到了"智能时代人力资源管理者需要具备的数字化技能"，我觉得非常有价值。在这个技能的指引下，人力资源管理者不但要促进数字化手段和人工智能技术在企业内部的广泛使用，也要始终围绕企业的发展目标，为企业持续不断地培养数字化人才。我相信只要做到这一点，企业的组织能力就会得到持续提高，也能更好地促进企业战略目标的实现。

《人力资源数字化升级——策略、路径与实践》一书中不但有很多精彩的观点和见解，也有具体的策略和建议，完全可以作为企业人力资源数字化升级的工具书。2024年，基于人工智能大模型的场景化应用不断涌现，在这样的背景下，人力资源数字化升级不再是一道选择题，而是一道必答题，相信这本书可以帮助每位人力资源管理者交上一份满意的答卷。

爱康集团资深副总裁

刘华

2024 年 8 月 10 日

　　数字化转型不仅已经成为企业提升客户服务能力、提高组织运作效率和研发质量的有效手段，而且是企业适应商业环境变化、构建新型商业模式、创造独特竞争优势的必由之路和广泛共识。

　　经过数十年的企业信息化建设，中国企业经历了以要素市场（土地、资本、劳动力）为核心的增长模式，逐步升级为规模市场模式，正在走向创新和领导力驱动的全球运营模式。以更精准获客为目的的数字营销，以提高供应链效率、降低成本为目标的数字化供应链体系，以及从消费者到生产者（Customer to Manufacturer，C2M）驱动的智能制造创新等，越来越多的企业选择利用数字化技术推动企业的外延式价值创造，即业务数字化转型，并且在营销、采购、客户服务等领域取得了显著的成效。

　　然而，随着中国企业经营组织范围的全球化拓展和业务边界的多元化突破，企业越发意识到组织能力是企业不可复制的核心竞争力，企业要保持高质量可持续发展，其根本在于企业具备适应智能时代商业变革的组织能力，因此，企业数字化转型正在从外延式的价值创造型的业务数字化转型，升级为以高质量发展为目标，以组织能力重构为基石的组织数字化转型。

人力资源管理是企业管理的重要职能，不同于其他领域的职能管理，人力资源管理的核心价值在于从员工和组织两个视角思考驱动企业发展的组织能力，即肩负着组织发展和人才发展的双重使命。

从员工或人才视角出发，员工既是企业的资源，企业以资源有效"配置"的视角看待员工，同时员工又是支撑企业发展的力量源泉，企业以成长"发展"的视角为员工提供个人价值实现的平台；从组织的视角出发，正如管理学大师彼得·德鲁克所言，企业存在的价值就是创造顾客，因此，企业的首要目标是充分调动内外部资源实现效能提升。同时，企业需要思考面向未来的长期可持续发展，为此，组织需要不断自我革新，从而适应商业环境的变化，帮助企业构建核心竞争力。二者结合在一起共同构成人力资源管理的"三力一性"四象限，即面向组织目标达成的"员工执行力"（聚焦组织视角的效能提升和员工视角的合理配置）、激发个人价值和组织活力的"员工创造力"（聚焦组织视角的效能提升和员工视角的成长发展）、承载企业战略落地执行和商业变革的"组织敏捷性"（聚焦组织视角的变革创新和员工视角的合理配置）、人才和文化引领的"组织凝聚力"（聚焦组织视角的变革创新和员工视角的成长发展）。只有合理配置员工和资源，才能更好地帮助企业实现效能提升的目标；只有面向人才发展和组织发展的变革与创新，才能为企业奠定长期可持续高质量发展的组织能力，因此，人力资源管理的价值，不再是人力资源部传统的"选""育""用""留""评""汰"流程，而是升级为以创造价值和激发组织活力为目标的组织能力建设。

同时，伴随着大量的中国企业逐渐走向多元化经营和全球化运营模式，企业的用工边界正在突破原有的组织模式走向社会化用工模式，企业人力资源管理的边界也在打破原有的职能和壁垒，逐渐成为社会化、产业链级、共享式、智能化的新范式，人力资源数字化成为支撑企业人力资源管理者落实组织能力重构和建设的重要支点。超自动化应用、数字员工、组织绩效、数字化人才供应链、全面组织画像、智能人才发现、组织网络分析等创新的人力资源数字化应用，正在加速企业的人力资源管理变革和创新，很多企业将人力资源数字化升级定位成企业数字化战略的核心，甚至很多领先企业选择率先推动人力资源数字化升级，以构建数字化思维，打造数字化领导力，提升数字化渗透率。

然而，我们必须清醒地认识到，由于缺乏人力资源数字化升级的顶层设计、数字化升级策略选择不当、数字化升级的持续运营投入不足等导致的人力资源数字化升级的失败案例比比皆是，所以有必要从价值定位、转型动因、底层逻辑、核心内涵、关键价值、转型模式、建设路径和领先实践等方面，系统梳理人力资源数字化升级的动因、目标、定位、模式、路径和策略。

因此，本书从企业视角阐述推动人力资源数字化升级的动因，从应用视角剖析组织能力与人力资源管理数字化的底层逻辑，分析人力资源数字化升级的内涵、构成与价值，同时从实践视角分享企业在推动人力资源数字化升级中需要避免的误区、"雷区"，以及可以借鉴的模式、路径和实践。

本书共分为 3 个部分。

第 1 部分包括第 1 章、第 2 章和第 3 章，主要从数字经济与组织数字化转型、组织数字化与人力资源数字化升级、智能时代的企业组织能力等方面阐述人力资源数字化是企业组织能力重构的新引擎。

第 2 部分包括第 4 章、第 5 章、第 6 章、第 7 章、第 8 章和第 9 章，在简要梳理人力资源数字化的趋势和动态的基础之上，系统地阐述了人力资源数字化升级的新内涵，以及从人才管理、组织发展、员工体验和人力运营 4 个维度阐述人力资源数字化升级的关键价值与核心应用。

第 3 部分包括第 10 章、第 11 章、第 12 章，全面分析人力资源数字化项目的常见误区，系统地阐述了人力资源数字化升级的策略选择，以及人力资源数字化升级的模式路径与实践。最后结合人工智能的发展给出了企业人力资源数字化升级的一些建议。

组织数字化转型是企业面对不确定性和不连续性的商业环境，不断提升组织能力的必然选择。人工智能在企业管理中的实践应用正在飞速发展，数字化和智能化正在推动人力资源管理从原来的职能管理向组织能力提升的价值定位快速转变。

传统人力资源管理的经验性、主观性、滞后性、标准化、流程化、碎片化、模糊化等特点，是制约企业人效提升的关键点。随着数字技术的迅速发展和新生代成为职场主力，社会化的组织模式和灵活多样的雇佣方式逐渐成为智能时代和数字经济的关键特征。如何通过数字化手段更有效地激发个体和组织的活力，并在此基础上锻造适应不确定商业环境的组织能力，已成为企业关注的核心焦点。

本书围绕组织能力深入阐述了人力资源数字化升级的核心目标：智效合一，即帮助企业利用数字化和智能化技术，推动企业组织能力重构和人才的激活。

北京大学　光华管理学院　教授

路江涌

数智技术极大地推动了企业组织的变革与转型。基于技术驱动组织目标的变化，组织中的协作机制随着人力资源管理政策、制度和做法需要同步变化，甚至驱动组织变革。张月强博士在上述领域积累了丰富的经验并有系统性的思考。本书从组织面临的数智环境出发，讨论了组织新目标，并以此为基础，阐述了人力资源数字化的内涵，并提出了相应的策略建议，通过典型案例，分析并总结了企业人力资源数字化的新模式。本书能够帮助读者了解数智时代背景下组织与人力资源管理的目标、职能和做法。

中国人民大学商学院　教授

冯云霞

在人工智能飞速发展和不断深入应用的当下，全面、深入地阐述数字化转型和组织能力迫在眉睫。企业的数字化转型和组织能力建设，有赖于人力资源管理的创新，本书从组织、人才、人力管理、员工4个不同的视角，详细阐述了人力资源数字化升级的核心价值、建设模式、实践路径等，相信能够帮助企业管理者思考组织数字化转型、人力资源数字化升级等关键问题，有效推动企业加速人力资源管理创新。

北京邮电大学　教授

牛琨

在数字化浪潮的推动下，企业正面临着前所未有的机遇与挑战。数字化转型是企业在新的发展时期的必然选择，市面上有关企业数字化转型的图书比较多，但是围绕组织视角展开，尤其是以人力资源数字化为主题的图书，并不多见，张月强先生的新作《人力资源数字化升级——策略、路径与实践》给了我们全新的视角，书中围绕数字经济、组织数字化转型、组织能力、人力资源数字化升级等概念展开，深入阐述了人力资源数字化升级对于企业组织能力建设的关键价值，观点新颖，打开了企业数字化转型的不同视角。

一是组织数字化转型的必然性。数字化已经成为推动社会进步的关键力量，企业如果想在激烈的市场竞争中立于不败之地，就必须进行数字化转型，而组织数字化转型是企业立足当下业务发展和面向未来商业创新的组织能力建设，不仅是技术的革新，而且是管理思维和组织能力的全面升级。

二是人力资源数字化升级的核心价值。人力资源作为企业最宝贵的资源，其数字化升级是组织数字化转型的关键一环。本书通过丰富的案例和深入的分析，展示了人力资源数字化升级如何帮助企业构建更加智能化、高效化、个性化的员工服务能力，实现数据赋能和智能嵌入，从而实现企业组织能力的不断升级和高质量发展。

三是智能时代的人力资源管理者能力升级。在智能时代，人力资源管理者的角色和能力要求发生了根本性的变化。张月强博士强调，人力资源管理者需要具备数据驱动的意识、体验至上的思维和业务聚焦的导向观念，以适应人力资源数字化升级的要求。

四是人力资源数字化升级的策略与路径。书中详细探讨了人力资源数字化升级的策略和路径，包括超自动化技术的应用、数字员工的布局、数字领导力的培养、组织绩效与人才管理的闭环构建等，为企业提供了一套系统的方法论。书中不仅提供了理论指导，而且分享了众多企业在人力资源数字化升级过程中的实践经验和教训。这些实践案例生动地展示了数字化技术如何与人力资源管理深度融合，为企业创造更大的价值。

《人力资源数字化升级——策略、路径与实践》是一本理论与实践相结合的图书，它不仅为我们揭示了人力资源数字化升级的深层逻辑，还为我们的实践提供了清晰的方向和实用的工具。我相信，本书将成为企业管理者和人力资源专业人士书架上难得的一本专业好书。

明泽资本创始人、董事长

马科伟

全力发展新质生产力成为推动我国社会经济高质量发展的重要动力。与传统生产力相比，新质生产力突破了传统经济增长方式和生产路径的局限，展现出了高科技、高效能、高质量的特征。当今企业的数字化、智能化转型正是顺应了新质生产力的发展要求，企业的人力资源管理也将迎来新一轮的变革与重塑。如何建立企业的组织能力、人才能力，快速匹配业务需求，成为人力资源工作者面临的重大课题。本书从企业管理视角及实际应用角度讲述了人力资源数字化升级的内涵与价值、理论方法及实践操作，对推动人力资源数字化升级有着很好的实际指导意义。人力资源工作者可以将这些理论和实践经验与自己的实际工作相结合，助力企业的人力资源数字化升级，真正实现"业人融合"。

天津医药集团首席人力资源官（CHO）

毛蔚雯

　　管理是一种实践，《人力资源数字化升级——策略、路径与实践》一书凝聚了张月强老师多年来人力资源管理数字化的思考、探索和实践，既有仰望星空的国际化视野，又有脚踏实地的本土化案例，系统性地回答了"数字化升级"是什么、如何做等组织能力重构的问题，"企人融合""业人融合""人人融合"，变革、敏捷、共享、体验、活力，如同一个个音符跳动在本书的字里行间，有高度、有温度，让人们对人力资源数字化升级充满期待！

　　　　　　　《百年领导力：1921—1949 中国共产党领导力实践》作者

　　　　　　　　　　　　　　　　　　　　　　　　　　　　周万亮

　　人工智能时代的企业数字化转型，不仅是局部的业务流程优化和数字化，而且是聚焦效率提升、业务变革和发展模式转变基础上的组织数字化转型。组织数字化转型需要全员的深度参与，是数字技术应用基础上的思维观念的转变和数字化素养的建设。在本书中，我们很欣喜地看到作者在组织数字化转型、人力资源数字化升级、组织能力提升等方面的思考，以及大量头部企业的实践，对于即将或正在进行数字化转型的企业，相信这些内容能对其发展起到非常有益的借鉴作用。

　　　　　　　　　　　　　　　　　　　　　　　居然之家　执行总裁

　　　　　　　　　　　　　　　　　　　　　　　　　　　　王宁

　　衷心地祝贺张月强副总裁又一力作《人力资源数字化升级——策略、路径与实践》一书出版。该书的出版将为"人工智能＋"行动在企业管理领域带来新的思考、讨论、行动和变化。

数字经济是继农业经济、工业经济之后的主要经济形态，是以数据资源为关键要素，以现代信息网络为主要载体，以信息通信技术融合应用、全要素数字化转型为重要推动力，促进公平与效率更加统一的新经济形态。我们知道，新质生产力的应用场景主要在于改造提升传统产业、培育壮大战略性新兴产业，以及建设部署未来产业。本书作者牢牢抓住企业管理要素和生产要素的交叉点——人力资源，人力资源的数字化升级相当于数字经济转型提升人力资源管理、人力资源服务、人力资源运营、人力资源和人才发展的方方面面，是新质生产力发展的重要方向，这些并不是作者的投机取巧，通读全书，从字里行间能够洞察到作者丰富的实践经验和深厚的理论功底。

数字经济发展速度之快、辐射范围之广、影响程度之深前所未有，正推动生产方式、生活方式和治理方式深刻变革，成为重组全球要素资源、重塑全球经济结构、改变全球竞争格局的关键力量。作者对数字经济学习的执着令人钦佩，对以信息技术为代表的新一轮科技革命和产业变革的探索和追求值得尊敬，相信本书能够为多家大型企业客户带来"因企制宜"的解决方案，为我国数字经济和实体经济深度融合做出实践探索的重大贡献。

中关村人才协会秘书长

冷明

《人力资源数字化升级—策略、路径与实践》是一本具有重要实践指导意义的图书。本书紧扣时代脉搏，深入探讨了人力资源数字化升级的相关议题，为企业在智能时代的人力资源管理变革提供了全面而深入的指导。

作者从人力资源数字化的必要性和重要性出发，详细阐述了企业在数字化转型过程中可能遇到的问题和挑战，并提供了切实可行的解决方案。书中对人力资源数字化的趋势和动态进行了深入分析，使读者能够清晰地了解这一领域的最新发展态势。

在内容上，本书涵盖了人力资源数字化的各个方面，包括精准人才管理、敏捷组织发展、智能人力运营、卓越员工体验等，构建了一个完整的知识体系。同时，本书通过丰富的案例和实践经验分享，使理论与实际紧密结合，增强了本书的可读性和实用性。

本书的亮点在于，不仅提供了人力资源数字化升级的策略和路径，还强调了实践中的误区和"雷区"，以及相应的规避措施，为企业提供了较为全面的指导。另外，本书中关于人力资源数字化升级的模式和路径的探讨，结合了企业的实际情况，具有很强的针对性和可操作性。

总之，这本书对于企业管理者、人力资源从业者，以及相关领域的研究者来说，是一本不可多得的好书。

58 魔方 CEO

郝耘琦

张月强先生的新书《人力资源数字化升级——策略、路径与实践》最大的亮点在于，其基于人力资源数字化升级的独特视角。从策略到路径，再到实际操作，本书通过大量的实践经验，提炼出极具借鉴性和实操性的模型与工具。张先生作为人力资源管理领域的资深专家，凭借深厚的理论知识和丰富的实战经验，为企业实现人力资源数字化升级提供了详细的指南。本书不仅全面解析了人力资源数字化的趋势和技术应用，还通过大量案例展示了实际操作的路径和方法。正如彼得·德鲁克所言："管理的本质在于激发人的潜能。"对于任何希望在智能时代提升组织效能的企业管理者和人力资源从业者来说，这本书都是一部不可多得的实用指南。张月强先生的洞见和智慧，将为企业人力资源数字化升级带来巨大的启发。

拜耳作物科学业务培训与发展总监

宫艳卿

该书汇集了多年来作者作为引领者在数智人力领域中的洞察和思考，理论与实践并重，更是一部引领企业人力资源迈向数字化未来的行动指南。其中，"数据识人、智能育人、智慧用人"的理念更是高度概括了未来人才数字化管理的精髓，作为多年的人才测评从业者不由得佩服和赞叹。

我相信，通过本书的阅读和学习，每位人力资源从业者都能够找到把握智能时代脉搏的机会，引领企业人才管理的革新与升级，共创组织和人才发展的新时代。

上海职配数字科技有限公司　总经理

王世强

在信息飞速发展的今天，企业数字化转型已经成为各行各业不可逆转的趋势。人力资源领域，作为企业运营的重要支柱，亦经历着前所未有的变革。本书从宏观角度，剖析了数字化转型的技术和经济发展背景，引领读者洞察时代脉搏，理解人力资源数字化升级的深远意义。

尤为值得一提的是，作者在书中提出了"智效合一"的理念，倡导在智能组织效率与效能之间寻找最佳平衡点，这不仅体现了作者对人力资源管理深层次的理解和在企业多年运营中的深刻感悟，而且为企业如何在数字化浪潮中保持竞争力提供了全新视角。

本书从实践的角度出发，详细介绍了人力资源数字化升级的具体策略与路径选择，结合案例，使理论知识落地生根，为读者提供了极具操作性的指导。无论是初涉人力资源数字化升级的新人，还是深谙此道的行业老手，相信他们都能从本书中获益匪浅。

《人力资源数字化升级——策略、路径与实践》是一本集前瞻性、实用性和启发性于一体的佳作，它不仅展现了作者在人力资源数字化领域深厚的专业底蕴，以其独到的见解和丰富的实践，为企业在人力资源数字化升级道路上提供了高价值原理方法，引领我们共同探索智能时代的无限可能。

上海利唐信息科技有限公司 CEO

朱德权

目 录

人力资源数字化是企业组织能力重构的新引擎

在复杂商业环境下，随着数字化浪潮中的变革与创新发展，传统依赖单一能力的发展模式正向具备战略能力、业务能力和组织能力的全球化运营模式转变。我国企业在市场规模、产品发展和技术创新等方面处于世界领先地位，需要持续进行商业创新和提升管理运营能力，以实现进一步的飞跃。过去几年，加速推进落地的数字化转型更深层次地改变了社会生活和企业经营管理，数字化与智能化的融合正在如火如荼地进行。

在人工智能深入应用的智能时代，员工个体、团队领导者、企业管理者、人力资源管理者均需要思考：适应智能时代的人才技能结构将如何变迁？智能时代的企业组织能力结构将如何重构？如何通过数字化和智能化的应用改进人才技能结构？如何未雨绸缪地规划人才能力结构和人才管理体系？如何通过人力资源数字化，推进企业组织能力的重构，以应对新的商业环境变化。

因此，企业人力资源管理者正面临新的机遇，即数字化和智能化正在加速人力资源管理回归个人发展与组织发展"双全发展"的价值本源。构建健全的企业数字化人才供应链体系是在内部视角、外部视角、人才视角和组织视角多维因素叠加的基础上，对人才管理体系进行数字化思考和设计，涵盖目标绩效管理变革、全面人才盘点、前瞻业务洞察和精准人才管理，通过管理机制的创新推动和支撑企业目标的实现，突出体现在组织的业务目标与人才发展的有机结合和深度融合上。同时，借助数据智能，通过人员能力标签与企业业务需求属性的精准识别和自动匹配，实现企业业务与人才的数字化精准匹配，从而建立基于数字化技术的新质生产力，推动企业重构持续价值创造和高质量发展的组织能力。

一、数字技术和智能技术加速企业人力资源管理数字化

《中共中央关于制定国民经济和社会发展第十四个五年规划和二〇三五年远景目标的建议》提出"加快数字化发展。发展数字经济，推进数字产业化和产业数字化，推动数字经济和实体经济深度融合，打造具有国际竞争力的数字产业集群"。数字经济是当前全球经济发展的重要趋势，它以信息技术为基础，通过数字化、网络化和智能化手段，将信息和资源快速连接和流动起来，推动产业变革和经济增长。在这个过程中，企业的人力资源管理也发生了深刻的变革。数字技术和智能技术的赋能，让人力资源管理拥有了更多的机会和挑战，同时，也为企业和个人提供了更智能、更高效、更个性化的服务。

我国企业在走向世界一流企业的进程中见证了中国经济的腾飞，这是巨大的市场规模、企业活力有效释放、商业模式创新的结果。新时期，我国企业面临着发展模式转变、效率与创造力提升、全球性视野与竞争力获取等挑战，同时，诸如产品研发、技术创新、客户服务、品牌建设、市场营销、人才激励和培养、战略执行、企业文化等内部运营管理，又需要极具超越性与颠覆性、理性且良性的数字化解决方案。

因此，**从组织视角来看，关注企业价值实现的外延式业务数字化转型，将升级为以高质量发展为目标、以组织能力重构为基石的内生式组织数字化转型**，需要企业思考以下关键问题。

（1）数字化如何帮助企业实现从资源占有到效率提升？

（2）数字化如何帮助企业实现从速度领先到质量制胜（或高质量发展）？

（3）数字化如何加速企业回归商业的本质？

（4）数字化如何通过重构企业组织能力实现组织数字化转型？

围绕"回归商业本质"和高质量发展的组织数字化转型，人力资源管理的价值定位需要重新审视和变革才能适应企业高质量发展的要求。从众多优秀的世界一流企业的实践中，我们可以得知人力资源管理需要从传统的职能管理、指挥管控，向紧贴业务战略实现、组织边界和人才边界突破，融合数据洞察与分析，面向组织发展的数字化人力资源运营转变。原有的职能人力资源管理或闭环的企业人才管理面临着业务重构、管理升级的机遇与挑战，人力资源管理需要回归组织能力提升和组织效能持续改进的价值本源。

同时，企业的用工主体正在从自然人向"自然人＋数字人"转变，人力资源管理的底层逻辑或思维范式将面临重塑的契机，从传统的职能型、功能型、指挥型内部管理向经营型、运营型、平台型转变，因此，突破组织边界的、**面向组织发展的数字化人力资源运营是企业人力资源管理的发展方向**。

从参与者的视角出发，崇尚参与、个性张扬的"Z 世代"（通常是指 1995 年至 2009 年出生的一代人）或者通常意义上的"95 后"为代表的新生代员工成为劳动力主体。面对这类人群，无论是管理方法还是激励手段，管理者都面临着新的挑战和机遇，同时延迟退休等造就的多代际人员共同工作，必然促使人力资源管理者需要认真面对、思考和应对复杂、多样的多代际共融局面。因此，人力资源管理领域的数字化不应该是传统意义上应用功能的数字化，而应该是以员工体验为基础的，以数字化和智能化技术创新为载体的，以提高员工服务、提升工作尊严、员工获得感为目标的数字化应用的升华。因此，**以创造价值和激发组织活力为目标的员工体验和员工服务成为人力资源管理数字化的重点工作。**

从组织发展的视角来看，组织能力价值定位的变化、新生代员工的渗透、数字技术的创新发展，以及随着越来越多的个体期望从工作中获得价值，组织的角色正从交易型雇主转变为变革型伙伴，组织中传统意义上的雇佣关系也在发生颠覆式的变化，企业不再是单纯的员工赚取报酬的雇主，而是个人价值实现的载体。因此，企业的雄心壮志与愿景，正逐渐成为吸引人才加入的根本动力，即愿景吸引人才，人才引领企业发展。大量的调研数据表明，人力资源部门需要接受其作为目标驱动力和有意义变革的角色，否则就有可能加剧人才的短缺。因此，组织绩效战略落地成为关键目标，通过全员定责、层层问责、精准兑责，链接"战略—组织—人"，保障组织的高效执行力的**人才发展与组织目标达成"智效合一"，是实现组织能力锻造与持续重构的关键策略。**

组织发展的价值通过管理机制的创新推动来支撑企业目标的实现，突出体现在组织的业务目标与人才的深度融合、有机结合上。借助数据智能，**精准识别企业业务需求，并将人员能力标签与企业业务需求进行自动匹配，实现企业业务属性和人员属性的有机融合，即实现"业人融合"。**其中，"人"是指企业内外部的"人才"，"业"是指企业的业务目标，或者是"绩效"，"业人融合"的核心是执行力，强调通过把正确的事、正确的人、正确的方法融合在一起，将业务属性与人员属性有机结合，实现人才与业务的深度融合，提升战略执行力，实现企业战略目标。

数字员工所依赖的人工智能、物联网和自动化等新兴技术日益成熟，为数字员工的优化和快速发展与应用奠定了坚实的基础。行业调研发现，在简单劳动、数据处理、数据采集等工种或岗位，选择部署数字员工的可能性已超过 50%。如今，越来越多的企业和组织正在将可能性转变为现实，数字员工的产业化初具形态。

从技术视角出发，人工智能、机器学习、区块链技术、认知计算与认知自动化等技术的创新，已经在企业服务和企业数字化转型中得到应用与验证。企业数字化转型要充分发挥数字技术的创新驱动和引领作用，同时，结合数字化变革管理、数字化劳动力管理，体系化地构建企业数字化转型的框架与方法论，才能达到预期目的。

二、人力资源管理数字化的关键着力点

2022 年 12 月，随着 OpenAI 公司发布一款大模型人工智能聊天机器人程序（Chat Generative Pre-trained Transformer，Chat GPT），以生成式人工智能为代表的人工智能技术飞速发展，并被广泛应用在企业管理和人力资源管理中。新质生产力、高质量发展、人工智能、数字员工、员工体验、员工服务、员工福祉、绩效管理创新、组织能力重构，以及数字化转型，给人力资源管理带来了机遇与挑战，因此，企业需要从下述关键着力点入手，加快数字化转型，打造人力资源管理新引擎，服务企业高质量发展，打造企业新质生产力。

1. 加大超自动化技术的应用，与企业业务深度融合

新的数字化技术不断涌现，在改善员工体验和提升管理效率的同时，正持续渗透到企业经营管理的方方面面，员工体验类、人力运营类、数据智能类等应用，正在人力资源管理领域加速渗透。展望未来，超自动化的应用有更多不同的层次，具体可以从管理流程、服务流程、支持流程等视角展开。同时，大量在数字化方面领先的中国企业将包括 RPA 在内的超自动化技术引入极速入职、简历筛选、视频面试、问答互动等人力资源管理场景，提高员工满意度。

2. 全面布局数字员工，重构人力资源运作逻辑和人力资源管理新范式

数字员工所应用的人工智能、物联网和自动化等新兴技术日益成熟，为数字员工的优化夯实了基础。企业员工的主体也将从自然人向"自然人 + 数字人"融合的方向发展，用数字化"武装"起来的自然人与纯粹意义上的机器人共同组成了数字员工。人力资源管理的范式需要被重新定义，需要从人为制定规则、人为执行驱动规则，人为监督反馈执行情况，到人工智能设定规则、程序定时执行，人为干预只出现在异常事件处理中。数字员工的发展，要求人力资源管理者重构运作逻辑，在此基础上融合战略与管理思维、布局相应的技术，激活数字员工潜能。

3.结合数字领导力，持续推动宗旨导向的企业文化建设

在新的人力资源管理范式下，受潜在冲击最大的恰恰是企业文化。正因如此，企业文化面临着前所未有的挑战与冲击。一个组织若要实现持续且高质量的发展，企业文化的引领作用显得尤为关键。

在数字化浪潮汹涌的时代背景下，人力资源管理者亟须深思：如何运用成长型思维，坚守宗旨导向，强化沟通协作，提供有效支持与协作，以及营造相互欣赏与福祉共建的氛围，进一步提升企业文化建设。对企业来说，这不仅意味着重拾组织的高效战斗力，而且是对战斗力全方位的升级与强化。通过这一系列的努力，旨在构建一个更加和谐、更加高效且充满活力的企业文化，为组织的长远发展奠定坚实基础。

4.从企业组织能力和经营绩效视角出发，实现闭环人才管理到基于组织绩效的"人企协同"和"智效合一"

当深入探讨组织绩效的内涵时，不妨将其视作"正确的事"的具象化体现。在此逻辑下，组织绩效的构建离不开稳健的组织模式、杰出的人才引领以及创新的机制设计 3 个关键要素。其中，组织模式犹如稳固的基石，为整个体系提供坚实的支撑；人才引领则如同指南针，确保组织能够吸引并激发与企业文化、战略高度契合的人才活力；而机制设计则是以科学的方法论为引导，确保组织在变革的浪潮中能够保持持续、稳定且高质量的发展态势。

因此，企业如果想实现跨越式发展，就必须从传统的、相对封闭的闭环人才管理模式中挣脱出来，迈向更为开放、包容的社会化人才管理新纪元。这不仅意味着要突破企业内部的局限，还要在更大范围内实现基于组织绩效的"人企协同"与"智效合一"。通过这样的转型，企业一方面能够吸引和保留更多优秀人才，另一方面能够在激烈的市场竞争中立于不败之地，实现可持续高质量发展。

5. 扎实推进数字化人才供应链体系建设，落地人才与业务融合

数字化的人才供应链实现的是"人—事"融合。"人—事"融合中最典型的就是两个视角：一是内部存量人才激活视角；二是外部业务发展和人才供给视角，需要结合组织外部环境对企业的人才能力结构要求，立足于数据分析与数据洞察，形成组织画像。企业数字化人才供应链体系是在内部视角和外部视角的基础上，对人才管理体系的完备思考和设计，涵盖绩效管理变革、激励保留机制创新、继任与人才发展体系等。因此，数字化的人才供应链能实现人才与业务的有机融合。

6. 利用数据智能技术，强化组织画像、人才画像和智能人才发现，帮助企业评价人才、设计未来

以往人力资源管理者进行的数据分析大多聚焦于已发生事件的回顾和因果关系的探寻，从而尝试对未来进行初步预测。然而，今天的企业所追求的已远不止于此。专家预测，今后企业将更进一步迈向设计，即在商业环境尚未发生明显变化之际，就着手构思并制定多种顶层设计方案。这一跨越的实现，离不开对人才画像、组织画像，以及人才发现等数字化和智能化应用的深入探索。人才画像的数字化革新，使企业得以摆脱传统数据分析中静态、

割裂和脸谱化的限制，借助大数据分析与数据洞察的力量，能够构建出全面且精准的人才画像，以更全面客观的视角评价人才。这不仅有助于企业重新定义人才数字化洞察，而且能引领人才管理的革新，实现管理决策的可视化，从而推动人力资源管理迈向人才分析与未来设计的崭新境界。

三、人力资源管理从业者在智能时代的能力升级

为了全面推动企业的人力资源数字化，需要 3 个方面的思维结构升级。

首先，面向组织战略目标实现的组织设计能力，聚焦企业业务发展目标的人力资源数字化战略设计。

其次，结合创新的数字技术，科学地规划人力资源管理数字化，在人才管理、组织发展、人力运营和员工体验等不同维度数字化规划的基础上，更要考虑数字化的路径选择。

最后，要求人力资源管理者自身能力结构的数字化重构和升级，具体包括对业务的敏锐度、拥有数据思维等。

因此，人力资源数字化能力的升级，其驱动要素之一是数字化手段和技术在企业内的广泛应用；其驱动要素之二是能够不断围绕企业发展的目标，为企业提供具备数字化创新思维的人才。为了实现企业的数字化能力升级，人力资源管理者需要具备以下 3 个维度、9 个层次完备的数字化技能。智能时代，人力管理者需要具备的数字化技能如图 1 所示。

数据驱动的意识	体验至上的思维	业务聚焦的导向观念
分析思维能力	以人为本的设计能力	组织敏锐度
劳动力规划能力	员工体验实施	股东价值管理
数据分析能力	数字化素养	商业叙事能力

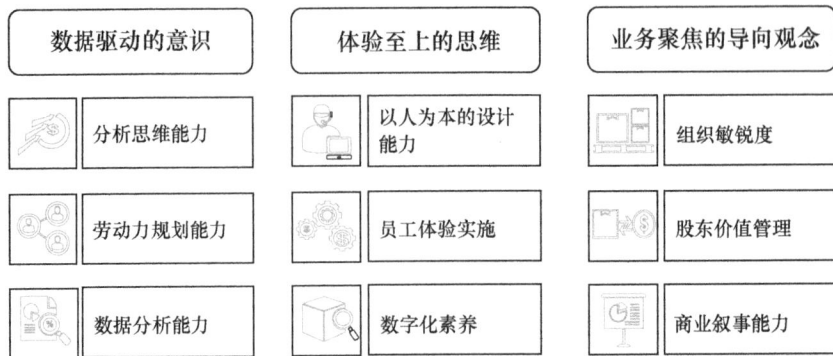

图 1　智能时代，人力管理者需要具备的数字化技能

第一，数据驱动的意识。 人力资源管理者需要具备分析思维能力、劳动力规划能力和数据分析能力，构建以数据驱动为核心的思维意识。人力资源管理者应该能够理解并应用数据分析来辅助决策，通过数据洞察发现问题和机会，并为企业提供有针对性的解决方案。

第二，体验至上的思维。 人力资源管理者需要具备以人为本的设计能力，能够将员工体验融入日常工作中并发挥其价值。人力资源管理者应该能够帮助企业培养员工的数字化思维素养，将体验至上的思维意识融入每个管理动作和环节中，以提升员工对企业的参与度和满意度。

第三，业务聚焦的导向观念。 人力资源管理者需要具备适应变革和商业模式创新的组织敏锐度。人力资源管理者应该紧密围绕企业价值创造和管理驱动业务的开展，并具备商业叙事能力，即将人力资源管理与业务紧密结合，阐述人力资源管理的价值。通过深入了解业务需求，人力资源管理者可以为企业提供有针对性的人力资源解决方案。

　　总之，数字技术赋能并驱动人力资源管理，加速其回归组织能力重构的价值本源，帮助企业建立更加智能化、高效化、个性化的员工服务能力。企业围绕经营绩效和业务场景，融合数字技术，能够推动企业构建精准的人才供应链，加速人力资源管理转型的步伐，并提升运营智能化的水平，人力资源管理者能够在满足员工卓越体验的基础上实现人力资源管理的智能化。人力资源数字化的目标是实现企业的数据赋能和智能嵌入，支持企业组织能力的不断升级和高质量发展。

　　因此，企业的人力资源管理者肩负着"双重"使命：一方面，他们需要积极应对个人能力结构和工作方式的数字化转型；另一方面，人力资源管理者要以企业组织能力重构为目标，推动人力资源的数字化转型。因此，深入理解企业的战略目标和业务需求，通过数据分析和人才洞察，重新设计组织结构和人才配置，确保企业能够拥有匹配其发展战略的高效能团队，以及可持续高质量发展的人才涌现机制。在这个过程中，人力资源管理者是数字化转型的执行者，更是引领者和创新者。他们需要不断探索和实践，将数字化技术与人力资源管理深度融合，为企业创造更大的价值。同时，他们还要积极与业务部门沟通协作，共同推动企业组织能力的不断提升，实现企业的可持续发展。因此，以上"双重"使命的内涵远远超过数字化转型的概念，完全可以将其定义为人力资源数字化升级。

　　本书立足于系统地分析人工智能对企业人才能力结构、人力资源管理和人力资源数字化的机遇与挑战，从企业视角阐述推动人力资源数字化升级的动因，从应用视角剖析组织能力与人力资源数字化的底层逻辑，分析人力资源数字化升级的内涵、构成和价值；同时，从实践视角分享企业在推动人力资源数字化升级中需要避免的误区、"雷区"，以及可以借鉴的模式、路径和实践。希望本书能够帮助企业管理者、人力资源管理者进行深度思考，并推动人力资源数字化转型的顶层设计、路径选择和建设落地。

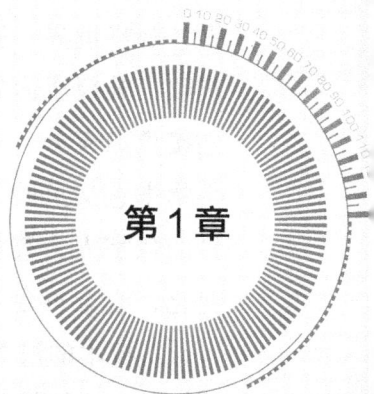

第 1 章

数字经济与组织数字化转型

受益于科技的发展，人类的生活方式和生活品质发生了巨大的变化。人类已经进入一个互联互通的时代，传统的通信方式从信件、电话、电子邮件等，快速发展到了语音、视频会议等，人类认识世界、观察世界、获取信息的方式也从原来的阅读图书、杂志等被动获取，升级成内容和短视频等形式的主动、个性化推送。人与人的连接更加充分、物与物的互联更加深入、人与物的边界愈加模糊。生物学意义上的人类个体，与万物世界的物体之间，以及与虚拟世界的数字人，其相互关系发生了巨大变化，人类工作方式也发生了变化，心态也会发生变化。

新技术的浪潮正以前所未有的速度推动着商业领域的深刻变革。特别是人工智能的迅猛发展及其在各个领域的广泛应用，不仅改变了一般的商业模式，而且对企业的组织发展提出了全新的挑战。面对日益复杂多变的商业环境，企业必须保持高度警觉，密切关注组织结构的优化与发展，以更加灵活和高效的方式应对市场的风云变幻。

新的商业模式正成为驱动人力资源管理转型的强劲引擎。随着商业环境的日新月异，人力资源管理亦需与时俱进，实现策略性调整，从而与新的商业模式和战略相契合，共同推动企业稳健前行。

与此同时，以数字原生代或"Z世代"为代表的新人类，更是为人力资源管理变革注入了新的活力。他们的独特特质与多元需求，对人力资源管理提出了更高的要求。为了有效吸引、管理、培养、激励这些新兴人才，人力资源管理必须加速变革，更加精准地把握员工的新特点与新需求，从而构建更具针对性的人才管理与发展策略。

1.1 新技术引领商业变革与组织发展

过往的10多年，数字技术已经全面颠覆了人类生活的衣食住行、社交娱乐等方面。2020年以来，远程协作、远程会议、远程办公、智能化应用、无人值守，甚至是虚拟数字员工等不断涌现，并成为现实生活的重要组成部分，加速数字化布局、深入数字化应用、持续数字化转型已经成为企业面对不确定性商业环境的必然选择。

2023年5月，世界经济论坛（World Economic Forum，WEF）发布的《2023年未来就业报告》显示，从2023年开始的未来5年，技术应用和数字化仍将是商业转型的关键驱动力。滴滴、美团等公司是典型的通过数字化平台连接用户和服务提供者，实现高效的供需匹配的数字化企业。Web3.0（被用来描述互联网潜在的下一阶段，网站内的信息可以直接和其他网站相关信息进行交互，用户在互联网上拥有自己的数据）技术的应用也在不断推动行业的创新。此外，特斯拉和比亚迪等汽车制造商认为，如果没有软件系统或数字化系统的支撑，将难以在市场上立足。数字技术的应用在帮助企业提高运营效率的同时，更是推动了商业变革与组织发展。

数字化转型依托于新技术引领商业变革与组织发展。

1. 组织边界突破与能力延展

技术应用能够大幅度扩展人的能力，突破原有的业务边界和组织边界。正如汽车使人们的生活半径扩大了数十倍，高铁极大方便了人们的出行，技术极大地改变了人们的生活和工作方式，在能力延展的基础上突破原有的限制。同样，企业的实践更是验证了数字化转型对组织边界和业务边界的拓展。亚马逊通过数字化转型，不仅提升了其电商平台的技术性能，而且改变了零售业的商业模式，实现了从传统的线下零售到线上电商，再到云服务、物流、大数据等多领域的跨界融合，构建了全球性的"零售商业帝国"，完全突破了地域限制和传统业务能力的边界。

随着数字技术应用的持续深入，企业的用工方式同样会发生颠覆性的变化。2022年，麦肯锡的数据分析表明，倘若企业持续将数字化劳动力视作新的用工方式（第4种用工模式），有望在1～3年内将中、后台生产力提高40%～50%，员工的离职率降低30%，并节省10%～20%的人力资源成本。

2. 工作结构变化与岗位替代

某些工作正逐步被新技术所替代，例如，无人工厂的出现，特别是在危险化学品等生产制造企业中，机器人能够取代人类在危险环境中作业，提高企业生产的安全性和效率。再如，科大讯飞的数字员工可以在招聘、财务、办公、排产等专业领域，协同企业员工高效完成企业业务。以合同审查为例，过去单纯依靠人工审核，每10份合同大约需要花费3小时，而在数字员工支持的人机协同模式下，只需花费1.5小时，其工作效率大大提高。此外，对于文档翻译，传统工作模式下，每翻译一万字，需要高水平的译员连续工作4小时，而借助于机器翻译和人工审校的人机协同模式，仅仅需要24分钟即可完成，其增效功能更是惊人。

因此，面对数字化浪潮，企业内部的工作岗位正在发生结构性的变化，部分工作岗位面临被替代的挑战，同时，原有的岗位也面临工作结构的变化，从原有单一的自然人执行逐步向人机协作、人机共荣甚至是完全无人化升级。

3. 创造新岗位与能力结构升级

新技术的发展同样也会创造新的工作岗位。例如，淘宝店主、带货主播、人工智能标注师、提示词工程师、人工智能训练师以及负责数据标注的劳动者等，都是随着技术应用而生的新兴职业。2019年，支付宝公益基金会、阿里巴巴人工智能实验室联合中国妇女发展基金会启动了"AI豆计划"。该计划首个试点地区在贵州铜仁市万山区，通过提供免费职业培训，让贫困群众成为"人工智能培育师"。

类似的事例还有很多，医疗行业可以利用人工智能辅助诊断，制造业可以通过物联网实现智能工厂，金融行业可以应用区块链技术提高安全性。这些事例清楚地表明，技术应用和数字化已经深深地融入了商业领域，在创造新的就业岗位的同时，"倒逼"现有企业员工能力的升级，并将在未来继续发挥关键作用。企业必须积极拥抱这些变化，只有不断投入、善于利用技术应用和数字化，才能在竞争激烈的市场中保持领先地位，并且实现持续的数字化转型。

1.2　新商业环境驱动人力资源管理转型

数字经济已经成为推动中国经济增长的主引擎之一。根据中国信息通信研究院在第六届数字中国建设峰会上发布的报告，2022年，我国数字经济规模达到50.2万亿元，同比名义增长10.3%，已连续11年明显高于同期国内生产总值（Gross Domestic Product，GDP）增速，数字经济规模占GDP比重达到41.5%[1]。

2023年7月5日，北京市发布的《关于更好发挥数据要素作用进一步加快发展数字经济的实施意见》明确提出："形成一批先行先试的数据制度、政策和标准。推动建立供需高效匹配的多层次数据交易市场，充分挖掘数据资产价值，打造数据要素配置枢纽高地。促进数字经济全产业链开放发展和国际交流合作，形成一批数据赋能的创新应用场景，培育一批数据要素型领军企业。力争到2030年，本市数据要素市场规模达到2000亿元，基本完成国家数据基础制度先行先试工作，形成数据服务产业集聚区。"

无数商业案例和历史经验表明，单纯依靠技术实现商业垄断是不现实的，即使偶然出现商业垄断也只是暂时的领先。数字经济独特的网络效应、规模效应及非竞争性等特征，使数字经济本身具有垄

---

1. 该数据来自《数字中国发展报告（2022年）》。

断性和易被颠覆的相互矛盾的"双重"属性。个人计算机（Personal Computer，PC）时代的微软使用Windows操作系统，一度被认为是高度垄断，但技术的演进、移动互联时代的来临，使微软这样曾经在操作系统领域的垄断地位也被颠覆，微软在智能手机端的操作系统几乎没有了市场份额。在移动互联网时代，曾经风光无限并被认为地位异常稳固的微信，随着短视频的兴起，也面临被抖音等短视频社交App抢走用户的局面。由此可见，技术的演进在不断改变着商业规则和逻辑，只有前瞻性地适应技术、运用技术进行转型与升级，才不会被技术演进所淘汰。

数字技术的创新正在从以下几个方面驱动商业模式的创新，帮助企业加速实现可持续发展与规模化商业创新。

1. 用户体验创新

数字技术和智能技术不断演进，在提升效率的同时，更提升了用户体验。企业可以借助智能设备，利用大数据、人工智能等技术，深入了解用户需求和行为，从而提供更加个性化、便捷的产品和服务。例如，通过智能推荐系统为用户提供精准的商品推荐，提升用户购物体验。

2. 业务流程创新

科技创新可以优化业务流程，提高企业运营效率。例如，采用自动化技术实现生产线的智能化改造，减少人工操作，提高生产质量和效率。

3. 产品服务创新

新技术的出现可以催生出全新的产品和服务。例如，无人驾驶技术的发展将改变传统汽车行业，催生共享出行等新商业服务。

4. 商业模式创新

科技创新有助于企业开拓新的商业模式，实现多元化收入来源。例如，企业可以利用云计算技术提供软件即服务（Software as a Service，SaaS），从传统的软件许可模式向订阅模式转变。这种模式不仅是单纯的首次投入成本的降低，而且可以支持企业进行有效的创新和试错。

为了应对技术演进带来的挑战，未来企业需要具备以下4种能力。

① 洞察客户的能力

深入了解客户需求，预测市场趋势，以便企业及时调整产品和服务，满足客户不断变化的需求。

② 智能组织的能力

建立灵活、敏捷的组织架构，培养员工的创新能力和适应性，以快速响应技术变革和市场变化。

③ 技术架构的能力

拥有先进的技术架构，整合各类新兴技术，为企业的创新提供技术支持。

④ 生态系统的能力

与合作伙伴共同构建开放、共赢的生态系统，整合各方资源，共同推动商业模式的创新和发展。

总之，科技创新是企业实现可持续发展和商业模式创新的关键驱动力。企业需要不断提升自身能力，积极适应技术演进，才能在不断变化的市场环境中立于不败之地。

1.3　"新人类"加速人力资源管理变革

更加关注个人愿景、目标、责任感和归属感，更加重视个人成长和持续发展，以及更加关注员工体验和职场满意度的"Z世代"，正逐渐成为职场的主力军。个体的动力来源正从外驱力向内驱力转变，即个人不再主要依赖外部的激励、督促或压力，而是更多地依靠个人内部的驱动力和自我激励。

其中，外驱力通常是指来自外部的因素，例如，奖励、惩罚、他人的期望等，这些因素可以促使个人采取行动。然而，过度依赖外驱力可能导致个体在缺乏外部激励时失去动力，或者只关注外在的成果而忽视了自身的内在需求和兴趣。

内驱力更多地源自个人的内在动机和兴趣。当一个人具有内驱力时，因为其动力来自内心的渴望和对自身成长、发展的追求，他们更容易对自己的行为负责，也更努力。内驱力可以使个体更加专注于自身的目标，并且在面对困难和挑战时保持定力。

企业必须思考如何激发每个个体的内在驱动力，从而发挥个人价值，推动组织的快速发展与持续变革。

1. 愿景和目标

当一个人对未来有明确的期待，并能够将长期目标分解为可落地执行的阶段计划时，他们更容易产生内在的动力去追求这些目标。因此，在一个拥有清晰的愿景和明确目标的企业中工作，尤其是企业的愿景跟自己的发展目标高度契合之时，员工可以实现动力源从外驱力向内驱力的转变。

2. 责任感与归属感

当个体感到自己的工作具有重要意义，并且与组织的使命和价值观一致时，他们会更有动力去主动承担责任并做出贡献。因此，培养个人的责任感和对组织的归属感可以增强内驱力。

3. 个人成长与持续发展

拥有内驱力的人通常对个人成长和个人的持续发展有着强烈的追求。提供良好的学习机会、培训资源和职业发展路径，可以满足他们自我提升的愿望，进一步激发其内驱力。

4. 员工体验与满意度

心怀较高满意度的员工能够激发其内在的动力，积极投入工作。优化员工的工作体验包括工作环境、福利待遇、工作自主性、持续成长目标等方面，进一步提高员工对企业的满意度。

5. 员工敬业度与对组织的认同感

提升员工敬业度与对组织的认同感，会促使员工将工作视为为之奋斗的事业，因此，更容易实现从外驱力向内驱力的转变。组织或企业可以通过建立积极的企业文化、提供有意义的工作、给予员工充分的授权等方式，来增强员工的敬业度和认同感。

6. 员工满意度与幸福感

员工在感受到被关心和获得支持的环境中工作，更有可能产生内在的动力。关注员工的福祉，例如，工作生活平衡、心理健康状况等，有助于提高员工的满意度和幸福感。

7. 人才发展、价值实现与保留

为员工提供广阔的发展空间，使他们能够实现自身的价值，激发员工的内驱力至关重要。当个人看到自己在组织或企业中有成长和晋升的机会，能够发挥自己的才能并得到认可时，他们会更愿意积极主动地工作。

通过关注愿景、目标、责任、归属感、个人成长、员工体验、敬业度、幸福感以及人才发展等方面，企业或组织可以创造有利于内驱转变的环境，激发员工的内在动力，实现个人和组织的共同成长。这样的转变不仅有助于提高员工的工作质量和效率，还能提升员工对企业或组织的满意度和忠诚度，从而为企业或组织的长期良性发展奠定基础。

新技术、新商业、"新人类"这三重因素叠加，人力资源管理者应该思考的是对组织能力重构的价值定位，同时，伴随着新生代员工的渗透、数字技术的创新发展，以及越来越多的个体期望从工作中获得意义和价值，组织的角色正从交易型雇主转变为变革型伙伴，组织中传统意义上的雇佣关系也正在发生颠覆式的变化，企业不再是单纯的员工赚取报酬的雇主，而是个人价值实现的载体。因此，企业的雄心壮志与愿景，正逐渐成为吸引人才的根本动力，即愿景吸引人才，人才引领企业发展，个人和组织的驱动因素正在发生巨大的变化。

1.4 组织数字化转型的重要性及其影响

数字化转型已成为企业在激烈竞争的市场环境中保持竞争力的关键。企业数字化转型的核心在于外部突破业务边界和内部打破管理壁垒，从而形成新的竞争优势。数字化转型不仅意味着技术的升级和应用，更深层次地说，也代表了企业整体商业模式的变革、组织能力的全面提升以及生产关系的深刻变化。

首先，数字化转型使企业能够突破传统业务的边界。

以创造客户价值为核心或回归核心价值的商业本质，采用全渠道营销等方式都是为了更好地满足客户需求和提升用户体验，从而突破传统的业务边界。例如，全球化运营的亚马逊利用数字化技术，实现了订单在全球范围内的高效处理，满足了日益增长的业务需求，以应对竞争压力。与其相似的麦当劳、必胜客和海底捞等企业也在积极拥抱外卖模式，以适应消费者不断变化的消费习惯，其本质也是利用数字化转型实现对原有业务边界的突破。

其次，数字化转型有助于解决企业经营管理中的问题。

无人工厂和人工智能的引入，都是为了提高组织的生产和运营效率、客户满意度和效能。例如，国内知名企业双良集团和全球知名企业西门子都通过无人工厂和人工智能解决现实业务中的协同问题，在提高组织效率的基础上，强化了企业的竞争力。

最后，数字化转型为企业构建新的竞争优势提供了机会。

吉利汽车利用自身积累的用户数据，聚焦提供出行服务的商业本源，拓展了曹操专车服务业务；比亚迪基于深厚的研发实力将自身业务延展到电子、轨道交通和新能源领域；瑞幸咖啡从快速增长的互联网低价模式，转型到与知名品牌（例如，茅台）合作的模式，实现品牌和组织能力的蜕变；小米公司更是利用自身数据和数字化优势拓展汽车业务。这些企业通过数字化转型，打破了传统的业务边界，进入全新的市场领域，同时构建新的竞争壁垒，都是典型的利用数字技术构建新的竞争优势的案例。

总之，企业数字化转型帮助企业突破业务边界和打破管理壁垒，使企业能够更好地适应商业环境的变化，解决经营管理问题，并构建新的竞争优势。这使企业能够在激烈的市场竞争中脱颖而出，实现可持续发展。

1. 企业数字化转型的 4 种类型

如果从企业业务经营的视角来审视，数字化进程可细分为局部优化与全局变革两大层面。其中，局部优化，即聚焦于企业某一具体业务领域或企业职能，例如，营销或客户关系、采购或研发执行等，进行数字化的优化与创新，旨在提升该领域的运营效率与竞争力；全局变革，即站在企业整体管理的战略高度，实施系统性的优化与创新，诸如财务共享、人力共享等转型举措，以期实现企业整体运营的升级与重构，从而推动业务发展的全面革新。

从企业组织发展的视角来看，数字化可以分解为价值创造和组织能力建设两大层次。其中，价值创造主要聚焦于解决当前阻碍业务发展的难点问题，通过有针对性地优化与创新，突破瓶颈，提升企业的业务效率和市场竞争力；组织能力建设则着眼于未来，致力于构建企业应对不确定性的能力体系，包括提升团队协作、创新能力、风险应对等方面的能力，从而确保企业在数字化浪潮中能够灵活应对、持续成长。

因此，根据上述两个维度，企业数字化转型可以分为图1-1所示的4种类型。

组织发展的视角

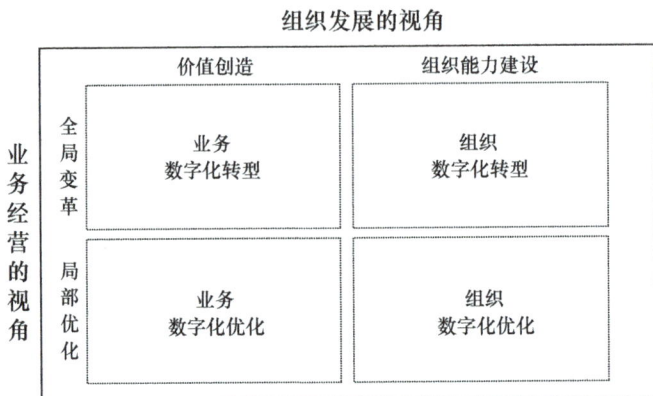

图1-1　组织和业务发展的视角企业数字化转型的4种类型

① 业务数字化优化

业务数字化优化侧重于利用数字技术来提高现有业务的效率、达到收入增长等指标，以提高市场竞争力。企业可以通过信息系统的升级、业务流程的数字化改造、数据分析的应用等手段，实现业务的精细化管理和优化。例如，采用自动化流程来缩短业务处理时间、运用大数据分析实现精准营销，从而提升业务绩效。数字化的团队协作工具可以改善团队成员之间的沟通和协作。这些工具提供了实时消息传递、文件共享、任务管理等功能，使团队协作更加高效。

② 业务数字化转型

业务数字化转型是指通过数字技术创造新的产品和服务，或者探索全新的业务模式。企业需要敏锐地捕捉市场需求和趋势，积极开展创新，将数字技术融入业务中，开拓新的收入来源。例如，传统企业开展电子商务、金融机构推出数字支付服务，以及制造业企业发展智能制造等，都是应用数字化转型的典型案例。组织利用大数据分析工具和数据可视化技术，从大量的数据中提取有价值的信息，并基于这些信息做出决策。采用这种方式可以帮助组织更好地了解市场趋势、客户需求和业务运营情况。

③ 组织数字化优化

组织数字化优化强调提升组织内部的工作效率，增强员工的幸福感，包括但不限于采用数字化工具来优化沟通与协作、实施人力资源管理的数字化、利用数据驱动的决策方式等。通过提升组织的运营效率和管理水平，能够更好地满足员工的需求，提高员工的工作满意度和敬业度。

许多组织正借助人工智能技术和自动化技术，加强员工数据管理，提高招聘配置的精准度，优化绩效管理，以及强化培训学习等。这些应用可以提高人力资源管理的有效性，并为企业提供数据分析和决策支持。人工智能和自动化技术也可以应用于各种业务流程的优化和创新，例如，客服自动化、财务报销自动化、报税自动化、算薪发薪自动化等。这些数字化的优化不仅减少了人工操作、降低了人工参与度，还提高了工作的准确性。

④ 组织数字化转型

组织数字化转型涉及颠覆组织原有的运作模式，改变组织的结构和关系。这种类型需要对组织进行深度变革，以适应智能时代新的挑战。组织数字化转型可能包括构建数字化平台以打破部门之间的壁垒、推动敏捷式管理、培养数字化文化等。组织数字化转型旨在打造灵活、高效的创新型组织，以更好地推动业务的发展。

例如，居然之家的管理者敏锐地洞察到原有的"人货场"商业环境发生了变化，企业需要紧跟时代步伐，不断创新。因此，居然之家在将生成式AI等人工智能应用作为生产力工具的基础上，果断地"砍掉"自己的信息技术（Information Technology，IT）部门，成立"洞窝App"团队，在承载自身IT服务建设职责的同时，输出数字化能力，覆盖产业链上下游的利益相关者，这是典型的组织数字化转型的案例。

又如，业界闻名的"美的632项目"很好地诠释了上述不同类型的数字化转型。其中，三大管理平台系统，即企业决策系统（Enterprise Decision System，EDS）、财务管理系统（Financial Management System，FMS）、人力资源管理系统（Human Resource Management System，HRMS）是典型的组织数字化转型的实践案例。

不同的企业需要根据自身业务需求和目标选择不同的数字化转型路径，利用数字技术来改进运营效率、提升创新能力和竞争力，以适应不断变化的市场环境。

2. 组织数字化转型的目标、关键构成和评价标准

组织数字化转型不仅是局部业务的优化，还是整体业务的变革与创新，因此，需要明确其转型的目标、关键构成和评价标准。

组织数字化转型的目标是提升业务效率和生产力、加强客户体验和服务质量、提高创新能力和竞争力、加强组织协同和资源整合。它的关键构成包括数字化基础设施、数据治理与分析、业务流程优化、技术应用与创新、组织文化和人才培养；其评价标准包括业务效率和生产力提升、客户体验和服务质量改善、创新能力和竞争力提升、组织协同和资源整合能力、数据安全和合规性等方面的指标。

（1）目标

① 提升业务效率和生产力：通过数字化技术优化业务流程，提高工作效率、降低成本。

② 加强客户体验和服务质量：通过数字化工具和平台改善客户体验，提升客户满意度和忠诚度。

③ 提高创新能力和竞争力：通过数字化技术促进企业创新发展，推动企业在市场竞争中保持领先地位。

④ 加强组织协同和整合：通过数字化工具和系统实现部门之间的信息共享和协同工作，提高组织整体运营效能。

（2）关键构成

① 数字化基础设施：包括网络、硬件设备、软件系统等基础设施的建设和完善。

② 数据治理与分析：包括数据采集、存储、处理、分析、挖掘和运营等环节的建设和优化。

③ 业务流程优化：包括对企业内部各个业务流程的优化和重构，实现自动化、标准化和智能化。

④ 技术应用与创新：包括利用新兴技术，例如，人工智能、大数据、物联网、移动应用等促进企业的业务创新和发展。

⑤ 组织文化和人才培养：包括推动组织文化的变革和培养适应智能时代需求的人才队伍。

（3）评价标准

① 业务效率和生产力提升：评估数字化转型对企业业务效率和生产力的提升效果，例如，生产周期缩短、成本降低等，常用的分析指标包括万元人工成本净利润提升、人效提升等。

② 客户体验和服务质量改善：评估数字化转型对客户体验和服务质量的改善效果，例如，客户满意度、投诉率等，常用的分析指标包括HR人服比（或称HR人均服务比）以及员工满意度等。

③ 创新能力和竞争力提升：评估数字化转型对企业创新能力和竞争力的提升效果，例如，产品创新率、市场份额等，常用的分析指

标包括创新业务增长率或占比、市场份额等。

④ 组织协同和资源整合能力：评估数字化转型对企业内部组织协同和资源整合能力的提升效果，例如，部门之间信息流畅度、跨部门协作效率等，常用的分析指标多体现在组织协同效率、业务流程服务水平、服务等级协定（Service Level Agreement，SLA）等方面。

⑤ 数据安全和合规性：评估数字化转型对企业数据安全和合规性的保障效果，例如，数据泄露率、合规审计结果等。常用的分析指标主要体现在数据质量、数据安全性以及可靠性等方面。

3. 组织数字化转型的重要性和影响

组织数字化转型对于企业的发展和未来具有重要的意义，不同于局部的业务优化，组织数字化转型聚焦企业全局组织能力的数字化转型与变革，帮助企业提升竞争力、创新能力，改善客户体验，优化成本效益，加强组织协同，实现可持续发展。因此，企业应该高度重视组织数字化转型，并制定相应的战略，全面推进组织数字化转型的实施。

① 提升组织的竞争力

组织数字化转型可以帮助企业提升生产效率、产品质量、服务水平，从而增强企业的竞争力。通过数字化技术，企业能够更快地响应市场需求、灵活调整业务模式，使其保持在市场竞争中的优势地位。

② 创新驱动企业发展

组织数字化转型促进了企业的创新能力，使其能够更好地应对市场变化和客户需求。通过数字技术的应用，企业可以开发出更具竞争力的新产品、新服务，探索新的商业模式，实现持续的创新发展。

③ 改善客户体验

组织数字化转型可以帮助企业更好地理解和服务客户，提升客户体验。通过数字化技术，企业能够实现个性化定制、精准营销、快速响应等，提高客户满意度和忠诚度，增强与客户的联系。

④ 优化成本结构

组织数字化转型可以帮助企业优化内部流程，提高生产效率，降低成本。通过自动化、智能化的数字化工具和系统，企业能够实现资源的合理配置和利用，降低运营成本，提高业务的利润率。

⑤ 加强组织协同

组织数字化转型促进了企业内部各部门之间的信息共享和协同工作，提高了组织的协作效率和整体运营效能。通过数字化技术，企业能够打破部门之间的信息壁垒，实现信息的即时传递和跨部门的快速协作，从而提高工作效率和市场响应速度。

⑥ 可持续发展

组织数字化转型有助于企业建立更加可持续的发展模式，推动企业向智能化、绿色化、低碳化方向发展。通过数字化技术，企业能够更好地利用资源、减少浪费，实现经济效益、社会效益和环境效益的统一。

第 2 章

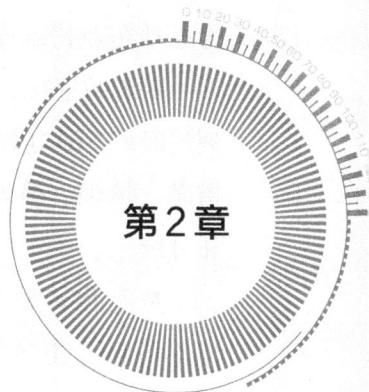

企业数字化与人力资源数字化升级

过去，企业主要依赖市场规模和客户需求来驱动自身的发展。如今，以创新和领导力为核心的发展方式逐渐崭露头角。领导力在企业战略制定、内部管理和文化塑造等方面发挥着越来越重要的作用，成为推动企业持续高质量发展的关键因素。

随着数字化、智能化技术的广泛应用，人力资源管理正迎来一场深刻的变革。通过数字化工具和智能化手段，企业能够更高效地进行人才招聘、培训、绩效管理等各个环节的工作，实现人力资源的全面优化和升级。

数字化转型不仅能够帮助企业实现人力资源管理的效率提升和成本降低，更重要的是，它还能够推动组织效能的全面提升和竞争力的明显增强。通过数字化手段，企业可以更加精准地识别和挖掘人才的潜力，打造高效协作的团队，从而在激烈的市场竞争中脱颖而出。

2.1 企业驱动力的变化：从市场驱动到领导力驱动

经济发展模式正在发生深刻的变革，逐渐由原先以要素投入和投资规模为主导的驱动方式，转向以创新驱动为核心的发展路径。同时，企业在成长的过程中，其驱动力量也正悄然发生转变，从传统的外部市场驱动，逐步过渡到内生创新驱动与领导力驱动并重的模式。其中，领导力驱动更是起到了举足轻重的作用。这主要得益于企业各层级领导者们富有创造性的高效工作，他们不仅能够激发全体员工的奋斗精神，而且能够最大程度地挖掘和发挥每个员工的创造力，从而共同推动企业的持续健康发展。

1. 从资源投入的要素驱动到领导力引领的创新驱动

要素经济强调的是生产要素（劳动力、资本、土地等）的运用对经济发展的影响。它关注的是如何合理配置和有效利用生产要素，以实现经济效益最大化。在要素经济中，重要的是优化生产要素的组合，提高生产效率。

例如，丰田公司以其卓越的精益生产体系而闻名，其体系强调的是对生产要素的精细管理。丰田公司在劳动力、原材料和生产流程方面的优化，使其能够实现高效的生产和更好的质量管理。

新质生产力：从资源投入的要素驱动到领导力引领的创新驱动如图2-1所示。

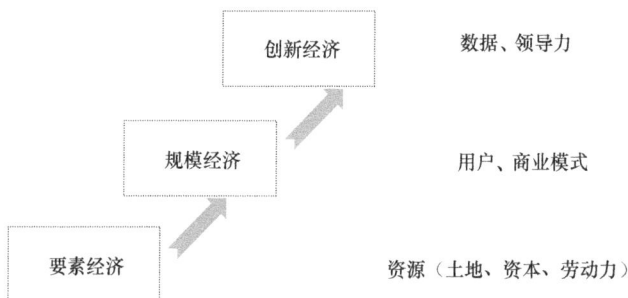

图 2-1　新质生产力：从资源投入的要素驱动到领导力引领的创新驱动

经济发展模式正在从以要素和投资规模驱动发展为主，向以创新驱动发展为主的方向迈进。

企业发展的驱动力正在从外部的市场驱动转向内生的创新驱动和领导力驱动。

新质生产力是以创新为主导，以高科技、高效能、高质量为特征，以新发展为理念的先进生产力。

规模经济是指在生产规模扩大的过程中，单位成本会随着产量的增加而逐渐减小的现象。规模经济的出现通常与生产规模的增加和生产要素的有效利用有关。规模经济侧重于通过扩大产量来降低单位成本，从而提高企业整体的经济效益。

例如，亚马逊公司通过建立庞大的物流和分销网络，体现了规模经济的优势。随着其业务规模的扩大，亚马逊公司通过技术提升自身效率、降低单位成本，提供更快的交货速度，这正是规模经济追求的目标。

创新经济强调的是通过技术、管理、组织等方面的创新来推动经济发展。创新经济通过不断创造新的产品、服务、生产方式和商业模式，从而在竞争激烈的市场中取得竞争优势。创新经济关注的是对现有生产要素和生产方式的重新设计和再造。它鼓励寻找新的技术和新的思维方式，以创造更有价值的产品和服务。

例如，苹果公司是创新经济的代表之一。苹果公司通过不断开发创新的产品，例如，iPhone、iPad、iPod，以及通过建立App Store（苹果商店）等创新的业务模式，使Apple（苹果）成为全球最有价值的品牌之一。

再如，特斯拉公司则体现了要素经济、规模经济和创新经济的综合应用。特斯拉公司通过高效管理生产要素，实现了电动汽车的大规模生产（实现规模经济），并通过不断创新，推出全电动汽车及自动驾驶技术等，确保其在市场上的竞争优势。

通过以上案例可知，企业需要市场驱动、创新驱动和领导力驱动3个引擎。过去40年，中国大多数企业的发展主要依赖第一个引擎，即通过市场需求来驱动企业的业绩增长。但在低速增长的新常态和技术创新导向的新时代，那些只靠外部市场驱动的企业失去了外部市场的助力，企业只有在借助市场驱动腾飞之后，未雨绸缪地培育创新能力和领导力，才能够持续创造新需求，实现新跨越。

2. 组织数字化转型：数字化管理、数字化经营驱动数字化组织

组织数字化转型的本质就是通过数字技术实现数字化管理和数字化经营，进而驱动构建数字化组织。数字化转型驱动数字化组织如图2-2所示。

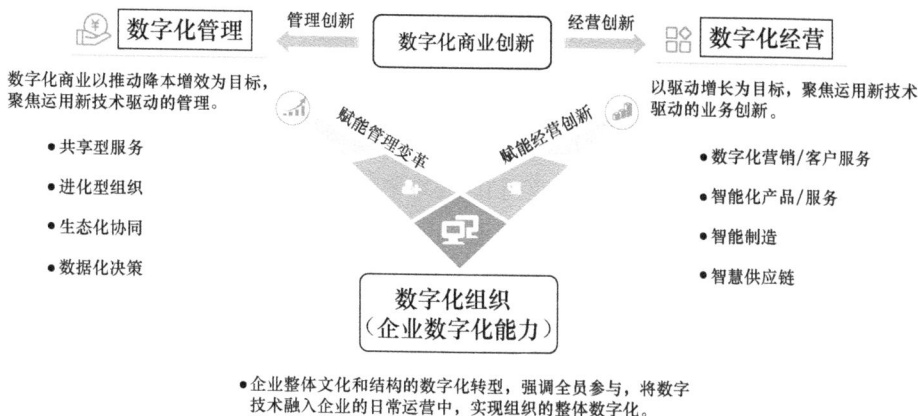

数字化管理　　　管理创新　　　数字化商业创新　　　经营创新　　　数字化经营

数字化商业以推动降本增效为目标，聚焦运用新技术驱动的管理。

- 共享型服务
- 进化型组织
- 生态化协同
- 数据化决策

赋能管理变革　　赋能经营创新

以驱动增长为目标，聚焦运用新技术驱动的业务创新。

- 数字化营销/客户服务
- 智能化产品/服务
- 智能制造
- 智慧供应链

数字化组织
（企业数字化能力）

- 企业整体文化和结构的数字化转型，强调全员参与，将数字技术融入企业的日常运营中，实现组织的整体数字化。

图 2-2　数字化转型驱动数字化组织

数字化管理强调的是，在企业内部管理层面应用数字技术，通过数据分析等手段提高管理效率和决策水平。数字化管理的重点在于管理层面的数字化，包括但不限于数据分析、决策支持系统、业务流程优化等。其目标是通过数字技术提升管理效能，使组织更灵活、更高效。

数字化经营是企业在直接价值创造领域应用数字技术，通过数字化手段提高产品和服务的交付效率、质量和创新能力。数字化经营主要集中在业务运营的数字化，例如，供应链管理、生产过程的自动化、客户关系管理等。其目标是通过数字技术使企业运营更加智能、灵活和具有创新性。

数字化组织是企业整体文化和结构的数字化转型，强调全员参与，将数字技术融入企业的日常运营中，实现组织的整体数字化。数字化组织不仅包括管理和运营的数字化，还涉及文化、人才、沟通等多个方面。数字化组织的目标是建立一个灵活、开放、适应变化的企业文化，使整个组织能够更好地适应智能时代的挑战。

数字化管理的本质是通过数据的连接集成，打破内部管理壁垒，即实现业务数据化。数字化经营的本质是通过数据的充分应用，提高产品和服务交付，突破外部业务边界，即实现数据业务化。数字化组织的本质则是对企业数字化整体能力或企业组织能力的概括。

数字化管理是数字化转型的起点，为企业提供了更好的管理手段和数据支持。数字化经营在数字化管理的基础上，进一步将数字技术融入企业的运营中，提高了业务的效率和创新能力。数字化组织则是数字化管理和数字化经营的综合体现，强调整体文化的数字化转型，将数字化作为企业的战略核心，推动企业全面适应智能时代的发展。

数字化管理、数字化经营和数字化组织是相互关联、递进发展的过程。企业在数字化转型的过程中，应该从管理开始，逐步扩展到经营，最终形成一个全面数字化的组织。这样的递进关系有助于企业更全面、更系统地应对智能时代的挑战。

3. 变革是组织数字化转型的原生属性

从生产力与生产关系的视角来看，生产力层面的数字化至关重要，是企业数字化的基础，但在现有的组织和管理模式的基础上，利用数字技术提高管理和生产效率，只能称之为"企业数字化"。而从生产关系层面，按照数字化环境要求，对企业组织架构、管理流程、商业模式等方面进行"转型"，才能成为"数字化企业"，因此，企业数字化转型的原生属性是变革，我们可以从以下8个方面认识数字化转型的变革特性。

① 数字化转型不是简单的技术提升，而是企业整体商业模式的变革、组织能力的全面提升

例如，亚马逊公司通过数字化转型，不仅提升了其电商平台的技术性能，更重要的是，亚马逊公司改变了零售业的商业模式，实现了从传统的线下零售到线上电商，再到云服务、物流、大数据等多领域的跨界融合。在这一过程中，亚马逊公司的组织能力也得到了全面提升，形成高效、灵活、创新的组织架构和企业文化。

② 数字化转型不是单一技术应用，而是业务驱动的全面技术升

级与深度数据应用

例如，阿里巴巴公司在其数字化转型的过程中，不仅采用了云计算、大数据、人工智能等前沿技术，而且通过技术与业务的深度融合，实现了从传统的电商平台向新零售、新金融、新制造、新技术、新能源五大领域的全面拓展。深度数据应用帮助阿里巴巴公司精准地洞察市场需求，优化其业务决策，实现了业务的持续高速增长。

③ 数字化转型不是简单的系统互联互通，而是业务驱动的有效信息交换和整合

例如，华为公司在数字化转型的过程中，通过构建统一的数字化平台，实现了各部门、各业务单元之间信息的高效流通与整合。这不仅提高了华为公司内部的运营效率，也为华为公司提供了更丰富的数据资源，支持其在全球范围内进行业务创新和拓展。

④ 数字化转型不是系统重构，而是信息化的持续改进和提升

例如，腾讯公司在数字化转型的过程中，不断优化其信息化基础设施，提升信息系统的稳定性和效率。同时，腾讯公司还通过引入新技术、新模式，持续改进其产品和服务，以满足不断变化的市场需求。

⑤ 数字化转型不仅是内部问题，而且是外部环境驱动的能力优化和调整

例如，面对全球疫情的挑战，许多企业加速了数字化转型的步伐。瑞幸咖啡通过数字化转型，实现了线上线下的无缝衔接，满足了消费者对便捷、安全、健康产品需求的体验，从而实现了业务的逆势增长。

⑥ 数字化转型不仅是系统建设，而且是企业内部共享、外部协同及决策能力的提升

例如，谷歌公司在数字化转型的过程中，通过构建强大的内部共

享平台和外部协作生态，实现了全球范围内的知识共享和业务协同。这使谷歌公司能够快速响应市场变化，提升决策效率，保持其在全球科技领域的领先地位。

⑦ 数字化转型不是信息主管部门的职能工作，而是企业战略，需要所有利益相关方的深度参与

例如，苹果公司在数字化转型的过程中，注重培养员工的数字化素养，鼓励员工积极参与数字化转型。同时，苹果公司还积极与供应商、合作伙伴等利益相关方沟通协作，共同推动整个产业链的数字化转型。这种全员参与、多方协同的模式，使苹果公司能够在数字化转型中保持领先地位。

⑧ 数字化转型不仅是生产力的提升（企业数字化），而且是生产关系的变革（数字化企业）

例如，特斯拉公司在数字化转型的过程中，不仅提升了其汽车制造的生产力，还通过数字化技术重构了汽车产业链的生产关系。特斯拉公司通过直接销售、服务客户，减少了中间环节，实现了与消费者更紧密的连接。这种生产关系的变革，使特斯拉公司能够在汽车市场中保持创新力和竞争力。

总之，变革是企业数字化转型的原生属性。企业在数字化转型的过程中，需要从商业模式、技术能力、信息系统、外部环境、内部协同、决策能力、全员参与和生产关系等多个方面深刻认识并积极推动全面的业务变革和组织能力提升。只有通过这种方式，企业才能在激烈的市场竞争中保持领先地位，实现持续发展和创新。

4. 率先进行人力资源数字化升级的企业，更易推动组织数字化转型

数字化转型需要数字化思维、数字化人才和数字化领导力，从而推动实现数字化转型的变革属性。

不同于其他业务领域的数字化转型，人力资源数字化升级需要企业全体员工的深度参与，在培养员工数字化素养的同时，更能培养数字化领导人才，从而提升企业的数字化变革准备度。因此，人力资源数字化在企业数字化转型中至关重要。大量企业实践和数据表明，率先进行人力资源数字化升级的企业，更易推动企业的组织数字化转型，具体原因如下。

① 人力资源数字化提升了数字化转型的员工参与度

人力资源数字化通常涉及整个企业的全体员工，包括招聘选拔、培训学习、绩效管理、人才盘点、自助服务等方面。当企业率先进行人力资源数字化时，员工和各级管理者，以及企业的决策者更容易接触到数字化工具和流程，从而提升了全体员工对数字化转型的参与度。

② 人力资源数字化锻造了员工和管理层的数字化素养

通过人力资源数字化，员工将更频繁地与数字化工具和平台进行交互，在提升工作效率和优化流程的基础上，培养了员工的数字化素养。这种素养是企业数字化转型的基础，一旦员工具备了必要的数字化素养，他们就更容易适应并积极推动企业其他部门的数字化变革。

③ 人力资源数字化强化了数字化领导人才的培养

人力资源数字化需要具备理解和推动数字化变革能力的数字化领导人才，同时，通过人力资源数字化也培养了数字化领导人才。这些领导人才能够在组织内部有效地引领和推动数字化创新，为企业数字化转型带来更大的影响力。

④ 人力资源数字化加速了数字化变革准备度的提升

企业通过人力资源数字化培养了员工的数字化素养和领导力，从而提高了企业整体的数字化变革准备度。准备度的提升意味着企业更容易应对数字化转型带来的挑战，能更迅速地适应、接受和采纳新的数字化技术和流程。

⑤ 人力资源数字化推动了数字化的文化变革

人力资源数字化也可以作为推动组织文化变革的一部分。通过培养数字化素养和领导力，企业可以逐渐形成一个更具有创新性和适应性的文化，有利于企业整体数字化转型的成功实施。

因此，率先进行人力资源数字化升级的企业，更容易在组织内部创造一个数字化友好的环境，为企业整体数字化转型奠定坚实的基础。

2.2 人力资源数字化、智能化与信息化

尽管人力资源管理自诞生以来一直在不断创新和变革，但传统的人力资源管理仍然保留着工业经济时代科学管理和流程管理的印记，诸如凭感觉、经验、直觉的人员编制设置或人员选聘，填鸭式的人才培训与培养，片面结果评价式的绩效管理，千篇一律的人才发展计划等，在企业人力资源管理中屡见不鲜。其根本属性仍然集中在资源、成本和产出上，即通过增加单位资源投入来提高整体收益。因此，通过包括减员和优化人员结构、强化培训学习、加强时间管理、优化作业流程、增加资源投入等在内的各种措施提高人效仍然是人力资源管理的关键目标。

随着数字技术的迅速发展和更多新生代成为职场主力，社会化的组织模式和灵活多样的雇佣方式逐渐成为数字经济和智能时代的关键特征。如何通过数字化手段更有效地激发个体和组织的活力，并在此基础上，锻造适应不确定商业环境的组织能力，已成为企业关注的核心焦点。这也是在数字经济和人工智能飞速发展的背景下，人力资源管理的价值所在。

1. 传统人力资源管理与数字化人力资源管理的差异

传统人力资源管理的"三性四化"："三性"即经验性、主观性、

滞后性;"四化"即标准化、流程化、碎片化、模糊化。这些是制约企业人效提升的关键点。

① 经验性

对人才的判断及对管理动作的施行,严重依赖企业主管过去积累的管理经验,因此,人效提升的策略容易陷入减少数量,而非质量提升或结构性调整的困境。

② 主观性

不同经验背景的企业主管对待同一人效问题会有不同的判断和解读,其管理动作通常是基于个人的主观判断做出的,因此,人效提升的策略选择会出现千差万别的主观性,即便统一的策略也会出现执行上的巨大差异。

③ 滞后性

企业通常在大量实践后才能总结出合理的规则指导未来管理动作,传统人力资源管理经常在解决问题的过程中,缺乏预判性和前瞻性的洞察分析,这是传统人力资源管理的被动之处,无法前瞻性地洞察人员结构动态变化,以及预测业务的变化情况,因此,无法据此做出面向未来的预测性的设计。

④ 标准化

针对管理对象(员工)的管理手段缺乏个性化,基于公平性而强调标准化,即在公平基础上的效率优先,缺乏人才多样性基础上"千人千面"的个性化选择,其最终结果是人才价值激发不足或抑制了人才的创造力。

⑤ 流程化

为了保证公平,过多地强调了流程正义,即公开透明或规范有序,而忽略了流程化的负面作用,即流程中对组织目标的忽视,从而导致组织僵化或者缺乏灵活性,缺乏敏捷性。

⑥ 碎片化

企业管理者通常基于主观获取的片面数据进行判断，对不同问题往往进行重复性独立决策。例如，在人才选拔环节仅依靠候选人的基本数据分析做出决策，缺乏基于岗位任职资格的深度分析与人才的精准匹配，出现"人才错配"等对人效提升不利或人力资源浪费的情况。

⑦ 模糊化

企业管理者仅能进行感性判断或定性分析，对复杂问题通常只能进行模糊化决策，缺乏可以量化的衡量标准或精准的数据分析。例如，在人才盘点环节，如果无法通过数据化的手段对每个人才个体或者每个团队进行全面的结构化分析，就无法精准识别每个个体的潜能，更无法针对性地实现与业务属性的精准匹配。

与传统人力资源管理相比，智能化和数字化的人力资源管理通过数字化的手段，可以有效提升人力资源管理的精准度，具体体现在以下几个方面。

① 分析性

针对不同主题开发大数据分析模型，借助科学的应用分析方法，实现人力资源的数据化和分析化，达到结果可检验的目的，即分析性人力资源管理。

② 客观性

在数据化和分析化的基础上，提供人才评估的客观衡量指标与人才配置的决策建议。智能分析的有效性不受个人主观评价的影响。

③ 前瞻性

以组织目标和企业战略为导向，针对人才主题提供预测性分析，能够及时发现潜在的风险点，提醒人力资源管理者提前干预并预先采取管理动作，以避免风险的发生或降低风险发生的概率。例如，离职预测等。

④ 个性化

利用数字化的手段，对于不同人群的关注焦点采用不同的管理策略，实现对人才的个性化服务，包括员工个人成长路径的个性化定制、个人发展的个性化配置、员工体验的多样化适配等。

⑤ 敏捷化

商业环境的不断变化需要敏捷的组织支撑，因此，智能化人力资源管理需要更加敏捷、更加灵活，而不是复杂或者固化的流程，在此基础上，围绕企业业绩的增长和商业创新，调整对应的组织结构、人才结构和能力结构。

⑥ 全面化

数字化和智能化人力资源管理可以基于完整的数据实现综合分析并提供智能建议，呈现对人才的通用判断和个性化识别，形成对企业人才结构的全面分析和洞察，为人才与岗位的精准匹配提供坚实的数据分析基础。

⑦ 清晰化

能够针对复杂问题给出明确的智能分析指标，并与领先企业实践进行对标分析，自动生成清晰可执行的措施和建议，具体包括员工满意度提升、员工敬业度提升、组织效能提升等方面。传统人力资源管理与数字化人力资源管理的对比见表2-1。

表 2-1　传统人力资源管理与数字化人力资源管理的对比

传统人力资源管理	经验性	主观性	滞后性	标准化	流程化	碎片化	模糊化
数字化人力资源管理	分析性	客观性	前瞻性	个性化	敏捷化	全面化	清晰化

2. 人力资源信息化与人力资源数字化的对比

企业历经多年的信息化建设，其人力资源管理也紧随时代步伐，经历了从信息化到数字化的深刻变革，不断迈向更智能、更高效的管理新境界。人力资源信息化和人力资源数字化在目标范围、技术应用、数据利用和业务模式等方面具有本质的差异。

① **目标范围**

人力资源信息化的主要目标是提高人力资源职能的管理效率、数据处理的准确性，以及流程的规范化，侧重于使用信息系统来处理人力资源数据，主要服务对象是人力资源管理部门的专业用户。而人力资源数字化的应用范围更广泛，旨在通过数字技术重塑和升级业务流程，实现智能化、自动化管理，其利益相关者包括员工、各级管理者和决策者。

② **技术应用**

人力资源信息化依赖传统信息系统和数据库技术，将线下流程移植到线上。而人力资源数字化则利用更先进的技术，例如，利用人工智能、大数据、云计算等技术，实现全面的数据处理、流程优化、业务协作、智能决策支持等。

③ **数据利用**

在人力资源信息化的建设和应用中，数据通常被视为人力资源事务性操作处理的结果或副产品。例如，档案管理和薪资计算形成人事档案和薪资数据。数据的主要作用是支持日常的人力资源管理操作，而不是作为业务决策的关键因素。因此，在人力资源信息化阶段，数据的主要目的是支持管理流程的运行和做好记录，而非作为战略性的资源。人力资源数字化阶段，数据的地位发生了明显变化，它被视为生产要素。这意味着数据不仅用于支持日常运营，还被广泛应用于分析、洞察和决策。数字化的过程强调数据的价值创造，通过对大量数据的挖掘和分析，发现人力资源管理的规律和趋势，为企业的战略决策和业务发展提供支持。因此，在数字化阶段，数据不再是人力资源管理的副产品，而被视为业务成功的关键组成部分，是驱动决策的重要基础。

④ **业务模式**

人力资源信息化通常在现有模式下提高效率和质量，而人力资源数字化可能需要对现有模式进行根本性变革，以适应智能时代的需求和挑战。在信息化阶段，其主要目标是将既有的人力资源管理流程转移到线上，以提高员工的工作效率。例如，薪资核算、审核和发放流程被迁移到电子系统中进行管理。在这种情况下，之所以审核环节仍然是必要的，是因为数据的处理需要经过人工审查以确保数据的准确性和操作的合规性。虽然流程在信息化的帮助下变得更高效，但仍然保留了传统流程中的审核步骤。在数字化阶段，由于智能化工具的应用，业务流程可能会发生根本性的变革。仍然以薪资发放流程为例，数字化阶段通过引入RPA工具和智能支付系统，不需要人工参与或干预，即可完成薪酬计算、核算、发放等自动化处理，不需要人工审核环节。数字化阶段不仅提高了作业效率，而且裁减、优化甚至是颠覆了原有的业务流程，推动了人力资源管理业务模式的变化。

典型的人力资源数字化案例是利用人工智能技术来改进和创新人才招聘流程。例如，一些企业使用智能招聘平台，自动筛选简历、匹配最佳的候选人，并利用自然语言处理技术进行面试预约。候选人可以通过在线平台完成自我评估和技能测试，而招聘团队可以通过平台实时追踪招聘进度和进行数据分析，从而更快地找到合适的人选。这种利用人工智能和大数据技术的数字化方式，使招聘过程更加智能化和高效化。

总体来看，尽管信息化和数字化在某些方面有重叠，但其目标范围、技术应用、数据利用和业务模式存在本质的差异。其中，信息化侧重于提高管理效率和准确性，其服务对象为人力资源管理部门的专业用户；而数字化更广泛，旨在通过数字技术实现智能化、自动化管理，其服务对象包括员工、各级管理者和决策者。信息化依赖传统信息系统和数据库技术，将线下流程移到线上，数据主要用于事务性处理；而数字化利用先进技术，例如，人工智能、大数据等技术，强调数据的价值创造，为企业的战略决策和业务发展提供支持，可能需要对业务模式进行根本性变革以适应智能时代的需求和挑战。

2.3　人力资源数字化升级的定义

人力资源数字化建设包括两个部分：一部分是人力资源管理者自身数字化转型；另一部分是通过数字化思维和数字化领导力的构建，引领组织数字化转型。由此可知，人力资源数字化的概念比较广，本书重点提及的是人力资源数字化升级。

1. 人力资源数字化升级的定义

人力资源数字化升级，即将社交、移动应用、云计算、人工智能、大数据等数字技术与人力资源管理有效融合，构建突破人才边界和业务边界的社会化组织体系，重构全新的以客户为中心的组织逻辑和人力资源运营模式，实现人力资源服务的智能化运营，建立卓越员工体验的服务体系，聚焦业务发展与人才发展并举的敏捷组织发展体系，围绕数据智能服务重构企业组织能力，创造业务价值。

人力资源数字化升级是将传统的人力资源管理流程转变为自动化与数据驱动的过程，并在此过程中，实现人力资源管理自身工作的转型，以及企业全体利益相关者的数字化素养提升。这一转变不仅涉及人力资源部门的内部运营，还涉及劳动力和工作方式的深刻变化。因此，人力资源数字化升级可以看作组织数字化转型的核心组成部分，具有以下5个方面的鲜明特点。

① 技术融合

人力资源数字化升级的核心是将社交、移动应用、云计算、人工智能、大数据等数字技术与人力资源管理有效融合，即利用先进的技术工具来优化和重塑从招聘、培训、绩效管理到员工福利和离职管理等在内的人力资源管理的各个环节。

② 组织体系变革

数字化转型要求构建突破人才边界和业务边界的社会化组织体系。这意味着企业需要重新思考其组织结构，以便更好地利用数字技术来连接和协调内部资源与外部资源，从而更好地满足客户需求和应对市场变化。

③ 以客户为中心

在数字化转型的过程中，企业需要重构其组织逻辑和人力资源运营模式，实现以客户为中心的服务模式。这意味着企业需要更加关注客户的需求和体验，通过优化人力资源服务流程和提高服务质量来增强客户满意度。

④ 智能化运营

人力资源数字化升级的另一个重要目标是实现人力资源服务的智能化运营。通过利用人工智能和大数据等先进技术，企业可以智能处理大量的人力资源数据，从而提高决策效率和精准度。

⑤ 员工体验与员工发展

在数字化转型的过程中，企业需要关注员工体验和参与度。通过优化员工服务体系和建立员工反馈机制，企业可以提高员工的满意度和忠诚度，从而增强企业的凝聚力和竞争力。同时，企业还需要关注员工的发展需求，通过提供培训和发展机会来激发员工的潜力和创造力。

企业管理者需要清醒地认识到，人力资源数字化升级是一个复杂而必要的过程。它不仅涉及技术的融合和应用，还涉及组织体系、运营模式、员工体验和员工发展等多个方面的深刻变革。通过这些变革，企业可以更好地应对挑战和把握机遇，实现可持续发展和高质量发展。

2. 人力资源数字化升级的根本出发点

人力资源管理专家戴维·尤里奇说："人力资源工作的起点不是人力资源专业职能，而是业务。"因此，面对人力资源数字化升级的契机，人力资源应当更加关注可贡献的成果，而非可开展的活动；需要从经营导向、员工导向和成果导向3个原则出发，推动人力资源数字化升级。

以经营导向、员工导向和成果导向为出发点的人力资源数字化升级，将更注重与业务的紧密结合，提升员工的参与度和绩效，最终实现企业的战略目标。例如，通过数据驱动的招聘和人才管理，可以更精准地匹配企业需求和人才能力，提高招聘质量和效率；利用员工绩效管理系统，可以实时跟踪和反馈员工表现，为如何激励和发展员工提供依据；借助数字化培训平台，可以满足员工个性化的学习需求，提升员工的综合能力。

① 经营导向

人力资源数字化升级的最终落脚点是支持和推动企业实现经营目标。人力资源部门需要深入了解业务需求和企业战略，通过数字化手段来优化人力资源管理，提高企业运营效率，降低成本，并为企业创造价值。

② 员工导向

员工是企业最重要的资产之一，人力资源数字化升级应该以员工为中心。通过数字化工具，提供更好的员工体验，例如，便捷的自助服务、个性化的培训和发展机会等，提高员工的满意度和敬业度。

③ 成果导向

人力资源部门应该更加关注可贡献的成果，而非可开展的活动。

在数字化转型中，这意味着要明确数字化项目的目标和关键绩效指标
（Key Performance Index，KPI），并通过数据分析和评估来衡量数
字化举措的效果和影响力。

因此，将经营导向、员工导向和成果导向作为人力资源数字化升
级的根本出发点，有助于确保数字化举措与企业战略保持一致，提高
人力资源管理的效果和价值，从而为企业的成功转型和持续发展提供
有力支撑。

3. 人力资源数字化升级的本质

① 强调战略对齐和业务整合

在数字化转型的过程中，人力资源部门需要更紧密地与业务部门
合作，确保人力资源战略与业务战略对齐。同时，通过整合业务流程
和数据，实现人力资源管理和业务运营的深度融合，以更好地支持业
务发展和创新。

② 突出数据驱动的决策和分析

在数字化转型的过程中，数据的应用和分析能力至关重要。人力
资源数字化升级强调利用大数据和人工智能技术来驱动人力资源的决
策和分析，提高决策的准确性和效率，同时为业务提供更精准的人才
和人力资源支持。

③ 关注员工体验和参与度

员工是企业最重要的资产，他们的体验和参与度对数字化转型的
成功至关重要。人力资源数字化升级强调关注员工的体验和参与度，
通过优化员工服务体系和建立员工反馈机制，提高员工的满意度和敬
业度，进而促进企业的整体发展。

④ 拓展数字化转型的范围和深度

除了现有的数字技术应用和组织体系重构，人力资源数字化升级
还可以进一步拓展数字化转型的范围和深度。例如，利用区块链、物

联网等技术优化人力资源管理流程和提高运营效率；同时，也可以关注通过数字化转型来推动企业的可持续发展和社会实践。

2.4 人力资源数字化升级的核心价值

人力资源数字化升级的核心价值在于通过利用先进的技术和数据分析方法，将传统的人力资源管理流程转变为自动化、智能化和数据驱动的模式，从而提升企业的人力资源管理效率和员工满意度，进而推动企业的整体发展和提升企业的竞争优势。

具体来说，人力资源数字化升级的核心价值体现在以下几个方面。

① 管理效率提升

通过自动化和智能化的工具，可以减少人工操作，加快处理速度，提高人力资源管理的效率。例如，自动化招聘流程可以缩短招聘周期，提高招聘质量；智能化的员工服务可以更快地响应员工需求，提高员工的满意度。

② 数据驱动决策

通过收集和分析大量的人力资源数据，可以为企业的战略决策和人力资源管理提供有力支持。例如，通过数据分析，可以发现员工流失的原因，从而制定更有效的人才预留策略；可以发现员工的培训需求，从而制订更精准的培训计划。

③ 员工体验优化

数字化转型可以使员工服务更便捷、更个性化和智能化，从而提升员工的满意度和忠诚度。例如，通过移动应用和自助服务平台，员工可以随时随地查询个人信息、薪资和福利，进行请假和报销等日常操作，不需要等待或排队。

人力资源数字化升级的核心价值在于围绕"个人发展与组织发

展并举的组织能力建设"这一根本目标，以"赋能员工，激活组织"为理念，聚焦"人才引领组织发展，组织承载战略达成，管理驱动员工赋能，体验激发人才活力"的闭环，从人才管理、组织发展、人力运营、员工体验4个维度实现人力资源数字化升级，建设"精准人才管理、敏捷组织发展、智能人力运营、卓越员工体验"的人力资源管理数字化，落地"智效合一"。人力资源数字化升级的本质见表2-2。

表2-2　人力资源数字化升级的本质

管理维度	核心价值	企业收益
人才管理	精准人才管理	聚焦战略目标与组织绩效驱动的、引领组织发展的数字化人才供应链，即精准人才管理
组织发展	敏捷组织发展	管理价值可视化和决策分析数据化的敏捷组织发展
人力运营	智能人力运营	强化组织运营效率的人力资源业务运营智能化，即智能人力运营
员工体验	卓越员工体验	以提升员工敬业度与获得感为目标的、数字化和智能化的卓越员工体验

1. 聚焦战略目标与组织绩效驱动的、引领组织发展的数字化人才供应链，即精准人才管理

通过数字化实现"千人千面"个性化定制、打通从绩优人才到继任和发展闭环、实现数据驱动/智能嵌入与业务聚焦的精准人才匹配。围绕业务发展对组织能力和人才培养的要求，定义人才标准和胜任力要求，借助数字化技术帮助企业精准地"选对人、用好人、激励人"，打造持续人才供应链，实现人与组织精准匹配的"智效合一"，最终实现组织能力的锻造与持续重构。

百度人才智库（Talent Intelligence Center，TIC）充分发挥百度在人工智能和大数据方面的天然优势，自2015年起，创建了完整的

基于大数据的智能化人才管理综合解决方案。智能化人才管理系统在百度实施以来，不仅大幅度地提升了人力资源部门的工作效率和准确度，在人才选拔和匹配、舆情掌握，以及人才挽留预测等方面也取得了创新突破。百度人才智库通过数据挖掘提供预测性分析，预判问题的发生，从而做到未雨绸缪。百度拥有强大的大数据挖掘团队和对人力资源业务的长期了解，以及积累到一定水平的内外部企业资源计划（Enterprise Resource Planning，ERP）和舆情系统等数据。这些资源让百度人才智库在智能管理方面如鱼得水。

2. 管理价值可视化和决策分析数据化的敏捷组织发展

组织承载战略，组织发展与数据智能深度融合，用数据驱动一切，这些是数字化转型的核心价值主张，通过数据驱动做出更快更好的决策，能够为企业创造更多的业务价值，获得新的竞争优势。通过智能化的数据分析和数据治理体系，在人员结构、人才质量、人力运营、人效分析的基础上，在一体化平台中融合财务、业务数据，提供更全面的企业经营分析，洞察组织效能、人才效能与人力资本效能，最终实现数据赋能，洞悉、预测和设计未来。

某银行应用人力资本分析模型，以"用户中心、价值牵引、模型支撑"为原则构建人力资本分析体系，旨在量化、分析、监测各类人才队伍的整体情况和各类人力资源管理机制的运行情况，优化人力资本投入、配置、管理，进而获得敏捷性信息。与传统分析体系相比，该银行人力资本分析体系具有战略性、用户视角、独创性、严谨性和共享性的特点。该银行自行研发的人力资本分析平台，面向经营管理层、人力资源条线、各级管理者搭载管理驾驶舱，延展形成"总行部门眼""分行部门眼""支行眼"等多维应用场景，提供"基本面""部门画像""人才画像"等人力资本分析看板、自动化报表、团队及员工分析报告等，成为分析人力资本信息、探寻人力资本问题的量化管理线上入口，实现"数据可视、管理可见、人才可搜"的智能化人力资本管理。

3. 强化组织运营效率的人力资源业务运营智能化，即智能人力运营

围绕"组织发展"和"结构效率"提升的目标，人力资源管理数字化需要思考组织如何变革人力资源部门自身来进行数字化运营，人力资源如何通过运用数字化工具和应用来提供解决方案。因此，需要人力资源管理者从机制创新角度重构面向客户与业务创新的组织运作体系，重塑人力资源管理角色定位的共享服务转型与员工服务体系，优化与升级人才吸引、激励与保留的薪酬体系，重塑匹配组织愿景与个人意愿的目标绩效管理体系，重构兼顾员工发展与组织发展的人才发展体系，进而提升组织效能和人力资源运营效率。

智能人力运营的应用场景非常丰富，包括智能面试、极速入职、人力共享、即时绩效等。

① 智能面试

早在 2016 年，联合利华公司率先将人工智能技术 HireVue（一款综合性的面试软件）运用到面试平台中。这种技术利用上万个特征对面试者的语言选择、词汇运用、眼神活动等各种形态进行识别打分，最终得出一个综合的面试评分结果。摩根大通、可口可乐、达能等大型企业也使用了人工智能面试技术。这些企业利用人工智能面试技术对候选人进行初步认知和了解，从大数据中分析候选人的性格、心理等特征。

② 极速入职

通过引入数字化技术，例如，光学字符阅读（Optical Character Reader，OCR）、电子合同等，构建端到端的员工入职体验流程。

数字化极速入职上线后，新员工入职上岗等待时间由1～2天缩短为0.5～1天。其中，候选人入职办理平均时长降低至15分钟，可为企业节约上千万元的人工成本，且员工体验大幅提升。

③ 人力共享

由"管理"到"支持"、由"被动"到"主动"，华润雪花通过人力共享转型，HR业务效率提升了30%，员工满意度提升了15%，助推HR战略定位提升，成为业务驱动力。

南航打造RPA中心（数字员工中心），通过RPA与人工智能的融合创新技术引入，帮助南航打通内外部信息的数据流转、提升业务时效，探索一系列特色的创新应用模式；通过自动化、智能化的执行、分析及决策能力布局高价值应用，实现"智能流程自动化"的管理和运营，提升协同优化能力。

④ 即时绩效

京东物流通过使用大数据和人工智能技术，实现对快递员绩效的即时评估。系统可以实时监测快递员的工作状态、送货速度、客户评价等数据，并通过算法计算出每个快递员的即时绩效得分。这不仅让管理人员能够及时了解快递员的工作表现，还能够激励快递员提高其工作效率和服务质量。

4. 以提升员工敬业度与获得感为目标的、数字化和智能化的卓越员工体验

技术的飞速发展使RPA、虚拟个人助理（Virtual Personal Assistant，VPA）、OCR等智能工具的应用越来越便捷和成熟，围绕"工作环境"和"运营效率"提升这一核心目标，无论是招聘选拔环节的人工智能面试技术，还是日常工作场景的数字化协作，融入员工体验和智能化应用技术，搭建"员工在线、服务在线、协作在线"的数字化与智能化基础设施，深度应用现代信息技术，营造员工满意的工作环境，以及

员工生产力有效提升的数字工作环境，推动员工进一步提升敬业度和使命感。

联合利华在员工培训环节利用虚拟现实技术提升员工体验：通过使用虚拟现实（Virtual Reality，VR）技术，联合利华能够创建模拟真实场景的沉浸式培训体验。这使员工能够在安全可控的环境中学习相关的职业技能，从而提高绩效并减少错误。VR培训已经被证明比传统的培训方法更具吸引力，可以提高员工的保留率。

惠普公司在管理新生代员工方面具有多个创新实践案例，包括打造自驱文化、志愿者文化、"搭子"文化、成长文化等。惠普公司作为一家适合个人自驱力较强员工的企业，为员工安排工作时，遵循"二八原则"，留出20％的空间让员工从事感兴趣或与个人成长相关的工作或项目。人力资源数字化升级帮助管理者充分理解人性，设计合理的激励机制，激发员工的能动性和积极性，从而为企业创造更多价值。

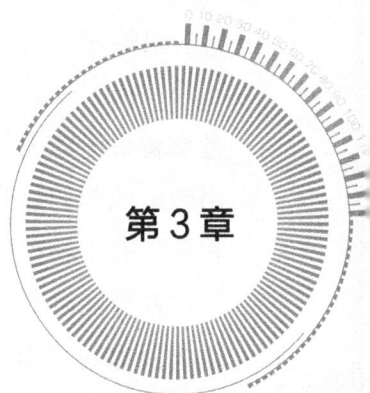

第 3 章

智能时代的企业组织能力

企业并非因他们的组织结构（structure）而为人所知，而是因他们的独特能力（capability）而为人所知。

——《变革的HR：从外到内的HR新模式》

组织能力是企业竞争力的核心体现，它不仅包括企业内部的结构布局、流程设计、文化建设，还涉及员工能力的培养和提升。一个具备卓越组织能力的企业，能够敏锐地捕捉到市场变化的脉搏，迅速做出适应性的调整和布局，有效提升企业整体运营的效率与质量，从而在激烈的市场竞争中占据优势，实现持续、稳健的业务增长。

在智能时代，企业组织能力的关键要素发生了明显的变化。企业组织能力的关键要素包括数字化技术的应用、数据驱动的决策、灵活敏捷的组织结构，以及跨部门的协作与沟通等。这些要素共同构成了智能时代企业组织能力的新框架，对于企业的长远发展至关重要。

人力资源管理是企业组织能力建设的重要组成部分。通过有效的人力资源管理，企业可以吸引并保留高素质人才，提升员工的专业技能和团队协作能力，从而推动企业的组织能力不断提升。同时，人力资源管理还能够优化企业内部的组织模式和业务流程，在提升运营效率的基础上，为企业创造更多的价值。

随着数字技术的深入应用，人力资源数字化升级已经成为驱动企业组织能力重构的关键力量。通过数字化手段，企业可以更加精准地分析人力资源数据，优化供应、选拔、培养、配置、激励等环节，实现人力资源的高效、精准配置和个性化激励。人力资源数字化升级不仅能够提升员工的工作体验和满意度，还能够推动组织结构的创新，使企业在激烈的市场竞争中保持领先地位。

3.1 企业组织能力概述

企业要想取得持续成功，除了战略方向明确、资源配置合理，还需要强大的组织能力承接与落地。杨国安教授（中欧国际工商学院飞利浦人力资源管理教授、首席执行官学习联盟和组织能力建设学习联盟的创始人）认为，组织能力的打造可以从 3 个维度展开：一是员工会不会实现工作目标，追求卓越的价值？二是员工愿不愿意坚持不懈地改进工作方法，提升工作绩效？三是组织能不能提供足够的资源、条件与环境，让员工更好地发挥其价值？

战略思维是组织前进的导航仪，指引企业在不确定性的世界中不断寻觅正确的方向、目标和机会。"组织能力"是人才、文化、制度和流程的有机融合，是实现众志成城、建立强有力的组织文化、持续敏捷进化、适应新的环境和挑战，打赢一场又一场新战役的强大载体。从根本上说，组织能力更加基础和重要，因为战略容易模仿，组织却难以复制。战略的脆弱性体现在企业是无法阻挡竞争者进行模仿和复制的，组织体系则不然。组织体系是经过长期进化而形成的，很难被竞争者模仿和复制。

战略决定组织，组织跟随战略。一个企业需要什么样的组织能力，是由其战略来决定的。例如，某企业的战略是围绕老客户续约，如果它的组织能力是一家产品型公司，那么这个战略就难以实现，因为续约只有在为客户提供优质服务的前提下才能实现，而不断研发新产品是为了满足用户的新需求，二者之间的差距必然导致其组织能力与战略目标的错位。

组织能力模型构建的过程比个人能力模型构建的过程更加复杂，涉及外部环境、公司发展战略，以及内部管理现状的变化，因此，需要公司的管理团队一起进行讨论，以便达成共识。

通过洞察外部环境变化与发展趋势，企业能够从中发现高利润、大成长空间的发展机会，基于此，企业可以识别出取得成功需要哪些关键因素；同时，识别企业内外部面临哪些困难和挑战，并从中生成能够解决困难和挑战的组织能力词条。

美国学者戴维·尤里奇教授认为：真正的人力资源（Human Resource，HR）转型是聚焦业务的，通过HR转型，重新定义组织内部HR的工作方式，由此来帮助组织实现对客户、投资者和其他利益相关者的承诺。戴维·尤里奇教授认为HR转型应有两类成果：一是"利益相关者期望"得到满足；二是提升组织能力。

在《变革的HR：从外到内的HR新模式》一书中，作者指出，组织能力代表了一个企业因何而为人所知，它擅长做什么，以及它是如何构建行为模式以提供价值的。该书提出了组织能力的14项指标：人才、速度、共同的思维模式、问责制、协同、学习、领导力、客户连接、创新、战略一致性、精简化、社会责任、风险和效率。

在商业世界中，企业经常被认为是一个由各种职能部门组成的庞大而复杂的组织机体。然而，真正使企业在市场中脱颖而出的，并非仅仅是这些外在的组织形式，而是企业内部的组织能力。组织结构只是企业的外在表现，而真正决定企业竞争力的是它的内在实力，即其独特的组织能力。

首先，企业的组织能力体现在其对市场变化的敏感性和应对能力上。市场环境的不断变化是商业世界的常态，而企业要在这个竞争激烈的环境中生存并取得成功，必须具备灵活性和应变能力。这种能力不是通过刻板的组织结构来实现的，而是通过企业内部的有效沟通机制、决策速度，以及员工的协同工作来实现的。企业如果能够迅速调整战略，灵活变通地应对市场的变化，就能在竞争中占据有利位置。

其次，企业的创新能力也是其独特的组织能力之一。 在各种技术快速发展的时代，创新不仅是企业生存的必要条件，还是企业取得竞争优势的关键。创新并不是由组织结构来决定的，而是需要企业营造一种内部特有的文化氛围、提高员工的积极性，以及企业怀有对新思想的开放态度。一个能够培养创新精神的企业，往往能够在市场中引领潮流，成为行业的领导者。

最后，企业的学习能力也是其组织能力的一部分。在信息爆炸的时代，如果企业想保持竞争力，就必须具备快速学习和吸收新知识的能力。这不仅是个体员工的学习能力，还是整个企业的学习能力。一个能够不断学习、吸收新知识，并将其运用到实际业务中的企业，能够更好地适应市场的变化，提高自身的竞争力。

与此相对应的是，组织结构虽然在一定程度上能够帮助企业实现协同工作和资源分配，但它并不能直接决定企业的核心竞争力。一个企业的组织结构再完美，如果内部缺乏灵活性、创新精神和学习能力，也难以在竞争中脱颖而出。事实上，领先的企业往往具有扁平的组织结构、注重团队协作、追求开放式的管理风格，使内部能够更好地释放创造力。

因此，组织结构调整只是一种手段，并非目的。企业成功的关键在于，其组织内部的文化、价值观，以及所有员工共同的奋斗。在竞争激烈的商业环境中，只有那些不断调整策略、积极创新、快速学习的企业，才能够在市场中占据有利地位，成为行业的佼佼者。因此，我们应当更加关注企业的组织能力，而非被外在的组织结构所迷惑。

3.2 智能时代企业组织能力的关键构成

企业的组织能力是企业在战略、组织、人才、文化、机制、数据6个方面的有机结合和深度融合，企业在智能时代的组织能力应该围绕战略模式、组织变革、人才发展、文化引领、机制创新、数据治理6个核心要素来重构。

1. 战略模式

战略模式就是企业对市场中商业模式的洞察与准确选择，即基于前瞻性市场洞察，面向未来的、以客户为中心的、持续变革的商业创新。战略模式的选择，更多地基于数据分析、基于前瞻性的市场和未来趋势的分析，以及基于目标客户的变化，通过捕捉目标客户的变化和潜在的商业机会，打造持续变革的商业模式。

因此，智能时代企业组织能力应该是构建在机制创新和数据治理的基础上，以战略、组织、人才、文化的有机融合，以数据应用为底座和基石的数字化重构。智能时代企业组织能力的关键构成要素如图3-1所示。

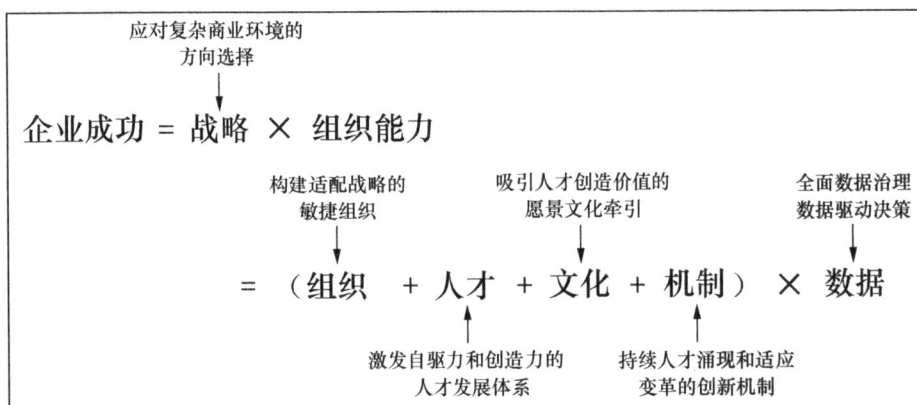

图3-1 智能时代企业组织能力的关键构成要素

2. 组织变革

组织是企业组织能力的核心要素，即构建以客户为中心，支撑持续商业创新的敏捷组织，实现事业成功与个人成就的平台型组织。企业的用工模式正在发生变革，传统的全日制用工模式逐渐演变为以灵活就业为代表的社会化用工模式，因此，组织的管控职能弱化，而赋能职能凸显，与客户交互方式的持续变化、响应市场的节奏加快等因素叠加，"倒逼"企业内部的组织模式的变革。组织不再是单纯的自上而下的管控，而应该是柔性的、自组织的、自驱动的平台型组织。

　　敏捷型组织是支撑企业战略的重要载体，二者相互影响，共同推动组织的运行。

　　① 战略导向敏捷

　　敏捷型组织通常是基于灵活性和快速响应市场的原则构建的。企业需要在竞争激烈的市场中保持灵活性和适应性，因此，构建敏捷型组织成为实现企业战略目标的一种方法。这种敏捷的方法使组织能够更迅速地调整业务策略，配合战略方向和战略目标的达成。

　　② 快速响应市场变化

　　敏捷型组织具备快速响应市场变化的能力，这与企业战略实现所需要的灵活性和灵敏性是一致的。当市场条件发生变化时，敏捷型组织能够通过快速决策和迅速执行，更好地适应新的商业要求，确保企业战略的实现不受制约。

　　③ 跨组织边界的协作

　　敏捷型组织强调突破组织边界的高效协同，包括跨职能团队的协作、企业内外部的产业链协作，甚至是社会化用工的任务协作等，通过多方协作，达到高效协同。因为这种协同促进了信息流动、业务创新，所以它可以助力企业战略的具体实施和目标达成。通过跨职能团队的协同，组织可以更好地执行复杂的战略计划，提高战略落地执行的效率。

　　④ 客户导向

　　敏捷型组织注重客户需求的快速满足，这与许多企业战略中以客户为导向的理念相契合。通过敏捷方法，组织能够更紧密地与客户互动，了解客户需求，及时调整产品或服务，从而更好地实现企业战略目标。

　　⑤ 鼓励创新

　　敏捷型组织鼓励创新和试错，这与某些企业战略中追求技术领先或产品创新的目标一致。通过采用敏捷方法，组织能够更灵活地进行试验、快速学习和适应新的技术和市场趋势，为战略创新提供支持。

3. 人才发展

人才是企业的核心资源，企业的发展依赖持续不断涌现的关键人才。组织文化与价值观的传承需要人才及人才管理体系。人才较好的获得感（员工体验、组织愿景、个人发展、员工满意度等）会提高员工的敬业度，进而提升员工的创造力。

人才发展，即引领组织发展的领导力建设。德鲁克强调："企业存在的价值是创造顾客"。企业的良性有序发展和创新变革更需要人才的有效支撑。因此，企业需要具备能够适应新的智能时代的人才发展体系，包括吸引、培养、激励和保留的闭环人才发展机制，以及更加关注员工服务与人才发展共荣的开放的人才管理机制等。

企业的各层级领导者需要创造性的、高效的工作，以最大限度地激发全体员工的奋斗精神和创造力。这也是赋能型组织在智能时代人才发展的创新。因此，围绕企业战略增长点及产业链核心价值创造环节中的关键岗位展开人才梯队建设，成为企业组织能力提升的着力点和牵引点。

人才管理机制通过吸引、培养、激励和保留优秀人才，构建积极的组织文化，促进团队协同和创新，使企业能够更好地适应变化、保持竞争力，是企业组织能力的重要支撑和关键部分。

① 人才是核心资源

在知识经济时代，人才成为企业最重要的资产，优秀的人才使企业具备强大的竞争优势。优秀的人才能够通过创新的方式，推动业务的发展，因此，有效的人才管理机制能够确保企业吸引、培养、激励和保留高素质人才，为组织的可持续发展提供坚实的基础。

② 企业的文化与价值观传承

人才管理机制有助于传承和弘扬企业的文化与价值观。通过正确引导、激励和培养员工，企业可以建立积极向上的工作氛围，使员工对企业保持高度的认同感，并提高企业的凝聚力。

③ 提高团队协同效能

人才管理机制有助于构建高效的团队和协同机制。通过合理的人才分工、激励机制和沟通渠道，可以促进团队成员之间的合作，提高团队协同效能，从而推动组织整体的业务绩效。

④ 适应变化和创新

强大的人才管理机制能够培养具有创新能力和适应能力的员工。在快速变化的商业环境中，企业需要具备灵活性和创新力，而这正是优秀人才所具有的特征。

⑤ 人才流动与知识管理

人才管理机制能够促进企业内部的人才流动，使员工有机会在不同的岗位中学习和成长。这有助于培养多岗位有经验的员工，提高组织的灵活性。同时，有效的知识管理可以确保企业内部的知识得以传承和分享。

⑥ 员工发展与绩效管理

通过科学的培训、设定积极的员工发展计划和实施有效的绩效管理，科学的人才管理机制可以提高员工的工作能力和满意度。员工发展不仅有助于满足个体的职业发展需求，还能够提高企业整体的绩效水平。

⑦ 员工满意度和员工保留

有效的人才管理机制能够满足员工的职业需求，提高员工对企业的满意度。对企业拥有较高满意度的员工更有可能持续地为企业工作，从而使企业员工的离职率降低，有利于组织的稳定运行。

4. 文化引领

企业通过打造透明、高效、共荣的企业文化和持续创新的平台，实现组织愿景与个人价值共荣的企业文化建设。

一方面，企业面对复杂多变的商业环境，将不同专业背景的人才凝聚在一起，并围绕共同愿景驱动企业战略实现和发展，是企业文化力量的体现。

另一方面，以谷爱凌、苏翊鸣等冬奥会冠军为代表的新生代力量崭露头角，并逐渐成为职场的主力，他们更愿意在一个透明、高效、包容、共荣的组织内施展自己的才华，发挥自身的价值。

智能时代，企业需要重新思考文化引领和领导力建设，只有让员工在流动性更强的组织中工作，使其拥有更多的创新机会，才能让他们感到被赋予了新的使命。

企业文化是企业组织能力的灵魂，它贯穿于组织的方方面面，影响着员工的态度、行为和工作效能。良好的企业文化不仅有助于提高组织的凝聚力、协同效能和适应能力，而且是构建强大组织能力不可或缺的要素。

① 价值观的传递和共鸣

企业文化是员工价值观和信仰的集合，能够深刻影响员工的行为。当企业文化与员工的个人价值观相契合时，员工更容易产生共鸣，更愿意为实现企业的目标而努力。价值观的共鸣有助于提高企业整体的组织能力。

② 员工行为和决策的引导

企业文化是引导员工行为和决策的强大力量。通过企业文化的形成和传播，组织可以明确期望的工作态度、行为准则和决策原则。这有助于提高员工对组织目标的理解，进而增强组织的执行力。

③ 团队协同和合作氛围

良好的企业文化能够营造积极的工作氛围，强调团队协同和合作，有助于打破部门壁垒，进而促进员工之间信息共享，提高团队协同效能，增强整体组织的协同能力。

④ 创新与适应能力

企业文化对组织的创新和适应能力具有深远的影响。鼓励创新和适应能力强的企业文化有助于激发员工的创造性思维。

⑤ 员工忠诚度和满意度

强有力的企业文化有助于员工建立对组织的敬业度。当员工感到自己的价值观与企业文化相契合时，他们更有可能保持对企业的忠诚，降低员工的离职率，从而保持组织的稳定性和可持续发展。

⑥ 品牌形象和声誉

企业文化直接影响到企业的品牌形象和声誉。一种积极、正面的企业文化有助于企业树立良好的品牌形象，吸引优秀的人才和客户。

⑦ 领导力和员工发展

企业文化对领导力的发挥和员工发展的引导起到至关重要的作用。一种鼓励学习、使员工获得成长的文化能够吸引并培养具有较大潜力的员工，进而促进组织中不断涌现出具有较强能力的员工，培养其成为未来领导。

5. 机制创新

"华为六君子"之一的吴春波教授认为：企业成功的关键，不在于企业中拥有多少人才，而在于其运营机制。优秀的企业是以文化为纽带，以机制做保障，以培养未来领袖为目标，建立人才队伍，即将文化、人才、流程、架构、创新等要素组合，通过组织能力的优化、强化，帮助企业从平庸蜕变为优秀，再从优秀跨越到卓越。

机制的本质是方法和流程。机制既包括支撑企业高效运营的管理流程和管理方法，也涵盖员工体验和持续创新的沟通协作，以及提高员工工作能力和满意度的科学培训、个人发展计划和绩效管理等人才管理工具。机制是组织能力复制、传承和创新的关键。通过能力复制解决组织内个人能力差别的问题，推动并实现个人的经验与能力向组织的经验与能力转变，在此基础上，机制的价值在于建立不依赖个人的组织能力。

优秀的机制能通过人才管理体系，帮助企业构建高效的协同团队，培养具有创新与变革能力的优秀人才梯队，促进组织的良性发展。机制创新即以人力资源数字化升级为基石，建立内外部高效协作、以客户为导向的运营机制，以适应组织发展的战略人力资源管理。企业的人才管理和干部管理的创新，同样需要机制的支撑，只有通过强大的机制支撑，才能保证企业的持续健康发展。另外，机制创新更是企业维持定力和韧性的根本保障。

在过去的几十年中，通用电气公司一直致力于通过效率提升和流程优化促使企业成功。在这个过程中，通用电气公司建立了一套高效的管理体系，包括六西格玛、精益生产和团队合作等。这些机制虽然可以帮助通用电气公司提高效率和降低成本，但也可能限制了通用电气公司的创新发展。例如，通用电气公司可能过于注重规模和标准化，而忽略了个性化和创新性的需求，这可能导致其在某些领域的创新能力不足。

机制创新是企业组织能力的关键要素，主要体现在以下8个方面。

① 提高组织效率和执行力

机制创新有助于优化组织运作的规则和程序，提高其运行效率。通过机制创新，企业可以更好地规范流程、分工和沟通方式，提高组织的执行力和运营效能。

② 促进信息流动和共享

有效的机制创新可以打破信息孤岛，促进信息的有效流动和充分共享。通过引入新的协作工具、沟通平台，组织能够更迅速、更准确地获取和传递信息。

③ 激发创新和问题解决

机制创新有助于营造创新的组织氛围。通过建立创新激励机制、组建创新团队，企业能够激发员工的创造性思维，推动新想法的涌现，从而提高组织的创新能力和问题解决能力。

④ 促使组织灵活变化

机制创新使组织更加灵活，能够使组织迅速适应外部环境的变化。通过设计灵活的决策机制、项目管理机制，组织能够更迅速地调整战略目标、协调项目进度和优化资源配置，提高组织对市场的敏感度。

⑤ 加强团队协同

机制创新有助于组织构建更加高效的团队协同机制。通过引入协同工具，制定清晰的沟通流程和团队合作机制，企业可以加强团队协同，提高整体组织的协同能力。

⑥ 建立有效的绩效管理机制

有效的绩效管理机制可以更精确地评估员工的工作表现，激励优秀员工，提升企业的整体绩效水平。通过引入先进的绩效管理工具和方法，企业能够更科学地管理人才，提高组织的绩效管理水平。

⑦ 吸引和保留人才

创新的人才激励和培养机制有助于吸引和保留人才。具有前瞻性的福利、培训、梯队建设和晋升机制可以提高员工的归属感，增强员工对组织的忠诚度，从而提高整体组织的竞争力。

⑧ 客户体验和服务创新

机制创新不仅涉及内部运作，还包括对外部客户的体验和服务创新。通过创新客户服务机制、投入先进的技术工具，企业能够提高客户的满意度，增强品牌价值。

6. 数据治理

（1）数据的重要性

2020年4月9日，《中共中央 国务院关于构建更加完善的要素市场化配置体制机制的意见》对外公布，把数据与土地、劳动力、资本、技术并列为生产要素，该文件凸显了数据这一数字化生产要素的重要性。

2023年12月31日，国家数据局等17部门联合印发了《"数据要素×"三年行动计划（2024—2026年）》，推动数据要素高水平应用。

数据要素和数字技术的结合带来了生产方式的变革、商业模式的变革、管理模式的变革和思维模式的变革，改变了旧业态，创造了新生态。在数据要素和数字技术的驱动下，数字化产业飞速发展，同时也促进了传统生产要素的数字化变革，推动产业向数字化转型。

数据是企业的核心资产，也是生产要素，数据准确是企业进行科学决策的基础，数据治理能力将成为企业的关键组织能力之一。因此，企业需要加强数据治理，通过建立"数据字典"，有效管理其日益重要的数据和信息资源；同时建立数据持续改进机制，不断提升数据质量。数据通过有效管理，可以支撑企业实现管理简化、运营效率提升的目标。人力资源系统拥有的数据是组织内最完备的和最准确的，如何充分发挥数据作为生产要素的价值，强化数据治理，将数据转化为生产力和企业的核心竞争力，成为大量企业面临的新课题。

数据要素对经济社会的发展起着关键作用。企业如果拥有了数据，就可以进行预测，提前布局和规划组织战略；企业如果拥有了数据，就可以更好地了解用户，根据用户喜好进行推荐和定制产品或服务；企业如果拥有了数据，就可以不断改进和更新工具，不断创新产品和服务模式；企业如果拥有了数据，就可以更加精准地分析问题、规避和防范风险等。

与传统生产要素相比，数据要素具有一系列独特属性：一是非稀缺性，数据海量且能够重复使用；二是较强流动性，数据要素的流动速度更快、范围更广；三是非排他性，数据可以在一定范围按照一定权限被多人或多个组织使用。

（2）数据要素在组织能力重构中的作用和影响

智能时代，数据已经成为企业决策和运营的核心要素。在组织能力重构的过程中，数据要素发挥着至关重要的作用，其影响深远。

① 数据要素对战略制定的影响

传统的企业战略制定往往依赖管理者的经验和直觉，但在智能时代，数据驱动的决策成为主流。通过收集和分析市场、竞争对手、客户，以及内部运营等多维度的不同数据，企业可以更准确地洞察市场趋势和客户需求，从而制定更加精准和有效的战略。这种基于数据的战略制定方法不仅提高了企业决策的准确性和效率，还降低了决策风险。

② 数据要素对组织模式的优化

数据要素有助于企业优化组织模式，使组织可以实现更加高效和灵活的资源配置。通过实时跟踪和分析员工绩效、项目进展、客户需求等数据，企业可以动态调整组织结构、人员配置和工作流程，以适应不断变化的市场环境。这种数据驱动的组织模式优化有助于提高企业运营的敏捷性和适应性。

③ 数据要素对企业文化塑造的引导

企业文化是组织能力的重要组成部分，而数据要素可以为企业文化的塑造提供有力支持。通过收集和分析员工的日常行为、价值观、满意度等数据，企业可以更深入地了解员工的需求和现状，从而有针对性地制定企业文化塑造策略。另外，数据还可以用于评估企业文化塑造的效果，确保企业文化与企业的战略目标保持一致。

④ 数据要素对人才管理的精细化

在人才管理方面，数据要素有助于企业实现更加精细化和个性化的人才管理。通过大数据分析，企业可以识别出具有较大潜力的员工、关键技能缺口，以及员工发展需求等信息，从而制订更加精准的人才招聘、培训和发展计划。这种数据驱动的人才管理方法有助于提高员工绩效，进而提升企业整体的竞争力。

⑤ 数据要素对机制创新的推动

机制创新是企业保持持续竞争优势的关键，而数据要素可以为机制创新提供有力支持。通过分析市场趋势、客户需求，以及内部运营等数据，企业可以发现潜在的创新机会和改进空间。同时，数据还可以用于评估机制创新的可行性和效果，减少创新带来的风险。

⑥ 数据要素推动组织决策实现智能化

数据要素的最终目标是实现组织决策的智能化。通过构建数据驱动的决策支持系统，企业可以整合各类数据资源，运用先进的数据分析技术和算法模型，为管理者提供科学、准确和及时的决策支持。这种智能化的决策方式有助于提高管理者的决策效率和准确性，推动企业向更加智能化的方向发展。

总而言之，数据要素在组织能力重构中发挥着至关重要的作用。通过充分利用数据资源构建数据驱动的决策体系，企业可以更加精准地洞察市场趋势和客户需求，优化组织模式，实现精细化的人才管理，推动机制创新。

3.3 人力资源管理与企业组织能力建设的关系

从组织和员工两个不同的维度出发，人力资源管理者看待员工或人才的态度可以分为配置和发展两个不同的层次。其中，配置是把人作为资产或资源属性；而发展是把人作为要素属性。企业的目标可以分为效能和变革两个不同的层次。其中，效能是企业聚焦当下业务发展的选择，是提升人力资源效率基础上的价值创造能力；而变革则是企业聚焦长期组织能力建设或组织发展的选择，是人员科学配置基础

上的价值创造能力。从这两个维度出发，人力资源管理者的价值包括
提升组织能力的4个层次，即员工执行力、员工创造力、组织敏捷性
和组织凝聚力，也可以概括为"三力一性"。从员工和组织视角来看
人力资源管理与组织能力的关系如图3-2所示。

图 3-2　从员工和组织视角来看人力资源管理与组织能力的关系

1. 员工执行力

聚焦企业的战略目标达成或组织效能实现，把员工视为实现上述
目标的资源进行合理地配置，需要员工规范、高效、低成本地达成目
的，即员工执行力。员工执行力是员工在履行工作职责和完成任务时
展现的高效率和高质量的能力，它强调的是员工能够按时、按要求、
按标准地完成工作，并实现战略目标。

通过培养和提升员工的自我管理和解决问题的能力，组织可以提
高员工的执行力，进而提升企业的整体绩效。

人力资源管理者的重要职责是提高员工执行力，一般来说，人力
资源管理者可以采用以下5个方面措施来提高员工执行力。

① 建立积极的工作环境：创造积极的工作氛围，鼓励员工互相
学习，彼此多分享经验，培养员工之间互相支持和合作的文化。

② 设定明确的工作目标和期望：为员工设定明确的工作目标和期望，并提供必要的资源和支持，以帮助员工实现目标。

③ 优化工作流程和系统：通过精简工作流程，减少冗余，优化系统，以提高员工工作的执行效率。

④ 提供培训和发展机会：为员工提供培训和发展机会，帮助员工提升自我管理、组织和执行工作的能力。

⑤ 提供反馈和认可：定期给予员工有针对性的反馈和认可，从而提高员工的执行能力，并激励员工继续努力。

2. 员工创造力

聚焦企业的战略目标达成或组织效能实现，同时关注员工的成长，激发员工的创新能力，使员工能够更高效地达成目标，其实质就是挖掘员工创造力。

员工创造力是指员工在工作中展现的创新能力。它涵盖了员工能够独立思考、提出新的观点和想法、解决问题的能力，以及创造新产品、新服务或新流程的能力。通过激发和培养员工的创造力，组织可以实现持续的创新和改进，提高竞争力，并适应不断变化的市场环境。

员工创造力对组织的重要性在于，它可以促进企业创新和持续改进。具有较强创造力的员工能够提出新的解决方案和方法，帮助组织应对挑战，推动业务的发展。他们能够从不同角度思考问题，并提出独特的见解，为组织带来新的机会。

员工创造力还有助于提高员工的工作满意度和敬业度。当员工发现他们的想法和创意受到重视和认可时，他们更有动力积极参与工作，在工作中投入更多心血和汗水。这种积极的工作环境可以促进员工创造力的进一步释放，并吸引更多具有创造力的人才。

为了激发和培养员工的创造力，企业人力资源管理者可以通过提供培训和发展的机会，鼓励员工参与创新项目和团队合作，提供积极的反馈和认可，建立支持创造性思维和文化，并为员工提供其他适当的资源和支持等。

3.组织敏捷性

聚焦当下员工或人才的合理配置，面向组织的变革和未来能力转型，以应对可能的业务变化与商业调整，则需要组织敏捷性。

组织敏捷性是组织适应变化和应对不确定性的关键能力。通过快速决策、创新和协作，组织可以更好地适应市场的变化，并保持竞争优势。企业人力资源管理者对组织敏捷性的建设负有重要职责，企业可以采取以下措施提高组织敏捷性。

① 建立灵活的组织结构：打破僵化的层级结构，建立具有较少层级和更强协作性的组织结构，提高决策的效率。

② 提倡创新和试错文化：鼓励员工提出新想法，促进团队之间的知识共享和协作，为创新提供支持和资源。

③ 强调持续学习和改进：鼓励员工在工作中不断学习、反思和改进，建立学习型的团队和组织文化。

④ 加强沟通和协作：建设高效的内部沟通渠道，促进跨部门的协作和资源共享，加强组织内部的连接和协同。

4.组织凝聚力

企业需要组织凝聚力来帮助其面对组织发展和人才发展的双重挑战。

组织凝聚力是指在一个组织或团队中，成员之间的紧密程度和团结合作的能力。组织凝聚力是员工之间的相互连接、相互支持、相互信任、共享合作的关系，以及员工对组织的归属感和忠诚度。组织凝聚力对于组织的稳定性和员工的成就感具有重要影响。

通过建立良好的合作关系、共同目标和归属感，组织可以实现更高效的工作、收获更好的团队表现和更高的员工满意度。企业人力资源管理者是组织凝聚力建设的责任人，可以采取多种方式实现组织凝聚力的锻造和提升，具体如下。

① 公开沟通：建立透明和开放的沟通渠道，确保员工获得及时和准确的信息，从而帮助员工之间消除猜疑和误解，增强员工之间的信任和合作。

② 建立团队文化：培养团队合作的文化，强调共同目标的实现、员工之间的互助和彼此支持。组织可以通过定期团队建设活动、共同庆祝取得的成就来促进团队文化的形成。

③ 赋予责任和参与感：给予员工更多的决策权，让员工感到自己对组织的发展和结果负有责任，进而激发员工的积极性和主动性，增强组织凝聚力。

④ 建立奖励和认可机制：及时表彰和奖励那些为组织做出杰出贡献的员工，以激励员工继续努力，并向其他员工树立榜样。

人才、文化、机制，以及数据等组织能力的重要属性，其外在体现就是员工执行力、员工创造力、组织敏捷性，以及组织凝聚力，这些都需要企业人力资源管理者重点关注。因此，人力资源管理的工作应该回归其价值本源，即帮助企业提升组织能力。

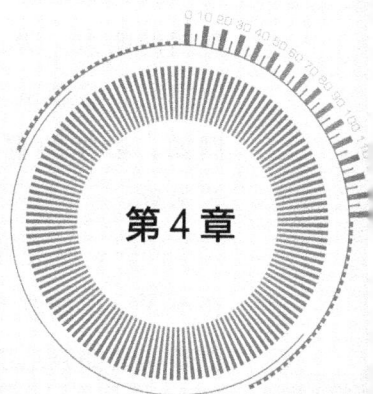

第 4 章

人力资源数字化的趋势与动态

从智能手机到自动驾驶，再到零售商业给消费者带来惊喜和愉悦体验的工具，事实上，人工智能已经逐渐渗透到生活中的方方面面。

以Chat GPT为代表的生成式人工智能凭借其广泛的实用性及超自然的能力，吸引了世界各地人们的注意力并激发了人们无限的想象空间。最新的生成式人工智能应用程序还可以执行一系列任务，例如，数据的重组和分类、撰写文本、创作音乐和创作数字绘画艺术等。

同时，从企业市场观察，过去几年加速推进落地的数字化转型正在更深层次地改变社会生活和企业经营管理，数字化与智能化的融合更是如火如荼地展开。因此，人工智能对既有的商业结构、就业岗位必然带来冲击，人工智能在代替部分就业岗位的同时，也必然会创造新的岗位和就业机会，人类经济生活的方方面面必然受到革命性的数字化和智能化变革的影响。

4.1 人工智能与人力资源管理创新

人工智能已经从简单任务的自动化完成发展为能够与人类进行互动的具有强大协作功能的技术。在技术领先的企业中，人工智能不再被视为简单的技术工具，而是被看作整个组织变革的引擎。未来，企业需要将人机协作作为核心，有效地运用人工智能工具、流程和运营改进方法，以促进人与机器之间更好地相互理解和互动协作。

在人机协作的模式下，企业将对业务进行彻底重构，涉及组织架构、产品设计，甚至员工的雇佣和培训等方面。人工智能将在这个过程中发挥重要作用，帮助企业实现更高效的运营。

随着人工智能的飞速发展，人力资源管理者需要思考岗位变迁（例如，哪些岗位被替代，哪些岗位即将新增）、能力结构变革（例如，哪些技能将失效，哪些技能需要加强）、人机互动（例如，人机协作、人机共融，甚至是机机协作），以及如何将人工智能应用到人力资源管理中，并升级或变革现有的人力资源管理模式。

1. 以人工智能为代表的科技创新与就业市场的变化

2022年6月，人力资源和社会保障部向社会公示了18个新职业信息，其中，"家庭教育指导师""数据库运行管理员""碳汇计量评估师""民宿管家"等新职业的出现引发广泛关注。新出现的职业主要是以下4个方面的原因造就的。

一是在数字经济发展中催生的数字职业。"机器人工程技术人员""增材制造工程技术人员""数据安全工程技术人员""数字化解决方案设计师""数据库运行管理员""信息系统适配验证师""数字孪生应用技术员""商务数据分析师""农业数字化技术员"等职业，均是参照《数字经济及其核心产业统计分类（2021）》，以数字产业化和产业数字化两个基本视角，围绕数字语言表达、数字信息传输、数字内容生产3个维度，以及工具、环境、目标、内容、过程、产出6项指标进行界定的。

二是在"双碳"的发展目标要求下涌现的绿色职业。"双碳"是实现社会更高质量可持续发展的必要路径，正在悄然改变能源与经济结构，推动产业转型升级，"碳汇计量评估师""综合能源服务员"等新职业应运而生。

三是在新阶段新理念新格局和人民美好生活的需要中孕育的新职业。"退役军人事务员""家庭教育指导师""研学旅行指导师""民宿管家""城市轨道交通检修工"等新职业随着社会变化而涌现出来。

四是数字员工加速进入职场。2021年12月29日，"崔筱盼"被评为万科2021年度优秀新员工，引发社交网络热议。这意味着虚拟人从车间、舞台进入传统产业。人类需要思考的是，如何从人机交互变成人机协作、人机共融。可以预想，随着越来越多的业务在数字员工的应用下实现流程自动化、标准化，企业员工将进一步从重复性的劳动中解放出来，这些员工可以转向更具创造力的岗位。届时，企业的用工模式也将被进一步颠覆。

新的技术，尤其是人工智能技术对原有的职业或岗位带来冲击。2023年5月，IBM公司首席执行官表示，该公司将暂停招聘其认为或将在未来几年中由人工智能取代的职位，例如，暂停或放缓人力资源等后台部门的招聘。一时间，关于人工智能将取代人类工作的担忧和焦虑不断提升。投资银行高盛集团发布的最新报告称，人工智能或取代3亿名全职人员的工作岗位，并给不同行业带来不同影响。例如，46%的行政工作和44%的法律工作可自动化运行，而在建筑和维修行业，这一比例仅为6%和4%。由该报告可推断，类比此前的信息技术进步，生成式人工智能很快就能替代大量传统的工作岗位。

2. 未来5年全球岗位增减趋势

2023年5月，世界经济论坛发布了《2023年未来就业报告》。该报告显示，将近四分之一的工作预计在未来5年（从2023年开始算起）发生变化，其中新的工作机会将增长10.2%，而消失的工作岗位占比将达到12.3%。根据参与报告调查的803家公司雇主的预测，在其数据覆盖的6.73亿个工作岗位中，未来5年（从2023年开始算起）增加的工作岗位数量将达到6900万个，与此同时，消失的工作岗位将达到8300万个，相比之下，工作岗位的绝对数量减少了1400万个，这一数字相当于目前工作岗位总量的2%。其中消失的工作岗位，不乏是因为人工智能技术的应用导致的。相反，新增的工作岗位则更多的是因为人工智能短期内无法取代。

据预测，未来5年（从2023年开始算起）之内受人工智能的威胁最小（持续增长）的部分岗位如下。

- 农业设备操作员
- 重型卡车与公共汽车司机

- 职业教育教师

- 机械师与机械修理工

- 商务拓展专业人员

- 建筑框架及相关人员

- 高等教育教师

- 电气技术工程师

- 金属制造与加工工人

- 特殊教育教师

- 轻型卡车或送货服务司机

- 数字化转型专业人士

- 建筑工人

- 可持续发展专业人士

- 数字营销与战略专业人士

未来5年（从2023年开始算起）之内受人工智能的威胁最大（持续减少）的部分岗位如下。

- 数据录入员
- 行政和高管秘书
- 会计、簿记、算薪专员
- 保安人员
- 收银员和售票员
- 材料记录和库存文员
- 装配和工厂工人
- 邮政服务人员
- 银行柜员及相关文员
- 店铺营业员
- 电话推销员

- 客户信息管理和客户服务人员

- 商业服务和行政经理

3. 过去3年及未来5年人才技能变迁趋势

随着前沿技术的发展和应用，预计将推动全域工作场所技能的发展和变革，因为在数字技术推动公司转型的同时，也会因为员工适应自动化和人工智能而发生技能、知识、能力和态度的变化。

根据《2023年未来就业报告》，在智能时代，人们要想保持持续的竞争力，需要聚焦在分析思维、创造性思维、韧性/灵活性与敏捷性、动机与自我意识、好奇心与终身学习、技术素养、可靠性及对细节的关注、同理心及积极倾听、领导力与社会影响力，以及质量控制等众多技能上。

前十大核心技能有两个是与他人合作相关的，即同理心及积极倾听、领导力与社会影响力。尽管质量控制仅排在第十位，但是作为对特殊群体尤为重要的技能，它们在核心技能组合中的占比为5%。相反，管理、敬业度、技术、道德和身体等这些技能通常被认为没有"认知、自我效能，以及与他人合作"类技能重要。

纵观历次的技术变革，无论是工业革命还是信息技术革命，任何一次技术创新与变革在提高生产率、创造美好生活方面均取得巨大进步。但是技术从来没有"夺走我们的工作"，相反，新的技术促进了技术使用和其他技术的发展，创造了全新的产业和更多的就业机会。

4. 人工智能引发"低暴露"的5种技能和"高暴露"的6种技能

人工智能的快速发展，必然引发人类的思考，是否很多职业会被人工智能所替代？专家借鉴核辐射的概念，将其定义为"暴露"，即"暴露"是指这些职业面临被人工智能完全或大幅度替代的可能；如果不被"暴露"或"低暴露"，则说明这些技能或工作仍然需要人类主导完成，或者短期内没有被人工智能替代的风险。

专家给出了易被替换或者"高暴露"的6种技能，简单概括就是：听、说、读、写、算、编程技能。这些技能虽然在智能时代仍然有其重要性，但它们相对更容易受到自动化和人工智能的影响，容易被替代。在此背景下，人们愈发深刻地达成共识，人类独有的创造力、同理心、想象力和情感是人工智能无法取代的。

同时，研究给出了不易被替代或者"低暴露"的5种技能：科学思维、批判思维、主动学习、体系学习、反思能力。这意味着它们至少短期内不容易被人工智能替代，因为它们涉及人类独有的思维和创造能力。

① 科学思维

科学思维是一种基于证据和逻辑的思考方式，它能够帮助人们提出问题、收集数据、分析证据并得出结论。科学思维涉及假设的提出、实验的设计和结果的解释。这些过程需要人类的直觉和判断力。

② 批判思维

批判思维是对信息进行评估和分析的能力，它包括质疑和挑战观点、查找逻辑漏洞和辨别错误推理的能力。

③ 主动学习

主动学习是主动获取知识和技能的能力，而不是被动地接收信息。它包括主动提问、独立思考和积极参与学习过程。

④ 体系学习

体系学习是指能够将零散的知识点整合成有机的体系和框架的能力。它使我们能够理解知识之间的联系，并将其应用于解决实际的问题。

⑤ 反思能力

反思能力是指对自己的行为、决策和思维进行深入思考和评估的能力。通过反思，我们可以识别自己的偏见、盲点和错误，并寻找改进的方法。

因此，人们不需要过度担心人工智能替代人类的工作，但需要注意的是，那些掌握人工智能技术的人也许会抢走目前很多的工作机会。

5. 人工智能在人力资源管理中的应用

人工智能技术飞速发展，其在人力资源管理领域也得到深入应用，尤其是在效率提升、应用增强、数据决策、管理变革等方面得到广泛应用。人工智能在人力资源管理中的应用如图4-1所示。

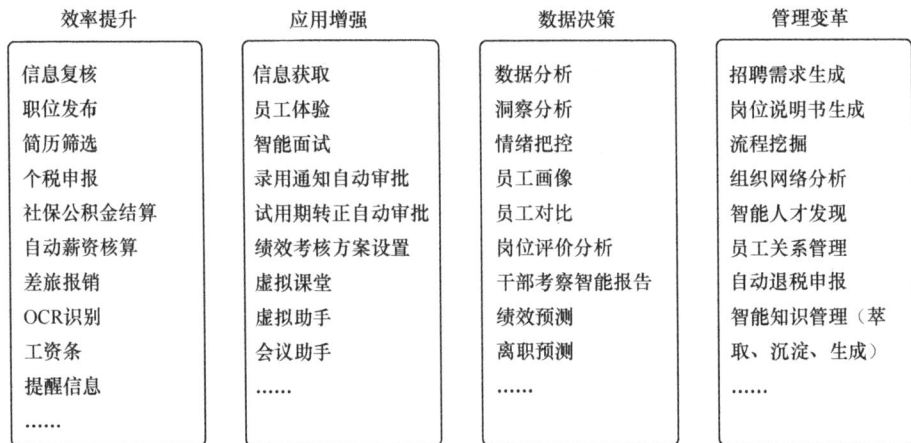

效率提升	应用增强	数据决策	管理变革
信息复核	信息获取	数据分析	招聘需求生成
职位发布	员工体验	洞察分析	岗位说明书生成
简历筛选	智能面试	情绪把控	流程挖掘
个税申报	录用通知自动审批	员工画像	组织网络分析
社保公积金结算	试用期转正自动审批	员工对比	智能人才发现
自动薪资核算	绩效考核方案设置	岗位评价分析	员工关系管理
差旅报销	虚拟课堂	干部考察智能报告	自动退税申报
OCR识别	虚拟助手	绩效预测	智能知识管理（萃取、沉淀、生成）
工资条	会议助手	离职预测	
提醒信息	……	……	
……			

图 4-1　人工智能在人力资源管理中的应用

① 人工智能的应用为人力资源管理带来了效率的大幅提升

例如，信息复核可以通过自动化程序检查员工数据的准确性，确保信息无误。职位发布可以借助智能匹配技术，将合适的职位推荐给合适的候选人。简历筛选系统能够根据设定的标准，快速筛选出符合条件的简历，提高招聘效率。而自动薪资核算则能根据员工的工作时间、绩效等因素，精确计算薪资，避免出现人为错误。此外，OCR识别技术可用于识别差旅报销中的发票和单据，缩短报销审批时间。工资条的自动发送，让员工能及时了解自己的薪资情况。提醒信息功能可以给员工发送生日祝福等，增加员工的归属感。

这些具体的应用场景展示了人工智能在人力资源管理中的强大作

用，不仅提高了员工的工作效率，还提升了员工对企业的满意度。

② 人工智能技术在人力资源管理中的应用越来越广泛

人工智能技术的应用，不仅提升了效率，更重要的是，扩展了人力资源管理的边界和范围。信息获取变得更加便捷和高效，企业可以利用智能搜索和数据分析工具，快速找到所需的人才信息和市场数据，为决策提供有力支持。同时，员工体验也得到了极大改善。例如，智能面试系统可以提供更加客观和公正的评估，录用通知自动审批则缩短了等待时间，让员工感受到企业办事的高效和便捷。试用期转正自动审批、绩效考核方案设置等功能，使人力资源管理更加规范化和科学化。虚拟课堂和会议助手的出现，让培训和沟通不再受时间和空间的限制。虚拟助手则可以为员工提供24小时的在线服务，解答不同类型的问题。这些应用不仅提高了人力资源管理的效率和质量，还为企业创造了更多的价值。未来，人工智能在人力资源管理中的应用还将不断拓展和深化，为企业带来更多的创新和发展机遇。

③ 人工智能的应用正逐渐改变传统模式，其中数据决策的应用尤为关键

数据驱动的人力资源管理模式为企业带来了更科学、更精准的决策依据。通过数据分析，企业可以深入了解员工的行为、绩效和需求，洞察潜在的问题和发展趋势。员工画像和员工对比工具可以帮助企业更全面地认识每个员工的特点和能力，为员工个性化的管理和发展提供依据。岗位评价分析可以精准评估岗位的价值和要求，为企业的招聘和薪酬制定提供科学参考。干部考察智能报告借助大数据和机器学习，可以客观评价干部的能力和表现。离职预测模型则通过数据分析提前发现潜在的离职风险，为企业提前采取对应措施，留住人才提供了有力支持。这些数据决策的应用，使人力资源管理从经验驱动转变为数据驱动，提升了管理的效率。然而，在应用过程中，人力资

源管理者也需要注意数据安全和隐私保护，确保员工的个人信息得到妥善处理。

④ 人工智能在人力资源中的应用，带来的最大价值在于推动管理变革

通过应用人工智能技术，人力资源管理模式正在经历深刻的变革，同时，也在重构企业的组织能力。招聘需求生成和岗位说明书生成变得更加智能化，系统可以根据企业战略和业务需求，自动生成相应的招聘要求和岗位描述，提高了招聘的准确性和效率。流程挖掘技术帮助企业发现潜在的流程优化点，提升企业运营的效率。组织网络分析让企业更清晰地了解内部关系，为科学的团队组建和资源分配提供依据。智能人才发现功能借助大数据和机器学习，快速识别和挖掘优秀人才，为企业的发展提供有力支持。员工关系管理也可以通过人工智能实现更加个性化和及时的关怀。自动退税申报和智能知识管理（萃取、沉淀、生成）则分别在财务和知识管理方面带来了便利和效率提升。这些管理变革类的应用，不仅提升了人力资源管理的水平，而且有助于企业构建适应未来发展的组织能力。然而，在推动管理变革的过程中，人力资源管理者也需要关注人与技术的协同，充分发挥人类的智慧和情感优势。

从组织视角来看，人工智能与人力资源管理主要发生以下3个方面的变化。

● 一是人工智能的快速发展，数字员工的出现及广泛应用，替代一些基础重复性工作（部分技能性、基础性、高重复性工作岗位消失，人工智能训练师等新岗位涌现）。

● 二是人才的能力结构发生深刻甚至结构性的变化（技能结构向人机协作升级）。

● 三是劳动力转型（人岗匹配基础上的智效提升与劳动力结构配

比）与劳动力转移（人效提升基础上的人员岗位转移/分流）。

从人力资源管理视角来看，人工智能在人力资源管理中的应用主要包括以下4个方面。

● 一是人力资源管理范式的变化：人机交互、人机共融、流程优化/流程变革、员工体验等。

● 二是人力资源管理的角色转型：从事务性工作和人力资源服务向组织赋能转型。

● 三是人力资源管理流程的自动化和智能化：自动简历筛选、智能排课、员工助手等自动化和智能化工具深入应用。

● 四是人力资源数据分析（预测分析）：包括组织网络分析、员工离职预测分析、绩效预测、人才与业务精准匹配等。

4.2　人力资源数字化的十大趋势

传统的人力资源管理以人工为主，难以满足智能时代企业对人力资源管理的高效和精准的要求。人力资源数字化升级则打破了传统的人工管理模式，使企业可以更好地应对复杂的市场环境和人力资源管理挑战。数字经济进入新的数字化发展阶段，数智技术驱动的人力资源数字化呈现新的发展趋势。

1. 利用数字科技定期评估流程效率指标和服务水平，持续提高组织的运行效率

以RPA、VPA等为代表的智能化工具，以及能够与人类员工同步工作的协作机器人，在人力资源管理中的应用愈加深入，人力资源管理者需要思考人力资源管理的范式变化，人力资源工作的价值评价标准和工作重心同样发生变化，企业要更加关注定期流程效率指标的评估和服务水平的提升，进而提高组织的运行效率。RPA技术在人力资源管理领域的应用示例如图4-2所示。

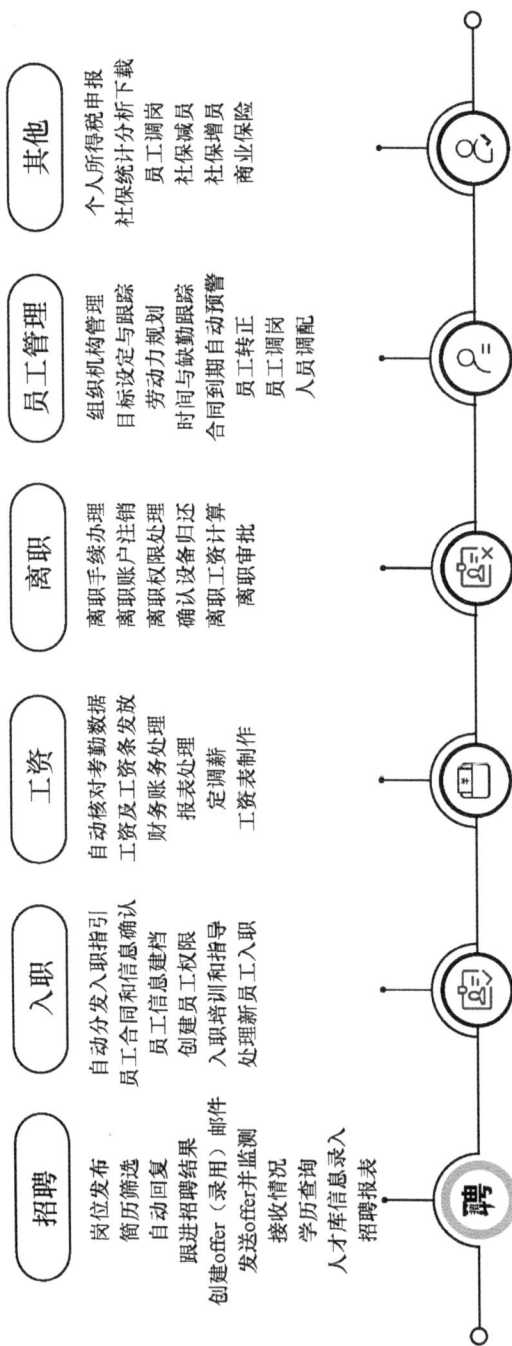

图 4-2 RPA 技术在人力资源管理领域的应用示例

招聘
岗位发布
简历筛选
自动回复
跟进招聘结果
创建offer（录用）邮件
发送offer并监测
接收情况
学历查询
人才库信息录入
招聘信息报表

入职
自动分发入职指引
员工合同和信息确认
员工信息建档
创建员工权限
入职培训和指导
处理新员工入职

工资
自动核对考勤数据
工资反工资条发放
财务账务处理
报表处理
定调薪
工资表制作

离职
离职手续办理
离职账户注销
离职权限处理
确认设备归还
离职工资计算
离职审批

员工管理
组织机构管理
目标设定与跟踪
劳动力规划
时间与缺勤跟踪
合同到期自动预警
员工转正
员工调岗
人员调配

其他
个人所得税申报
社保统计分析下载
员工调岗
社保减员
社保增员
商业保险

以HireVue公司的AI面试机器人为例，这家公司成立于2004年，致力于研究全球通用的面试算法，是AI面试机器人的先行者。高盛、摩根大通、联合利华等企业在2018年秋招时就成为HireVue的客户。四大会计师事务所中的德勤（Deloitte）、安永（EY）和毕马威（KPMG），以及其他行业的知名公司，例如，希尔顿、埃森哲、欧莱雅、可口可乐等全球600多家公司也开始采用该面试方法。HireVue公司称可以通过1.5万个以上不同的维度（包括肢体语言、语音模式、眼神活动、做题速度、声音大小等）对候选人进行评分。这就意味着，在面试过程中，求职者的一颦一笑都会被HireVue公司的智能系统捕捉并进行分析。除了职位匹配度，它还能分析出求职者的性格、情绪、动机等心理状态，甚至是跳槽概率。HireVue公司为联合利华一年节省了超过100万英镑（约为901.43万元人民币）的招聘费用。希尔顿则借助其AI系统，把平均招聘周期从42天缩短到了5天。

2. 聚焦员工体验和服务产品化，驱动员工满意度和人才保留率的提升

领英《2020年全球人才趋势报告》显示：94%的人力资源管理者认为，员工体验对未来的员工招聘、培训开发、绩效管理等管理活动实施效果有着非常重要的影响，77%的人力资源管理者越来越重视员工体验，并将其作为增强员工忠诚度和提升员工留存率的重要手段。

员工体验并非狭义的用户体验，应该包括员工的工作目标感、组织归属感等。不少公司引入人工智能技术来提升员工体验，既通过改进工作流程提升了作业效率，又达到了人力资源的管理效能，同时强化了员工对企业的归属感。其本质是人力资源服务的产品化体现。无论是内部人才，还是外部候选人，都期待自动化、数字化、以用户为中心的体验，而对于这些期待公司管理者都已经明白。他们优先考虑

那些可以加强员工关系，并留住人才的关键时刻，并利用数据分析为员工提供个性化的职业发展建议，从而提高其敬业度。调查显示，数字化比较成熟的企业借助于数字化技术提升了员工体验，提高了员工对企业的满意度，将员工的留任率提高了30%～40%。

另外，需要说明的是，自2021年以来，全远程工作的人数从34%下降到22%，只在办公室工作的人从39%下降到35%。远程办公的优势具体包括更好地提升员工满意度，充分释放员工的创造力，以及不断促进组织和员工的目标驱动感，同时，"倒逼"组织的流程优化等。然而，简单的远程办公遇到的问题也在不断涌现，例如，员工在远程办公时遇到不可排除的干扰因素，导致工作质量和工作效率低下，甚至出现工作的无序，更有甚者出现团队凝聚力的大幅下滑等。因此，强调目标驱动、责任导向且兼顾归属感的更加灵活的混合办公模式也是员工体验的体现形式。

谷歌公司一直以来都将员工体验视为至关重要的一个环节，它不仅注重提供良好的工作环境和福利待遇，还积极推动服务产品化，以提升员工满意度和人才保留率。谷歌公司的员工体验实践涵盖了"20%时间"政策、数据驱动决策、弹性工作制、创新文化到个性化激励、员工服务产品化等多个方面，充分体现了公司对员工体验的全方位关注和投入。

① "20%时间"政策：该政策允许员工自主地选择项目和任务，从而使员工更容易找到自己感兴趣的项目和领域，促进了企业内部的知识管理和转化。

② 数据驱动决策：谷歌将员工的整个就业周期视作一个体验，确保员工在入职、发展到离职的过程中都能获得良好的体验。

③ 弹性工作制：谷歌采取了弹性工作制，没有对员工的时间进行限制，这有助于员工根据自己的需求和工作节奏来安排工作时间。

④ 创新文化到个性化激励：谷歌倡导并鼓励创新、开放的企业文化，注重员工个人的工作体验，以保障员工的创造力。

⑤ 员工服务产品化：谷歌建立了内部服务平台，将各种员工服务、福利待遇、培训资源等产品化，以便员工更便捷地获取和利用。谷歌同时开发了智能助手和自助服务系统，为员工提供"7×24"小时的支持和解决方案，包括健康福利查询、薪资福利管理等，提高了员工满意度和工作效率。谷歌还鼓励员工参与产品开发和公司决策，通过内部创新比赛、员工意见反馈等方式激发员工的创造力和参与度，增强员工对公司的归属感和满意度。

3. 外部人才引进与内部人才优化并举，人才结构优化持续加速

近年来，全球科技行业的裁员潮无疑成为业界关注的焦点。仅仅在2024年年初的几个月里，就有很多家科技公司宣布了裁员计划。

面对严峻的经济形势和市场环境，很多大型科技公司不得不采取一些实际措施来应对挑战。它们纷纷效仿过去经济衰退时期的做法，通过大规模裁员和削减一些非核心、利润较低的项目来降低成本、减少支出，以期能够度过这个困难时期。

然而，与以往的裁员潮不同的是，当下的企业更加注重人才结构的优化而非单纯的减员增效。企业清楚地认识到，单纯地减少员工数量并不能解决根本问题，反而可能会对企业的长期发展造成不利影响。因此，企业在裁员的同时，也开始更加注重外部人才的引进和内部人才的优化。

谷歌作为全球科技巨头企业，一直非常注重人才战略。面对行业的变革和挑战，谷歌也积极调整其人才策略，实现了外部人才引入与内部人才优化的完美结合。在外部人才引进方面，谷歌一直保持着开放的态度，积极从全球范围内吸引优秀人才。谷歌与全球各大高校和研究机构建立了紧密的合作关系，通过校园招聘、实习生计划等

方式，吸引了一大批年轻、有活力、具备创新思维的优秀人才。这些优秀人才的加入，为谷歌注入了新的活力，推动了企业的持续创新和发展。

同时，谷歌也非常注重内部人才的优化和提升。谷歌内部有着完善的员工培训体系，为员工提供各种专业技能和职业发展的培训机会。谷歌还鼓励员工参与各种创新项目，为员工提供广阔的舞台和机会，激发员工的创造力和潜力。此外，谷歌还建立了完善的激励机制和晋升体系，确保员工的付出能够得到应有的回报和认可。

除了谷歌，还有许多其他企业也在积极实践这一人才策略。例如，苹果公司通过不断引进业界顶尖人才和加强内部员工培训，成功打造了一支具备创新精神和卓越执行力的团队。亚马逊公司则通过建立完善的人才选拔和培养机制，确保公司能够迅速补充和调整人才队伍，使公司保持较强的竞争力。

华为、字节跳动、阿里巴巴等全球知名企业，通过外部人才引进和内部人才优化并举的策略，在优化企业人才结构的基础上，吸引和留住优秀人才，成功打造了一支充满活力、具备创新精神的团队，为企业的快速发展提供了有力的人才保障。

面对全球经济的不确定性和市场竞争，企业需要采取外部人才引入与内部人才优化并举的策略来应对挑战。通过引进外部优秀人才和提升内部人才价值，企业可以不断优化人才结构，提高企业整体的竞争力。同时，企业还需要建立完善的人才管理体系和激励机制，为未来的发展奠定坚实的基础。只有这样，企业才能在激烈的市场竞争中立于不败之地。

4. 人才能力结构的数字化与数字化人才的深度应用

数字技术不再只是团队工作的环境或辅助支持工具，而是已经融入团队成员的工作中，成为企业不可或缺的工具和能力的一部分。数字技术的进化使团队成员能够更高效地协作、更准确地决策，并提供更优质的产品和服务。因此，数字技术在下述几个方面获得了广泛的应用，以至于有学者认为，"数字技术正日益从团队情境进化为团队成员的一部分"。

① 远程协作

随着数字技术的发展，团队成员可以在不同地点进行协作。例如，Zoom（一款多人视频会议软件）和微软的Teams（微软公司开发的一款软件）等视频会议工具使团队成员可以远程沟通和协作，就像在同一个办公室一样。这种远程协作的能力使团队可以更灵活地组合和运作。GitLab是一个全球分布式的软件开发公司，其团队成员分布在世界各地。GitLab公司通过使用数字工具和平台，能够与客户进行有效的协作，从而交付高质量的软件。

② 人工智能与自动化

一些企业正在使用人工智能和自动化技术来增强团队成员的能力。例如，聊天机器人可以处理常见问题，自动化流程可以减轻团队成员的重复性工作。UiPath是一家提供自动化软件的公司，该公司提供的工具可以帮助团队成员自动执行日常任务，从而提高工作效率。

③ 数据分析与决策支持

数据分析工具和可视化平台使团队成员能够更好地理解和分析数据，做出更明智的决策。这些工具成为团队成员工作中不可或缺的一部分。Netflix公司通过使用数据分析来了解用户的观看习惯，从而为内容推荐提供决策支持。

④ 增强现实与虚拟现实

一些企业正在探索增强现实（Augmented Reality，AR）和VR技术在团队协作中的应用。这些技术可以为用户提供沉浸式的体验，帮助团队成员更好地理解和解决问题。波音公司使用虚拟现实技术来培训工程师和技术人员，从而提高他们的技能和效率。

数字技术的深入应用，给企业人力资源管理者带来新的挑战，需要思考新引入的人才是否具备数字化的技能，也就是人才能力结构的数字化。传统意义上的员工或人才，如果只具备单一技能或者初级技能，则可能不再被组织看重。企业招聘的人才不仅要具备数字化技能（例如，用户体验设计、人工智能、RPA相关知识等），还要提高数字化人才（数字员工）的导入力度。另外，广义的数字技术还包括人工智能技术、跟踪员工敬业度的分析技术和人才训练与发展的智能化规划技术等。因此，人力资源管理者既要考虑现有人才能力结构的数字化提升，又要考虑数字化人才的深度应用。

研究发现，一方面，数字技术的引入能够协助领导者采用先进科学的方式履行职能，更能协助领导者有效地发挥领导力；同时，数字技术还能释放一些烦琐的工作事务，使领导者将领导力重心转移到更具变革性的事务中，助推组织目标的实现。另一方面，新工作常态对领导力的丰富性和复杂性提出了更高的要求。

领导者在与数字技术并肩协作的过程中，除了要熟悉技术，适应与传统"人—人"沟通截然不同的"人—技术"交互方式，还要协调"人—技术—人"之间的多重关系，从中寻找新的平衡点。

人才的能力结构数字化：蚂蚁集团通过大数据分析和人工智能技术，对员工的技能、经验和潜力进行数字化评估，构建了全面的人才能力结构模型。这个模型基于员工的工作表现、培训记录、项目参与等数据，为每个员工建立了个性化的能力档案。

数字化人才的深度应用：西门子公司将数字化的人才能力结构与生产流程和产品创新相结合，实现了数字化人才的深度应用。西门子利用数据分析和人工智能技术，优化生产流程、提高产品质量，并不断推动产品创新和技术进步。数字化人才通过深度应用在制造业的各个环节发挥着重要作用，帮助企业提升竞争力和创新能力。

5. 将可持续性员工发展作为薪酬和福利待遇的一部分来吸引员工应聘

在当前的职场环境中，员工对于个人职业发展的重视程度日益提升。盖洛普调研数据显示，高达48%的员工表示，如果公司给员工提供技能培训机会，则他们愿意尝试全新的工作岗位。这一发现揭示了员工发展在吸引和留住人才方面的关键作用。可以毫不夸张地说，它已经成为薪酬和福利待遇之外，另一个不可或缺的因素。

以腾讯公司为例，作为中国领先的互联网企业之一，深知员工发展的重要性。为了吸引和留住顶尖人才，腾讯公司不仅为员工提供了具有竞争力的薪酬和福利待遇，而且在员工发展方面下足了功夫。腾讯公司设立了专门的职业发展中心，为员工提供丰富的线上课程和线下课程，这些课程涵盖技术、管理、领导力等多个领域。这些课程不仅可以帮助员工提升专业技能，还为他们打开了职场晋升的大门。通过持续的学习和发展，腾讯公司的员工得以在企业内部实现成长，从而增强了员工对公司的忠诚度和归属感。正是基于这样的员工发展策略，腾讯公司成功打造了一支高素质、高稳定性的团队。这支团队不仅为腾讯公司的快速发展提供了有力的人才保障，还成为腾讯公司在激烈的市场竞争中保持领先地位的关键因素之一。

另外，谷歌、脸书、特斯拉等公司之所以在类似岗位薪酬略低于同行的情况下仍能吸引到优秀的人才，一个重要的原因就是，这些公司为员工提供了个人发展机会，这一因素更吸引候选人。这些案例验证了可持续性员工发展在吸引和留住人才方面的巨大潜力。对于人力资源管理者来说，为员工提供学习机会不仅可以提高员工的敬业度和生产力，还能明显提升公司的盈利能力和市场竞争力。更重要的是，通过关注员工的长期发展，企业能够建立一种积极向上、富有创新精神的企业文化，从而推动整个组织的持续进步和发展。

6.组织发展与人才发展的精准匹配

以组织价值实现为目标构建组织能力的过程被视为组织发展，以个人价值实现和个人成长为目标的人才管理策略被视为人才发展。越来越多的企业实践表明，组织发展的价值是通过管理机制的创新推动和支撑企业目标的实现，突出体现在组织的业务目标与人才的深度融合、有机结合方面，借助于数字技术，通过人员能力标签与企业业务需求自动匹配和精准识别，实现企业业务属性和人员属性的有机融合，即实现"业人融合"，从而在充分释放个人价值的基础上实现组织发展。因此，企业成功的关键在于其组织发展与人才发展的精准匹配。

以阿里巴巴为例，这家电商巨头在组织发展与人才发展的精准匹配方面走出了自己的创新实践之路。

首先，在组织结构上，阿里巴巴采用了灵活的事业部制，根据不同的业务领域划分为多个独立运营的事业群。这种组织结构使阿里巴巴能够快速响应市场变化，同时保持各业务板块的协同和整合。

其次，在管理机制上，阿里巴巴强调赋能和激励。通过设立清晰的KPI、搭建完善的培训体系、采取员工持股计划等措施，阿里巴巴不仅确保了员工有明确的工作目标和职业发展路径，还激发了员工的内在动力和创新能力。这种管理机制的创新为阿里巴巴打造了一支素质较高、执行力较强的团队，为企业的快速发展提供了有力支撑。

最后，需要说明的是，在业务目标与人才发展的深度融合方面，阿里巴巴借助于大数据和人工智能技术，实现了人员能力标签与企业业务需求的自动匹配和精准识别。这意味着，当企业面临新的市场机遇或挑战时，能够迅速找到具备相关能力和经验的员工，组成高效的项目团队来应对。这种"业人融合"的模式不仅提高了企业的业务响应速度和执行效率，还促进了员工个人价值的最大化发挥。

阿里巴巴的实践充分表明了组织发展与人才发展精准匹配的重要性。通过将企业的组织结构、管理机制和业务目标与人才队伍的能力、潜力和发展需求紧密结合，企业能够在不断变化的市场环境中保持敏锐的洞察力和强大的竞争力。这不仅有助于企业实现短期的业务目标，而且能够为企业的长远发展和持续创新奠定坚实的基础。

未来，随着技术的不断进步和市场环境的持续变化，组织发展与人才发展的精准匹配将成为越来越多企业关注的焦点。那些能够成功实现"业人融合"的企业将在这场竞争中脱颖而出，成为行业的领军者。

7. 传统人力资源管理模式向敏捷智能运营模式升级

随着全球化竞争的加剧和信息技术的迅猛发展，传统的人力资源运营模式正面临前所未有的挑战。"职能式"和"三支柱"管理模式曾经为企业的稳定发展提供了有力支撑，但在当前快速变化的市场环境下，这些模式已逐渐显露出其局限性，尤其是在快速响应用户需求方面略显不足。

过去，人力资源业务伙伴（Human Resource Business Partner，HRBP）、专家中心（Center Of Expertise，COE）和共享服务中心（Shared Service Center，SSC）这三大支柱共同构成了企业人力资源管理的基石。然而，随着企业规模的日益扩大，单纯依赖这三大支柱已难以满足企业对于人力资源运营集中化、数字化的迫切需求。特别是在客户导向和员工体验日益受到重视的情况下，建设一个更加高效、智能的人力资源中心尤为迫切。

数字员工的出现更是为人力资源管理带来了革命性的变化。在智能时代，员工的工作效率和工作的准确性得到了明显提升，传统的层层审批流程逐渐失去了其存在的意义，传统人力资源管理的运营模式亟须向敏捷、智能的方向升级。

这种升级并非简单的技术替换或流程优化，而是涉及企业整体运营理念的转变。企业需要更加注重内部连接的增强、企业文化的培养，以及员工体验的改善。在这种背景下，经典的"三支柱"模型已难以满足企业的需求。企业需要的是一个高效全能的人力资源管理团队，这个团队不仅要具备专业的知识和技能，还要能够紧密协作，共同应对各种挑战。

谷歌一直在人力资源管理领域进行着创新和尝试。谷歌意识到，传统的人力资源管理模式已经无法满足其快速发展的业务需求，因此，谷歌开始探索一种更加敏捷和智能的人力资源运营模式。谷歌通过引入先进的人工智能和大数据技术，设置了专门的人员分析部门，并对人力资源进行了全面的数字化升级。谷歌注重提升员工体验，通过智能化的服务系统为员工提供个性化的职业发展和学习机会，增强了员工的归属感和满意度。另外，谷歌还打破了传统人力资源管理中各部门之间的壁垒，加强了公司内部联系和协作。谷歌通过跨部门的项目团队、定期的员工交流会议等方式，促进了不同部门和员工之间的沟通和合作，形成一个更加紧密和高效的工作团队。这种敏捷、智能的人力资源管理模式不仅提升了谷歌的业务响应速度和执行效率，还为其打造了一个积极向上、富有创新精神的企业文化。

谷歌的实践表明，传统的人力资源运营模式向敏捷智能模式升级是企业发展的必然趋势。通过引入先进的技术和理念，企业可以实现人力资源管理的全面优化和升级，提高管理效率和员工体验，从而为企业的快速发展提供有力的人力资源保障。同时，这种升级有助于企业培养一支高效全能的人力资源管理队伍，更好地支撑企业的战略目标实现和业务发展。

　　事实上，许多中国企业已经开始了人力资源运营模式的创新实践。居然之家董事长兼CEO汪林朋强调，大众在线消费习惯将对企业数字化转型提出更高要求，数字化能力较强的企业更容易借助数字技术投入细分领域，在产业协同、流程再造中提升运营效率。同时，居然之家以实现"StoBtoC" ［S为Slipper（大供货商）的缩写，B为Business（渠道商）的缩写，C为Customer（顾客）的缩写，是一种集合供货商赋能于渠道商并共同服务于顾客的全新电子商务营销模式］的产业服务平台为目标推动企业数字化转型，具体到人力资源数字化升级方面，采取了回归人力行政中心模式的策略，并启动人力资源数字化项目。

　　因此，传统的人力资源管理模式向敏捷智能运营模式升级已成为企业发展的必然趋势。企业应积极探索适合自身特点的人力资源管理新模式，以应对日益激烈的市场竞争和不断变化的员工需求。通过加强内部联系、培养企业文化、改善员工体验等方式，企业可以构建一个更加高效、智能的人力资源管理体系，为企业的可持续发展提供有力保障。

8. 数字化转型推动 ESG[1] 在人力资源管理中的崛起，企业以可持续发展为导向，实现全面升级

　　数字化转型、ESG理念与人力资源管理日益紧密交织，形成一体化的趋势，企业在实现数字化创新的同时，更需以可持续发展和社会责任为导向，全面提升人力资源管理的效能与社会影响力。

　　ESG强调企业在经营过程中应关注环境、社会和治理的影响，追求可持续经营。数字化转型为企业提供了更多数据和工具，使实施ESG战略变得更可行和可测量。例如，数字化平台可以帮助企业监测

---

1. ESG（Environmental，Social and Governance，环境、社会和治理）。

和报告环境影响，实现能源效率提高和碳排放降低。在社会方面，数字技术可用于改善员工福利、推动多元化和包容性。在公司治理方面，数字化转型可以提高数据透明度，加强风险管理和合规性管控。

人力资源管理在这一背景下也发生了深刻的变化。企业在智能时代更加注重人才的培养和发展，以适应新技术的发展。ESG的理念促使企业更加关注员工的幸福感、存在感、获得感，推动了人力资源管理的社会责任。数字化工具在招聘、培训、绩效管理等方面的应用，使人力资源管理能够更精准地满足企业ESG目标，提高组织的整体绩效。

因此，数字化转型、ESG理念和人力资源管理形成一种紧密的联系，共同推动企业实现可持续发展的目标。

9. 人工智能在人力资源应用中的场景正在加速扩展和细化

随着人工智能技术的飞速发展，人力资源业务流程中的人工智能应用场景正在进一步加速发展。人力资源业务流程中的AI应用场景示例如图4-3所示。

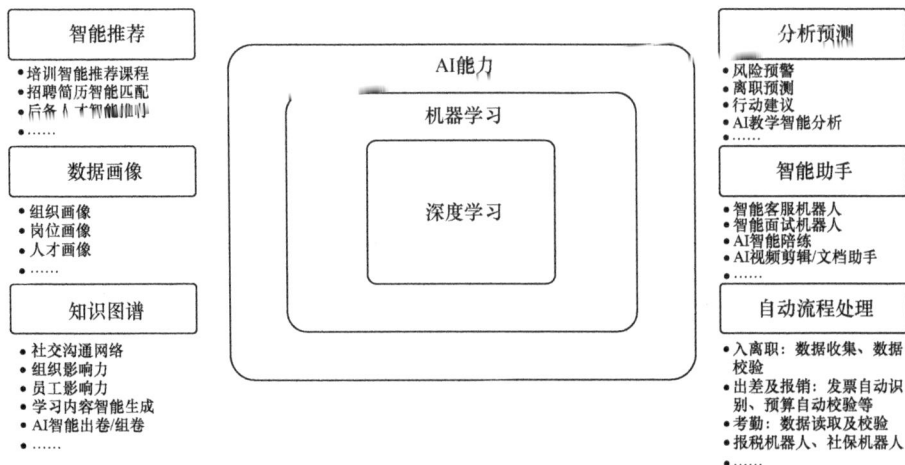

图4-3　人力资源业务流程中的 AI 应用场景示例

① 智能推荐

例如，领英（是一个面向职场的社交平台）公司已经大规模使用人工智能算法为用户推荐合适的职位和候选人，基于用户的个人资料、职业背景和行为数据进行匹配推荐。根据员工的职业发展路径、技能缺口和学习历史，平台通过人工智能推荐适合的培训课程或资源，为员工提供个性化的职业发展建议，包括晋升机会、轮岗建议等。

② 数据画像

例如，谷歌公司利用内部开发的人工智能工具，对员工的绩效数据、培训记录等进行分析，生成员工绩效画像，帮助管理者更好地了解员工表现和需求。IBM公司则采用人工智能技术分析员工满意度调查结果，生成员工满意度画像，并据此制定改进措施。不少企业已经开始尝试基于历史数据和员工特征，利用机器学习算法预测员工的流失概率，帮助企业预判并采取相应措施。

③ 知识图谱

例如，微软公司通过建立企业内部的知识图谱，包括员工关系、技能结构、项目履历等信息，帮助管理者更好地了解组织结构和人才分布，为内部员工提供智能化的知识分享和协作支持。Salesforce（是一家创建于1999年3月的客户关系管理软件服务提供商，可提供随需应用的客户关系管理平台）则利用知识图谱技术构建了内部的组织结构图谱等，帮助管理者更好地了解员工关系和团队构成，并利用自然语言处理技术为员工提供智能化的问题解决方式。

④ 分析预测

例如，亚马逊公司利用人工智能技术，通过分析业务增长趋势、市场变化等因素，预测未来的人才需求，根据业务增长和市场趋势调整招聘计划，以确保人力资源的有效配置。Netflix公司利用数据分析和机器学习技术预测员工的流失概率，并据此采取相应的干预措施，以保持员工的满意度和忠诚度。

另外，不少公司借助于人工智能技术，结合个人过往经历、现岗位能力匹配度、企业文化与个人性格/特长结合度、周边同事的能力匹配等信息，预测员工未来的绩效水平，帮助企业预判绩效提升可能存在的机会。

⑤ 智能助手

例如，脸书公司开发了自动化的招聘助手，利用自然语言处理技术进行简历筛选和面试安排，提高了公司的招聘效率。特斯拉公司引入了智能助手系统，为员工提供"7×24"小时的服务，包括假期申请、薪资查询等，提升了员工体验和满意度。

⑥ 自动流程处理

自动流程处理的案例更加丰富，例如，沃尔玛公司采用人工智能技术实现了入职流程的自动化，包括新员工信息采集、合同签署、培训安排等，提高了员工的入职效率和准确性。麦当劳利用人工智能技术优化了离职流程，包括离职手续办理、工作交接等，简化了流程并降低了管理成本。再如，海底捞因为其用工模式多样，采用自动化技术实现离职员工的即时薪资结算。

诸如上述实践案例，人力资源业务流程中的人工智能应用场景涵盖了招聘、薪酬、入职、离职、绩效、培训发展、员工关系等多个方面，可以帮助企业提高效率、降低成本，同时提升员工体验和组织绩效，帮助企业更好地管理人才。

10. 提升数据要素作为价值创造的关键作用

数据在组织能力重构中，与组织、人才、文化和机制深度融合、相互渗透，驱动创新涌现，打破传统价值增长模式，拓展企业增长新空间。

① 数据驱动的战略决策

在组织能力重构的过程中，数据首先被用于战略决策的制定。通过对市场、竞争对手、客户需求等外部数据的收集和分析，企业能够更准确地识别市场趋势和机遇，从而制定出更符合实际、更具前瞻性的战略。同时，内部运营数据的分析也可以帮助企业了解自身的优势和劣势，为战略调整提供有力依据。

② 数据优化的组织结构

数据在组织结构的优化中发挥着重要作用。通过对员工绩效、项目进展、资源利用等数据的实时跟踪和分析，企业可以发现组织结构中存在的瓶颈和问题，进而对组织结构进行有针对性的调整。例如，根据数据分析结果，企业可以优化部门设置、调整管理层级、重新分配职责等，使组织结构更加高效和灵活。

③ 数据塑造的组织文化

数据在组织文化的塑造中也起到了关键作用。通过对员工行为、价值观、满意度等数据的收集和分析，企业可以更加深入地了解员工的真实需求和文化偏好，从而使企业的组织文化更符合员工期望、更具吸引力。同时，数据也可以用于评估文化塑造的效果，帮助企业及时调整文化策略，确保文化与战略目标的一致性。

④ 数据精细化的人才管理

在人才管理方面，数据的应用使人才管理更加精细化和个性化。通过对员工绩效、技能、发展潜力等数据的全面分析，企业可以识别出具有较大潜力的员工和关键技能缺口，为人才招聘、培训和发展提供更精准的依据。同时，数据也可以用于员工激励机制的设计和优化，确保激励措施更公平、更有效。

⑤ 数据驱动的机制创新

机制创新是企业保持竞争力的关键因素之一，而数据在机制创新中也发挥着重要作用。通过对市场趋势、客户需求、技术创新等数据的敏锐洞察和分析，企业可以发现新的商业机会和创新点，进而推动机制创新。同时，数据也可以用于评估机制创新的可行性和效果，降低创新风险并提高创新的成功率。

数据在组织能力重构中发挥着重要的基础作用，从战略决策到组织结构优化、从文化塑造到人才管理精细化、从机制创新到智能化决策等各个环节都离不开数据的支持和应用。企业要充分提升数据作为生产要素的价值定位，在人力资源管理中重视数据的应用，把数据融入战略设定、组织设计、流程优化、机制创新、文化重塑等企业组织能力重构的关键环节。

4.3 从资效到智效：人工智能重构生产力

人工智能等技术的飞速发展，加速了企业从传统的资效模式、人效模式（聚焦员工执行力，企业通过改进作业流程以提升运营效率），向智效模式（聚焦组织凝聚力，企业利用数字化和智能化技术调整人才配置结构）升级。

企业的持续高质量发展尤其需要关注的是组织发展和人才发展，因此，从组织发展和人才发展两个不同的视角进行分析：组织发展关注的是现在的业务发展和未来的组织发展；人才发展关注的是对人才的成本控制和价值创造两个方面。智能时代的人力资源管理需要聚焦于智效管理，即推动企业从关注资效、人效、知效到提升组织的智效。从组织发展和人才发展视角看智能时代的人力资源管理如图4-4所示。

人才发展视角

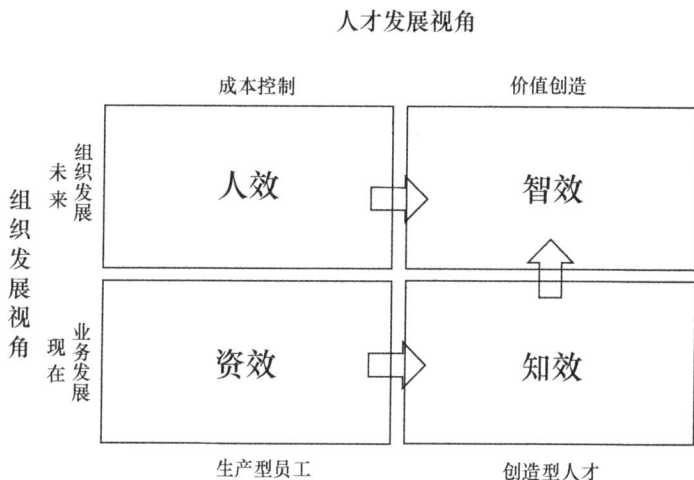

图 4-4　从组织发展和人才发展视角看智能时代的人力资源管理

1. 资效、人效、知效与智效的概念及演变

① 资效

资效是将员工视为资产和生产资料，基于企业当下的业务发展目标，利用管理工具和管理手段发挥其资源的利用价值。资效强调有效地配置和利用各种资源，包括资金、设备、技术和管理等，其目的是提高生产效率。资效的本质体现在将员工视为生产资料，以资本和资源的有效配置为导向，追求的是企业的短期目标。资效模型关注的是对现有资源的最大化利用，并根据生产需要调整企业劳动力配置。

不同的员工适配不同的资源配置策略和模型，例如一线员工处在规范行为和优化作业流程阶段，配置的底层逻辑是激励，专业技术人才由于掌握核心技术，所以配置的底层逻辑是保留。基于这个原则进行的双通道发展体系设计，合理搭配团队的各层级专家，采取奖励内部创新的方式，并引入赛马机制，给更多员工表现的机

105

会，从而实现持续不断的人才供应。经营管理类人才通常持有公司股票，在挖掘到具有较大潜力的经营管理类人才后，通过轮岗、培训，以及创客的方式，鼓励经营管理类人才从企业家视角看待业务问题，并孵化新的产品，为企业创造更大价值。

② 人效

人效是在将员工视为生产资料的基础上，面向企业的未来战略和当前的业务目标，关注个体或群体在工作中的效率和产出。企业在此阶段开始关心员工的工作效率和产出，强调员工的职业素质和技能提升对企业组织目标实现的重要作用。只有通过优化个体和团队的工作效率，才能更好地为组织的发展做出贡献。这种效率提升不仅体现在流程上，而且体现在员工的技能和胜任力上。

人效的核心在于提高员工的工作效率和生产力。人效模型本质上体现的是综合的人力资源管理策略，聚焦于人力资源管理本身的人力资本利用率提升，而忽视了组织能力层面的前瞻性规划和洞察，其基本策略对于生产技能型人才的管理效果较好，但是对于需要激发创造力的知识型人才的管理效果存在明显不足。

③ 知效

知效是在认识到员工的资本价值和生产要素价值的基础上，充分发挥资本效用创造生产价值，其本质是在强调知识的获取、应用和创新对工作效能的影响，注重将知识有效地运用和转化为组织的竞争力。知效模型的本质是通过员工的能力提升推动组织效能的提升，知效突破了简单的生产效应。

④ 智效

智效是将人才作为生产要素，着眼于组织未来的发展和人才的持续价值创造。它强调通过智能技术的辅助和增强，提高人的决策、创造和执行能力，以实现组织的长远目标。它不仅看重员工的知识和能力，而且强调智能技术和人的结合。

从资效到智效的演变，体现了企业管理观念从重视短期的资源配置，到重视长期的知识和技术发展的转变。资效、人效、知效和智效模型的演变逻辑如图4-5所示。

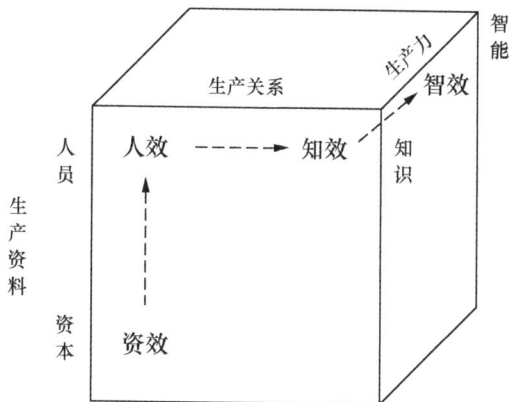

图 4-5　资效、人效、知效和智效模型的演变逻辑

简单来说，生产资料是劳动者在进行生产时所需要使用的资源或工具，包括土地、厂房、机器设备、工具、原料等。生产资料是生产过程中的劳动资料和劳动对象的总和。资效模式把员工视为最重要的生产资料之一，人力资源管理的工作重点是将员工作为企业资源，最大限度地发挥员工的才能。资效到人效的变化是生产资料的优化，人效到知效是生产关系的升级，而知效到智效则是利用数字化和智能化技术实现生产力的跃迁。

2. 展望：利用数字化提高人力资源管理的智能化和精准度

利用数字化，将原有的职能型的人力资源管理转型为数字化驱动的人力数智分析。

从人力数据分析到人力数智分析，其本质区别在于，传统的人力数据分析主要分析的是历史数据的因果关系，主要是对数据的结构化加工处理，而人力数智分析则提供了更全面的数据服务，包括工具的使用、描述性分析、系统性分析等，更加强调预测性分析，并且专注于支持创新变革和未来设计的决策分析。

① 工具的使用：通过报告生成、度量分析等工具，人力数智分析可以清晰地展示企业的人力资源管理历程。这种方法可以帮助企业的人力资源管理者基于客观事实做出决策，而不是仅凭其直觉或经验来判断。这种数据服务属于展现级数据服务，旨在客观地呈现事实真相。

② 描述性分析：结构化描述或与领先实践中的案例进行对比，是为了找出企业与领先实践中的案例之间的差异，以帮助企业人力资源管理者基于数据而非依赖经验做出决策，从而避免出现路径依赖或认知闭合等情况。这种数据服务可视为结构化分析级数据服务。

③ 系统性分析：通过回归分析和因果分析等，人力数智分析寻找的是数据背后的真正原因及可能的变化。它依赖实时数据分析，以支持企业管理和人力资源管理的控制过程，因此，这种分析方法也被称为控制级数据服务。

④ 预测性分析：人力数智分析更加注重充分利用过程数据进行预测性分析或前瞻性洞察。这被视为人力资源数据服务的决策级分析，强调基于预测性数据深入洞察，帮助企业发现潜在的规律和变化趋势。

数据服务的价值在于，借鉴生成式人工智能技术的核心思想，围绕数据创造价值，推动人力资源管理的变革与创新，提升企业的整体绩效。数据驱动业务从分析过去到设计未来如图4-6所示。

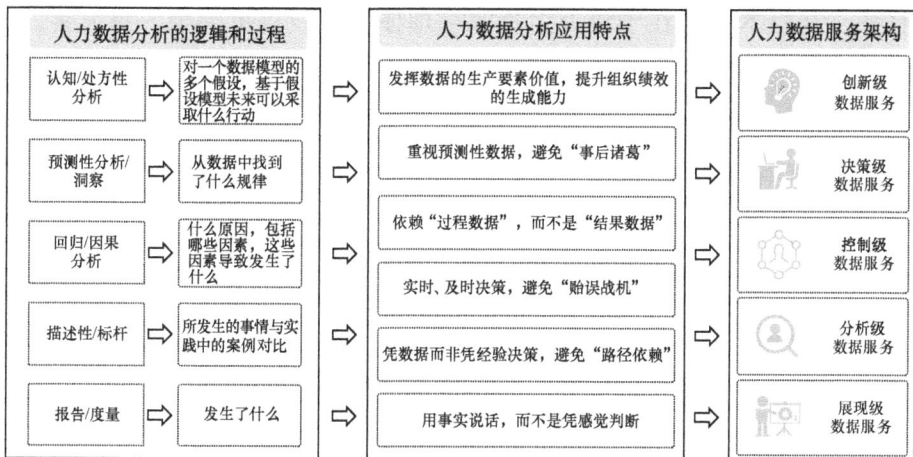

图 4-6　数据驱动业务从分析过去到设计未来

人力数智分析以数据驱动业务为根本原则,实现人力资源管理从分析过去到设计未来的升级,为系统的人力资源数据服务,其主要的应用场景如下。

① 展现级数据服务

具体包括企业人力资源管理现状数字化呈现的组织架构图、社会化用工人员花名册、人员异动表、劳动力计划表、薪资明细表、干部任免表、人力资源报告等常规数据呈现,同时包括职位图谱、学习地图等为后续人才管理奠定基础的数据服务。

② 分析级数据服务

具体包括人事费用率分析、组织效率分析、人员结构分析、干部分布分析、人才流失分析、劳产率分析、薪酬对标分析等结构化数据分析服务。

③ 控制级数据服务

具体包括人才配置分析、人才供应链体系分析、数字人才地图、人才继任梯队、职业发展通道、人工总额控制、目标执行地图等数据服务，其根本价值在于将人力资源管理体系建设得更健全、更完善。

④ 决策级数据服务

具体包括组织诊断分析、员工敬业度分析、组织绩效分析、员工绩效分析、预算管理分析、员工变动预测、人岗适配预测等。

⑤ 创新级数据服务

具体包括生成式人工智能应用的协作机器人、知识图谱、组织网络分析（Organization Network Analysis，ONA）、智能人才发现、智能人才推荐、干部分析研判、流程挖掘与优化等。

4.4 智能时代的智效管理模型

人工智能不仅是数字技术的深度应用，而且可以使人力资源管理范式进一步升级，使其从原来的事务型、职能型的人力资源管理，以及"选""育""用""留""评""汰"的闭环人力资源管理，转型升级为面向组织能力提升的、基于数据分析和智能嵌入的智效管理，通过数字化的手段实现数据识人、智能育人、智慧用人，从而精准匹配人才属性与业务属性，实现人才与组织目标的统一，即智效合一。

首先，数据识人是智效管理的基础，即利用数字化和智能化技术，立足于企业发展战略和组织能力的智能人才画像，帮助企业确定用人标准，并在此基础上，通过智能人才搜索，结合内外部人员选聘的标准实现精准人才匹配，形成涵盖内外部人才库和现有人才部署的全面人才地图。人力资源部门通过数据识人，可以更准确地理解员工的需求、技能和职业发展路径，这不仅有助于企业找到合适的人才，而且有助于企业更好地管理现有的员工，提高员工的满意度和保留率。

无论是外部的人才引进还是内部的人才配置，智能化的应用正在逐渐深入企业人力资源管理的各个环节中。数据识人是将多个维度的信息整合在一起，从而为雇主提供更全面的候选人画像，具体包括应聘者简历中的工作经历、教育背景、技能、社交媒体活动等信息。

其次，智能育人是智效管理的核心，即通过数字化的手段提高育人的精准度，提升组织的价值，进而提升组织的整体管理效能。智能育人强调通过系统化的方法来培养、发展和保留对企业发展至关重要的关键人才。智能育人的方式主要包括数字化人才盘点和在此基础上深化应用的个人发展计划（Individual Development Plan，IDP），以及基于组织发展的人才继任梯队等。通过智能育人，企业可以更好地管理和发展人才，实现人才的数字化学习与发展，以适应不断变化的市场环境。

其中，数字化人才盘点是指通过数字化工具，企业可以轻松地跟踪员工的技能、知识、经验和绩效数据。根据这些数据，企业可以评估员工的潜在能力，了解员工在组织内的具体定位，并在此基础上，为员工提供有针对性的发展机会。数字化人才盘点也为员工制订个人发展计划提供了强大的数据支持。每位员工可以根据其个人数据和组织的需求，制订具体的共同发展计划，选择最适合其自身发展的路径。同时，数字化人才盘点能够确保组织在关键职位上有合适的人选，建立和维护完善的人才继任梯队，帮助企业确定有潜力的员工，为他们提供培训和发展机会，对于那些表现优异的员工，可以让他们担任企业中更高级别的职位。通过数据分析，企业可以快速识别和填补潜在的人才缺口，以确保业务的顺利开展。企业利用创新的数智技术，结合人才的任职履历数据、个人行为数据、个性特点数据，对人才进行更全面、精准、深入的测评，在此基础上，匹配对应的学习策略和学习内容，为员工提供个性化的课程和资源，持续跟踪员工的学习进度和所取得的成绩，并根据他们的表现提供具体的反馈和建议。

智慧用人通过智能算法和数据分析帮助企业更好地匹配人才与岗位，实现智能人岗匹配，进而提高企业的整体绩效和员工对公司的满意度。另外，智慧用人不仅提高了企业招聘的效率，还降低了招聘决策失误的概率，从而减轻了企业用人的成本压力。

此外，数据分析可以帮助企业识别高绩效员工，以便对其进行奖励和晋升，同时给低绩效的员工提供改进的机会，最终实现智能人才推荐。

企业通过数字化绩效管理工具，可以设定明确的目标、跟踪员工的绩效，以及为员工提供实时反馈。这不仅有助于员工更好地履行他们的职责，提高员工工作的积极性和效率，而且有助于企业实现目标绩效管理。

最后，智慧用人是精准人才管理的核心目标，也是智效管理的关键策略，它利用智能技术构建系统的人才选聘、人才发展、人岗适配、劳动力分析与规划体系等，确保支持组织目标实现的人才密度和精准度，进一步前瞻性地做好人才储备。智能时代的智效管理模型如图4-7所示。

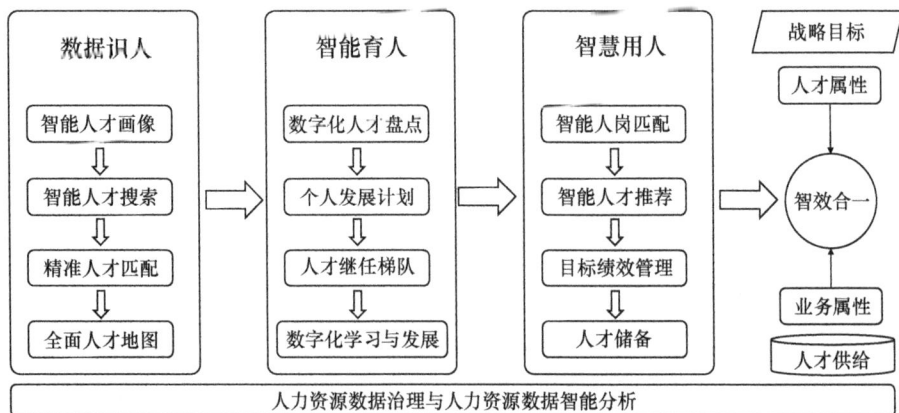

图4-7 智能时代的智效管理模型

　　人力资源管理通过人工智能技术赋能，采用数字化手段实现数据识人、智能育人和智慧用人，构建了一种基于数据治理与智能分析的智效合一管理模型。智效合一是现代人力资源管理的核心策略。

　　智效合一，其突出的价值是基于更精细化的单位人工成本、人才配置和人才结构变革，通过人工智能等技术的深度应用，使企业获取更卓越的绩效产出。其关键策略体现在"数据识人、智能育人、智慧用人"上，因此，智效合一本质上是资效、人效、知效到智效的转变，其核心目标是实现人才发展的"智"与业务发展的"效"的有机统一和深度融合。

　　智效合一的第一个特征，是个人价值创造能力的充分释放，其本质是利用更少的人干更多的事情，且能够干出更好的效果，是"人效"提升策略的结构化升级，充分体现人才属性。以企业人力资源管理环节之一的技能培训为例，传统人效提升采用的策略是加大对员工短板的修补或提升，并未考虑每位员工个体的差异化、接受度等因素。而精准的人力资源管理则是"千人千面"的定制化培训，是针对员工个人价值创造的持续发挥，同时，通过采取将员工日常任务自动化，专业服务产品化，以及用工形式的社会化和共享化等手段，最大限度地提高员工对组织和社会发展的贡献。在人力资源管理领域可以概括为"通过数字化手段利用数据的力量有效识人"，即通过"数据识人"实现企业的战略目标。

　　智效合一的第二个特征，是利用社群等创新应用，构建企业内外部无缝的安全协作空间，通过更好的协作创造更大的价值，即通过流程的优化提升每个个体和团队的知效，充分发挥业务属性。积极引入并充分应用数字化技术，使组织处于商业创新和可持续发展的领先地位。在人力资源领域最典型的案例就是利用人工智能技术挑选优秀的候选人，依靠数据精准识别每个人的学习与成长需求，并与企业的组织目标实时匹配，通过优化业务和管理流程、全面盘点数字化人才，精准匹配个人发展与组织发展，形成数字化的人才继任梯队，通过智能育人，实现持续不断的人才供给。

智效合一的第三个特征，是利用数字化实现精准、高效、科学、实时、敏捷的人才配置，实现组织目标。其实质是人才与业务的高效、精准适配，即实现智慧用人。需要说明的是，企业最隐蔽的成本是人才错配，即将不合适的人放在了关键的岗位上。人才错配不但无法为企业创造价值，而且对组织绩效的高效管理带来了一定阻碍。因此，通过数字化的手段，洞察每位员工的差异和优势，结合组织需要，充分释放员工个体的价值，才能推动组织整体绩效提升，即通过智慧用人实现企业绩效提升。

4.5 人力资源数字化的未来：企人融合、业人融合、人人融合

人工智能技术的深入应用，推动了人力资源管理向智效管理的变革与升级。利用数字化工具实现企业与员工的有机融合（企人融合），既提升了企业的运营效率，又加强了员工对企业的忠诚度；利用数据化的分析应用实现企业业务要求与人才属性的精准匹配（业人融合），在充分释放个人价值的基础上高效实现组织目标；同时，借助于数智应用实现社会化人才共享和全球化人才供应（人人融合），在突破组织边界和业务边界的基础上，充分释放人才价值和推动组织变革。

1. 企人融合：精益的工作协同、业务协同、企业协同

智能时代，数字和智能技术在企业的生产经营管理中日益普及和渗透。企业的经营效率和绩效在很大程度上取决于信息的流畅程度、决策效能和资源分配的合理性3个方面。因此，企业要深入了解具体

的管理问题，并做出高效准确的决策，必须通过坦诚的交流搭建合作的桥梁，任何掩饰或刻意误导行为都应该避免。

毫无疑问，借助员工的智慧来提高决策效率对企业来说至关重要。然而，员工内心可能存在某些恐惧和疑虑，对企业没有足够坦诚，这可能使企业陷入困境。在企业内部，强调诚信可能会给员工带来一定压力，因为诚信与道德有关，员工容易被贴上标签，从而使员工心里产生抵触情绪。

诚信的建立需要双方足够的互动。一方面，企业必须创造条件，确保员工能够在安全和信任的环境中坦诚地表达自己真实的想法；另一方面，企业也需要听取员工的反馈建议，并给予员工正向的回应，以建立良好的双向互动，从而增强开放和坦诚的交流氛围。

然而，多数企业还是以过去工业时代的管理方式来管理新业务、新员工，在业务经营过程中，加入大量的监督、控制和干涉，而不是信任、授权和分享。这与现实情况是矛盾的，因为大部分"千禧一代"天生拥有独立自主、数字化的生活环境，而且他们厌恶从上至下的控制和等级制度，所以企业利用数字技术实现各岗位之间的工作协同、组织之间的业务协同，以及供应链上下游的企业合作，形成精益协同，对于推动企业实现组织目标至关重要。

谷歌公司选择目标和关键成果（Objectives and Key Results，OKR）系统实现整个公司的目标透明化管理。每个谷歌人都能查询其他同事和团队的OKR，了解他们正在努力实现的目标和过去取得的成绩。双良集团选择将社会化协同的概念引入企业的生产经营管理中，实现员工内部工作协同、内外部企业与客户的协同及精准高效的产业链协作。

2. 业人融合：企业业务需求与人才结构的精准适配

组织发展的价值突出体现在组织的业务目标与人才的深度融合、

有机结合，借助数据智能，通过企业业务需求与人才结构各自属性的自动匹配和精准识别，实现企业业务属性和人才属性的有机融合，即实现业人融合，这也是精准经济在人力资源管理的最佳实践之一，即通过精准的人岗适配、资源的最佳匹配与有效利用，实现组织效能的最大化。数字化岗位与数字化员工的精准适配如图4-8所示。

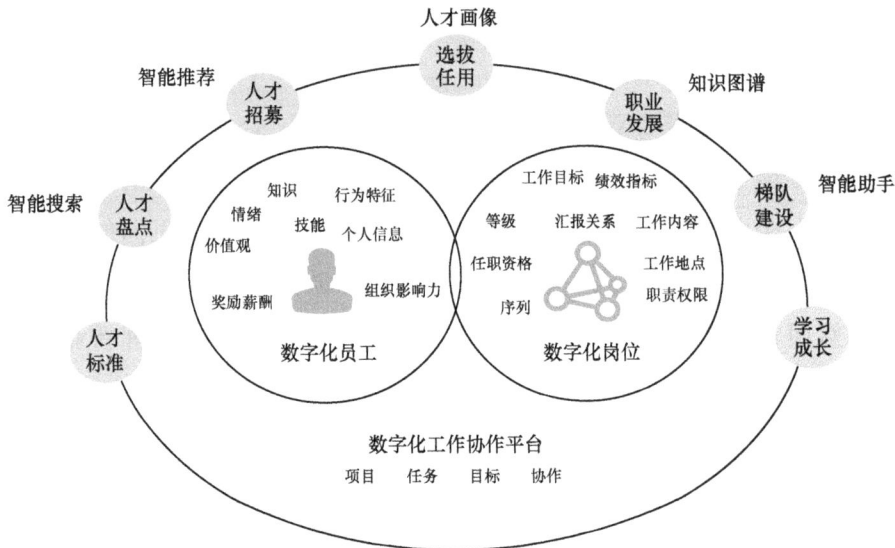

图 4-8　数字化岗位与数字化员工的精准适配

在图4-8中，数字化岗位的本质是实现组织画像，即通过企业战略和组织能力视角，明确人才结构诉求，而数字化员工则是内外部人才视角的人才结构呈现，即企业现有人才的人才画像。二者通过数字化手段进行精准适配，支撑企业战略目标的实现和员工个人价值的充分释放。

某中央企业基于大数据分析与数据洞察，全面精准的人才画像和组织画像，实现管理决策可视化，并重新定义了人才数字化洞察，让人才管理领域拥有了创新思维。一方面，基于现有人才的能力结构，围绕人才标签、人才绩效、人员信息和任职信息，清晰地量化人才画像，追踪人才发展轨迹、多维标签标记人才质量，从而实现更全面地了解人才。另一方面，基于企业战略绘制未来3～5年组织发展所需要的组织岗位画像，根据组织的不同业务场景，探索人才数据价值，帮助企业精准定位人才、识别人才，助力团队协作和战略达成。将人才画像和组织画像之间的差距作为实现人才战略的重点工作方向，在实现人才盘点、需求精准预测、人才前瞻性规划、持续性人才储备等工作的闭环管理基础上，提高人才识别精准度，并有效保障组织目标的实现和保证组织结构的持续变革。

3. 业人融合之数字化人才分析：基于数据驱动的人才分析，给企业业务带来更丰富的模式选择

企业持续高质量发展，不仅需要正确的战略选择和不断创新的商业模式，而且需要健全的人才供给体系。一方面，企业需要立足于当下的人才结构优化、能力提升与精准匹配，另一方面，企业更需要面向未来，前瞻性地洞察人才、预测供给等，因此，企业需要从原有的商业分析模式升级为利用数字化手段，实现数据驱动的人才分析。

数据驱动的人才分析，是精准人力资源管理实践的代表之一，利用人工智能和大数据等技术，实现对人力资源管理数据的描述性分析、诊断性分析、预测性分析和洞察性分析，在此基础上，帮助企业提高人力资源管理的精准性。

其中，描述性分析是对人力资源管理结果的展现分析，例如组织效率分析、工作时长分析、关键人才分布分析、人才流失分析、薪酬结构分析等。

诊断性分析是通过可视化数据对人力资源管理的关键指标进行深度的变化趋势分析和因果分析，以帮助人力资源管理者找到问题产生的根本原因，并在此基础上，采取针对性的调整策略。诊断性分析主

要是通过预置人力分析模型，自动生成数据分析报告。

预测性分析是基于智能人才发现，利用人工智能等技术，精准识别人才的过程，包括基于人才画像全方位搜索、集成人才标签的智能场景化搜索等，以及组织网络分析等，帮助企业预测性地盘点组织的关键岗位、关键人才，以及人员变动等信息。

洞察性分析是基于数据挖掘和机器学习等技术，发现数据中隐藏的规律，形成对组织数据的深刻理解和认识，实现对企业人力资源管理关键业务的洞察，尤其是组织影响力和员工影响力的洞察，基于这些洞察性分析结果，面向未来进行前瞻性规划或设计。

领先企业利用数字化人才分析进行人效分析和智效提升逐步成为企业的常态。例如，某中央企业利用数字化工具，将人力资源数据作为更精准业务匹配的决策参考，即岗位配置计划。

谷歌一直是数据驱动文化的倡导者。在人力资源领域，谷歌利用大数据和机器学习技术分析员工绩效、人才招聘、员工流失率等关键指标。例如，通过分析员工的绩效数据和工作习惯，谷歌能够识别出高绩效员工的共同特征和行为模式，并将这些洞察结果应用于人才招聘和员工培训中。此外，谷歌还利用数据分析技术预测员工的离职风险，从而及时挽留员工或进行人才储备。

腾讯作为中国领先的科技公司之一，在组织结构优化方面也充分凭借数据的优势，通过收集和分析各业务部门的运营数据、用户反馈和市场趋势等数据信息，更准确地评估和分析各业务部门的绩效。基于这些评估和分析的结果，腾讯对组织结构进行了多次调整和优化，例如合并相似业务、剥离非核心业务和加强跨部门协作等，实现企业整体绩效的跃升。

4. 人人融合之智能人才搜索：数字化精准人才选聘

在以往企业的招聘和人才选拔环节，对于招聘主管来说，耗时最多的同时也是最容易出错的地方就是简历的初筛和面试环节。智能时代，企业通过引入机器人，从过去招聘时每个环节都需要人为干预的流程，升级简化为指令下达、数字员工调用、信息反馈等，在人才招聘效率提升的同时，更是实现了企业岗位与人才结构的精准匹配。同时，在招聘过程中，也避免出现由于招聘负责人的感性决策可能带来的一些偏见。

某跨国企业将机器人应用于人才招聘环节，通过智能化的手段高效完成招聘工作，具体招聘岗位的匹配度达65%，招聘周期从原来的平均35天压缩到7天。另外，结合AI大模型应用等热门技术，创新招聘流程，提升人才识别精准度，避免人才错配带来的巨大风险与成本损耗。某跨国企业采用数字化技术实现人才选聘的精准度提升如图4-9所示。

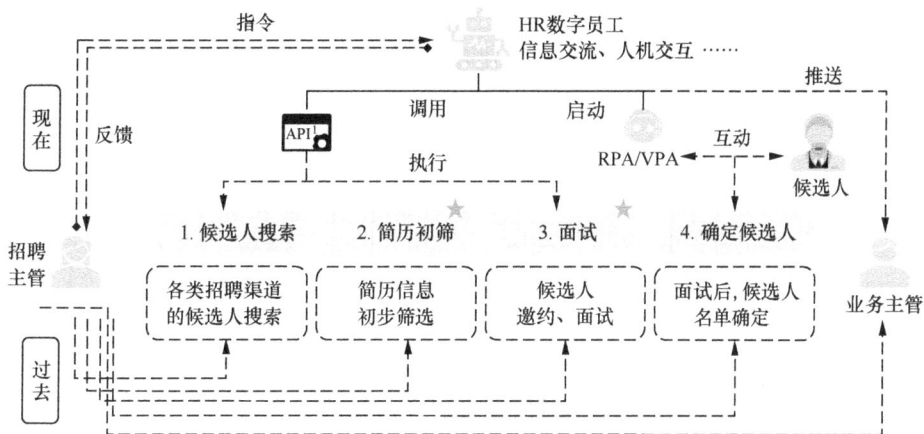

1. API（Application Program Interface，应用程序接口）。

图 4-9　某跨国企业采用数字化技术实现人才选聘的精准度提升

5. 人人融合之精准的数字化学习

精准的数字化学习创新与变革，需要提供基于岗位任职资格（组织属性）、企业领导力（管理属性）和员工能力模型（个体属性）的

"测学评用"一体化的数字化解决方案。管理者可以通过数字化学习平台对员工进行能力评估，立足组织业务要求、员工能力差距，以及个人发展的评估结果，为员工提供个性化的学习路径和培训计划。精准的数字化学习可以使管理者更好地了解员工的培训需求和发展方向，帮助他们提升绩效，推动组织整体效能提升。

从人才的角度来看，数字化学习创新与变革注重员工个人发展和能力提升，并以此为基础为员工提供个性化、智能化、游戏化、数字化的学习体验。数字化学习平台可以根据员工个人的学习偏好和兴趣提供定制化的内容，使学习过程更加灵活。智能化技术可以提供个性化的学习建议和反馈，帮助个人更高效地学习和成长。游戏化的学习设计可以增加员工学习时的趣味性和参与度，激发员工的学习动力。数字化学习使员工能够不受时间和地点的限制，提升其个人能力和市场竞争力。

某企业"测学评用"一体化的精准数字化学习架构如图4-10所示。

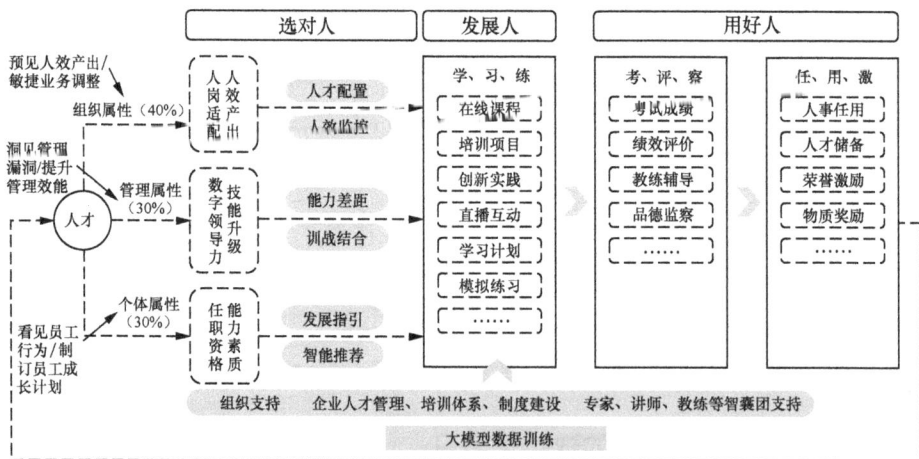

图 4-10　某企业"测学评用"一体化的精准数字化学习架构

第 5 章

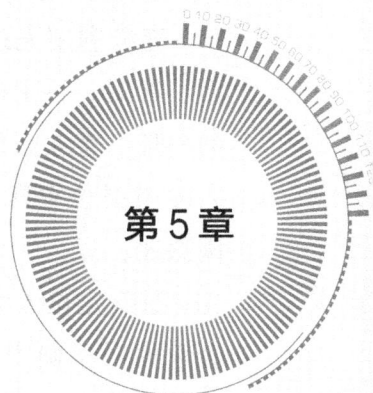

人力资源数字化升级新内涵

经过多年的发展和深入推动，数字化转型已经不再是抽象的理念。越来越多的企业逐渐认识到，以组织能力重构为核心的人力资源数字化升级，已经成为企业在新一波数字化浪潮中的重要选择。

充分利用先进的大数据、人工智能和机器学习等技术，以更全面、客观、科学的方式评估和选拔人才，成为企业数字化转型重要的一环。企业必须借助人力资源数字化升级提高招聘的准确性，让人才与岗位更匹配，从而进一步提升员工的工作效率和对企业的满意度。

重新定位人力资源管理的战略，使其更具前瞻性和灵活性，是企业面对不确定性商业环境的必然选择。因此，企业可以通过人力资源数字化升级，以数据驱动的方式更好地预测未来的人才需求，及时调整组织结构和人才成长计划，以适应市场的变化和业务的发展。

5.1 聚焦组织能力重构的人力资源数字化升级

不同于信息化建设，人力资源数字化升级是管理项目而非技术项目。企业的数字化转型想要成功，不仅需要颠覆性技术和流程变革，而且需要企业充分挖掘员工潜力、调动员工积极性，因此，要从管理变革的视角出发，围绕组织能力建设，深入思考人力资源数字化升级的顶层设计。我国企业既要充分考虑到自身人力资源数字化升级与发展的现实需要，又要考虑支撑企业高质量发展的组织能力建设和前瞻性设计；同时通过采取激励、沟通、变革、协作等方式，结合技术的实际应用，共同推动管理创新和变革，提高企业组织能力。

人力资源数字化的构建模型应该围绕"1个核心目标""4类关键要素"和"5种组织能力基石"来设计。人力资源数字化升级的"145"模型如图5-1所示。

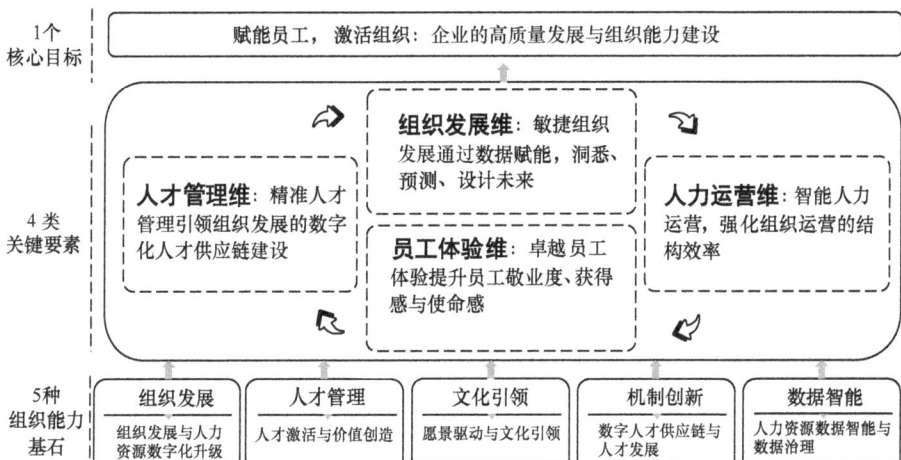

图 5-1　人力资源数字化升级的"145"模型

1. 1 个核心目标

人力资源数字化升级的核心目标是企业的高质量发展与组织能力建设。其典型特征就是人才发展与组织效能融合的"智效合一",以及人才与业务深度融合的"业人融合"。

2. 4 类关键要素

围绕"企业的高质量发展与组织能力建设"的核心目标,以"赋能员工,激活组织"为理念,聚焦"人才引领组织发展,组织承载战略达成,管理驱动员工赋能,体验激发人才活力",从人才管理维、组织发展维、人力运营维、员工体验维4个维度实现人力资源数字化升级,建设"精准人才管理、敏捷组织发展、智能人力运营、卓越员工体验"的人力资源数字化。

① 人才管理维

通过聚焦战略目标与组织绩效驱动的、引领组织发展的数字化人才供应链,即精准人才管理,企业可以实现"千人千面"的个性化定制,打通从绩优人才到继任和发展闭环,实现数据驱动或智能嵌

123

入与业务聚焦的精准人才匹配。围绕业务发展对组织能力和人才培养的要求，定义人才标准和胜任力要求，借助数字化技术帮助企业精准实现"选对人、用好人、激励人"，打造持续人才供应链，实现人才与组织精准匹配的"智效合一"，最终实现组织能力的锻造与持续重构。

云南白药集团股份有限公司（以下简称"云南白药"）利用人力资源数字化打造精准的人才供应链体系，并提出两个"B"：一边做好外引（Buy），即"补齐能力+文化融合"；一边做好内培（Build），即"战训结合+任用到位"，以任职资格为基础，构建合理且完善的人才培养体系，为管理及专业人才制订有针对性的人才培养计划，持续做好精准人才管理，打造具有云南白药特色的人才供应链。

② 组织发展维

管理价值可视化和决策分析数据化的敏捷组织发展，组织承载战略，组织发展与数据智能深度融合，用数据驱动一切是数字化转型的核心价值主张，通过数据驱动做出更快更好的决策，能够创造更高的业务价值，获得新的竞争优势。通过智能化的数据分析和数据治理体系，在人员结构、人才质量、人力运营、人效分析的基础上，在一体化平台中，融合财务、营销、运营与管理数据，能够提供更全面的企业经营分析，更好地洞察组织效能、人才效能与人力资本效能，最终实现数据赋能。

中国长江三峡集团有限公司（以下简称"三峡集团"）是全球最大的水电开发运营企业和中国领先的清洁能源集团。三峡集团通过重构人力资源管理系统，对原有的人力资源管理系统进行了全面数字化升级，在顺利完成20年人力资源管理数据迁移工作的基础上，通过系统整体架构升级，优化了人力业务流程，完善了人力数据标准规范，实现了全数据链的人力资源数据管理。在此基础上，三峡集团通过智能化的数据分析和数据治理体系，将人员结构、人才质量、人力运营、人效分析全面数字化，并融合财务、业务数据，为三峡集团提供全面的企业经营分析，帮助三峡集团实现数据赋能，引领组织发展。

③ 人力运营维

强化组织运营效率的人力资源业务运营，即智能人力运营。围绕"组织发展"和"结构效率"提升的目标，组织一方面要实现人力资源部门自身的变革，从而实现数字化运营，另一方面人力资源要实现运用数字化的工具来提供解决方案。因此，需要人力资源管理者从机制创新角度重构面向客户与业务创新的组织运作体系，重塑人力资源管理角色定位的共享服务转型与员工服务体系，优化并升级人才吸引、激励与保留的薪酬体系，重塑匹配组织愿景与个人意愿的目标绩效管理体系，重构兼顾个体发展与组织发展的人才发展体系，进而提升组织效能和人力资源运营效率。

以中国南方航空股份有限公司（以下简称"南航"）为例，作为亚洲年客运量最大的航空企业，南航旗下拥有10万余名员工，亟须降低"人机比"来实现更合理的人员配置。针对这一具体情况，南航进行数字化改造，通过建立集成统一的人力资源管理职能共享平台，打通原有的12套子系统，打破信息壁垒，通过人力资源信息集中管理和分布应用，实现更高层次的业务协同与人员矩阵式管理，进而实现人力资源信息可视化，为公司的管理者提供决策支持。这一共享平台投入运行后，南航优化了51条业务流程，飞行小时费核算时间缩短了75%，人力运营的速度和效率迈上一个新台阶。

④ 员工体验维

以提升员工敬业度与获得感为目标的、数字化和智能化的卓越员工体验：技术的飞速发展使RPA、VPA、OCR等智能工具的应用越来越便捷和成熟，围绕"工作环境"和"运营效率"提升这一核心目标，无论是人才招聘选拔环节的AI面试，还是日常工作环节的数字化协作，融入员工体验和智能化应用技术，搭建"员工在线、服务在线、协作在线"的数字化与智能化基础设施，深度应用现代信息技术，营造让员工满意的工作环境，让组织和团队高效协同，有效提升员工生产力，推动员工敬业度和使命感的提升。

华润雪花啤酒（中国）有限公司（以下简称"华润雪花"）为了提升员工体验，在人力资源数字化升级项目过程中，一直围绕用户体验和用户使用场景设计系统。本着服务员工、提升全员参与度、优化员工体验的目标，从员工的信息查询修改，到员工的日常工作问询，再到全业务流程的优化，每个环节都进行了重新设计，基本实现了分层分级的人力共享服务。通过员工自助服务机，员工可以便捷地打印各项证明，自助服务机的普及和应用简化了员工办理业务的步骤，提升了工作效率。

某制药企业通过引入智能化工具实现扫码入职，通过OCR等技术自动识别身份证、银行卡、学历学位等，将数据自动录入系统；并在信息采集复核环节通过RPA等自动按照规则进行检查，"7×24"小时解答候选人入职问题的VPA智能客服助理等自动化技术的应用，将原来人均需要72分钟的入职时间压缩到10分钟以内，既减少了人工成本投入，又提升了员工对企业的满意度。

3.5 种组织能力基石

要实现上述企业人力资源数字化升级的4类关键要素，需要从组织发展的战略定位，聚焦业务的组织发展、人才管理、文化引领、机制创新和数据智能，从管理和技术的不同层次，为人力资源数字化升级奠定坚实的基础。人力资源数字化的5种组织能力基石的具体描述如下。

① 组织发展

明确人力资源数字化的战略定位，要以聚焦组织发展，即组织能力的提升为战略定位，推动人力资源数字化升级，包括敏捷组织建设、人力资源"三支柱"转型、全面薪酬体系建设、任职资格体系建设等。

② 人才管理

坚持人力资源数字化业务聚焦特性，以组织绩效管理与目标管理创新作为突破口，围绕人才与组织目标的"智效合一"，通过人才激活与价值创造，驱动经营绩效提升和人力资源管理变革。

③ 文化引领

构建数字化创新的文化引领能力，企业的发展依靠人才和领导力，以数字领导力提升文化建设为指引，实现企业愿景吸引人才、人才发展引领组织发展，驱动组织发展与人才发展的有机融合和互相牵引。

④ 机制创新

强化人力资源数字化的机制创新，以构建数字人才供应链与人才发展体系为基础，不断突破人力资源管理创新，支撑企业面对不确定性商业环境的持续创新和战略落地。

⑤ 数据智能

充分利用数据智能持续推动企业数字化转型，强化数据治理能力，建设完善的人才数据体系，在此基础上，通过数据赋能和智能嵌入，依托人力分析等创新的数字化应用，帮助企业建立数据驱动业务的运营模式，最终实现数字化企业组织能力建设和企业各项业务的持续拓展。

企业基业长青的基石之一是商业创新，数字化转型需要聚焦企业的战略目标和业务目标，需要围绕企业自身核心竞争力持续锻造组织能力。因此，人力资源数字化升级是管理变革项目，需要企业更加深刻地认识数字化转型的变革管理，充分考虑管理挑战、技术挑战、文化挑战、领导力挑战等。

5.2 人力资源数字化升级的本质：人才发展与组织发展并举

人力资源数字化不同于上一个阶段的信息化建设，既有数字技术更新换代的客观因素，又有企业面对全球化竞争锻造自身组织能力的内在动因。因此，探索中国特色的企业人力资源数字化升级之路，需要围绕技术跃迁、业务重构、管理升级、数据智能4个关键要素，全面思考人力资源数字化升级的动力源泉、面临的契机与挑战，最终实现组织发展与人才发展并举的人力资源数字化升级。

1. 技术跃迁：数字化技术的飞速发展和 AI 普及应用推动企业加速创新

技术跃迁是企业数字化转型的动力，也是人力资源数字化升级得以顺利进行的基石。技术的不断突破使许多传统难题迎刃而解，例如：区块链和移动互联技术解决了电子合同的问题；OCR和RPA技术解决了数据录入量大、准确率低的问题；大语言模型能够解决更多的基础性分析工作和编码工作人力不足的问题。

新的数字化技术不断涌现，在改善员工体验和提升管理效率的同时，持续渗透到企业经营管理的方方面面。人力运营类、数据智能类等应用，也在加速人力资源数字化升级。

- 提供给员工使用或支持员工体验的服务型流程，例如员工服务的响应、员工服务反馈，以及员工工作台、HR工作台等。其中，员工服务的响应和员工服务反馈等均可通过自动化或应用智能化工具实现。

- 支撑人力资源管理规范和高效运营的业务流程，即在"选""育""用""留""评""汰"等各个不同的人力资源管理场景，需要严谨、规范、标准、高效的流程，包括候选人筛选、新员工入职、合规性管理、日常薪酬发放等均可以由自动化和智能化等技术来实现。

● 支持企业战略和业务变革的人力资源管理流程，需要结合企业的战略和组织发展目标，履行包括识别员工需求、制订招聘计划、定义与培育企业文化等职能。这些工作需要具有一定创造性和变革性，以及根据其以往的工作经验来判断，因此，短期内自动化或智能化等技术还无法替代人类的这部分工作。

2. 业务重构：效率与决策变革撬动人力资源变革和运作逻辑重构

生成式人工智能的飞速发展及快速应用，催生出新的"员工"，即"数字员工"。应用"数字员工"的人工智能、物联网和自动化等新兴技术日益成熟，为"数字员工"的优化夯实了基础。不同维度的调研数据均发现，简单劳动、数据处理、数据采集等工种部署"数字员工"的可能性已超过50%。如今，越来越多的企业正将"'数字员工'成为职场主力"的设想转变为现实，"数字员工"产业化初具形态。

"数字员工"的发展，要求人力资源管理者重构企业的人力资源管理运营逻辑，在此基础上，融合战略与管理思维、布局适宜的数字技术，激活"数字员工"潜能。

同时，"数字员工"的引入同样引发企业用工模式的变革，以及组织和人才边界的突破，因此，需要组织的持续进化以适应新的商业模式。组织的管控职能被弱化，赋能职能被强化，组织也不再是单纯的自上而下地管控，而应该是柔性的、自组织的、自驱动的平台型组织，以保证适应业务模式变革的敏捷性。各个获得赋能的团队以客户为中心，紧密合作，实现共同目标，并能够快速分离重组。其典型代表为海尔的小微组织、稻盛和夫的阿米巴经营、华为的铁三角组织等。

3. 管理升级：个人发展与组织效能并举的双全组织能力建设

管理升级是人力资源数字化升级的内在核心驱动因素。人力资源数字化不再是只提供给人力资源部门使用的工具，人力资源部门的服务对象从管理者变为所有员工，传统的信息化系统无法解决和满足企业对员工服务、用户体验、数据分析等的极致追求，因此，新的数字化转型势在必行。

个人发展是基于组织业务目标的个人能力提升，而组织发展则建立在个人发展的基础上，通过优化组织结构、流程和管理机制，提高企业整体的运营效率，并加强内部各部门之间的协作。优化组织效能可以促进人力资源管理者快速决策、高效执行，提升企业的竞争力和创新能力。

个人和组织之间的相互作用和共同发展，是企业高质量发展的基石。人力资源管理一直在从帮助企业解决事务性工作向为企业提供战略性支持转变，围绕战略输入进行组织架构和岗职位体系的调整，利用各种工具进行战略解码，再通过目标绩效引导员工，支撑企业战略落地。在这个过程中，沉淀的大量人事业务和行为数据，从帮助企业搭建人才供应链，到进一步关注利用数字化手段实现人企协同和智效合一。

管理升级的核心是数据驱动人力资源管理业务从分析过去到设计未来，包括数据驱动和智能嵌入的识人选人、融合管理属性、个人属性和组织属性的"测学评用"一体化数字学习、以组织绩效牵引人才发展与业务目标达成的绩效管理创新、人才与业务智能匹配的全球人才供应链体系等，从而实现业务战略目标，达到业务与人才精准匹配的目的。它的本质是基于员工能力结构与岗位能力模型，重塑人才管理的业务场景。个人发展与组织效能并举的双全组织能力建设如

图5-2所示。

组织绩效
（"正确的事"）
＝
组织模式
（"健全的组织"）
＋
人才引领
（"合适的人"）
＋
机制创新
（"科学的方法"）

战略输入

组织匹配
支撑业务布局

组织管理

组织敏捷有序

岗位标准清晰

战略执行

绩效执行
支撑业务落地

目标绩效

战略层层支撑

过程持续跟踪

人才发展导向

战略达成

队伍健康
支撑业务发展

人才管理

标准贯彻落实

现状
清晰明了

选用
科学合理

保留
文化积淀

发展
精准高效

"企""效"

战略选择

组织绩效（"正确的事"）
- 数据分析实现战略选择、检视、反馈、修正、升级
- 战略布局提出对组织、人员配置能力要求，为做正确的事寻求正确的组织、人才支撑

组织配置

组织模式（"健全的组织"）
- 组织架构有序，匹配战略布局；组织结构敏捷灵活，适配多种不同的管理场景
- 岗职位体系清晰，人才分类、岗位标准符合战略能力要求

业务运营

机制创新（"科学的方法"）
- 战略分解横到边、纵到底，形成组织闭环，确保围绕"正确的事"开展工作
- 绩效管理结果导向、关注过程，形成流程闭环，确保组织按照正确的方法做事

人事匹配

人才引领（"合适的人"）
- 数据、标签、画像、人岗匹配等数字化手段，智能匹配战略能力需求，保证合适的人做正确的事
- 内外部深度数据挖掘，实现社会化人才为我所有、所用

人企协同　智效合一

"人""智"

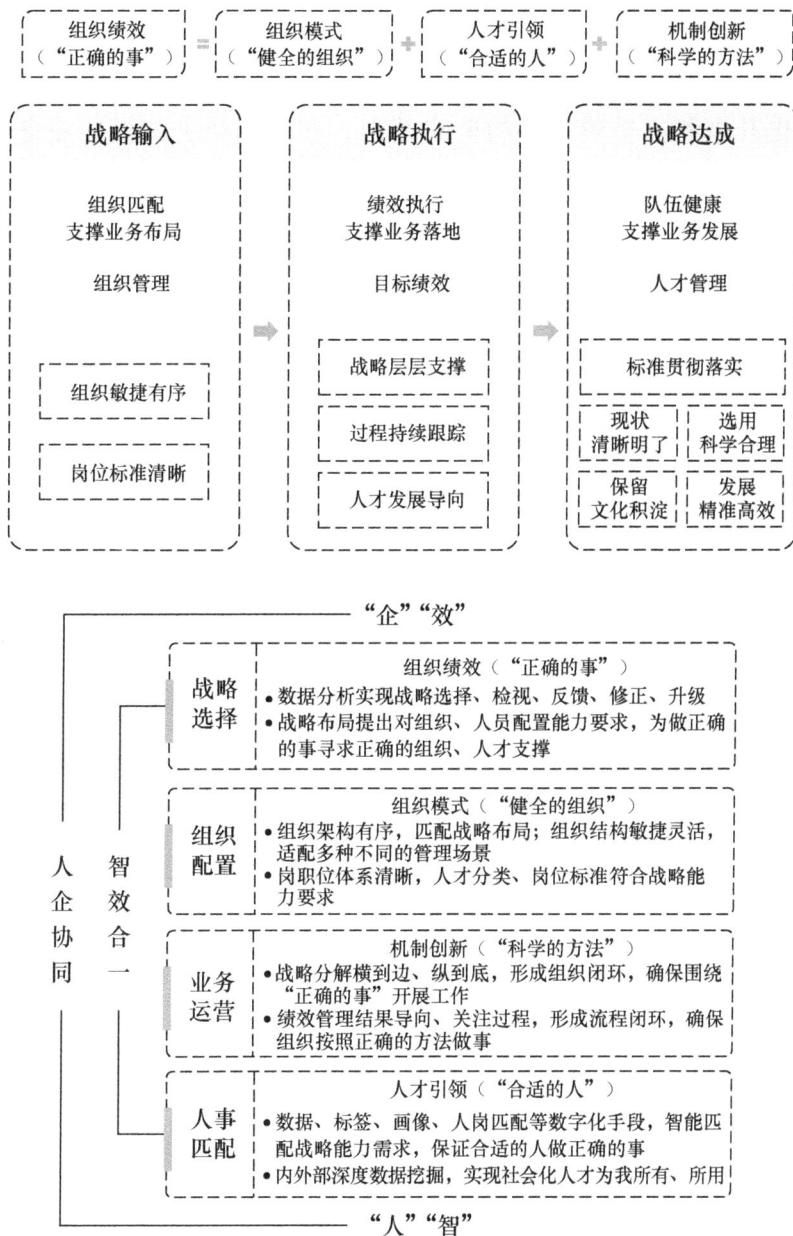

图 5-2　个人发展与组织效能并举的双全组织能力建设

4. 数据智能：数据是重要的生产要素，需要体系化治理实现价值创造

数据成为企业的核心生产要素之一，数据治理是企业人力资源数字化升级和高质量发展的坚实基础，在此基础上，面向业务发展和组织能力提升的数据智能是人力资源数字化升级的本质。大多数企业在信息化的过程中已经完成了第一阶段的数据积累，虽然这一阶段对数据的有效管理比信息化之前已有大幅改善，但对于真正释放数据价值的第二阶段，还需要做大量深入的工作。因此，对企业来说，人力资源数字化升级，需要正确对待数据作为重要的生产要素的地位和价值创造属性。

数据不能被孤立，数据必须充分流动、有效交换才能够产生更大的价值。通过数据治理的整体规划，逐步完善数据管理体系，落实数据清洗和集成，并通过科学的数据运营监控持续提升数据服务，发挥数据的最大价值。

完整的数据治理体系涵盖数据标准管理、数据质量管理、数据生命周期管理、数据安全管理，以及数据运营管理等。因此，人力资源管理需要充分考虑数据治理的顶层设计、数据治理环境、数据治理域，以及数据治理过程等，从规划制定、体系建设、执行落地和运营维护4个不同的维度完善数据治理。人力资源管理数据治理规范及数据治理规划如图5-3所示。

数据治理体系的建设需要同步规划数据迁移和流程挖掘工作，即对企业多年的人力资源信息化建设成果数据进行梳理清洗，并将其迁移到数字化系统，以发挥数据生产要素的作用，相关的工作包括数据迁移规划、数据模型匹配、数据补录准备、数据迁移测试、数据迁移风险管控等。

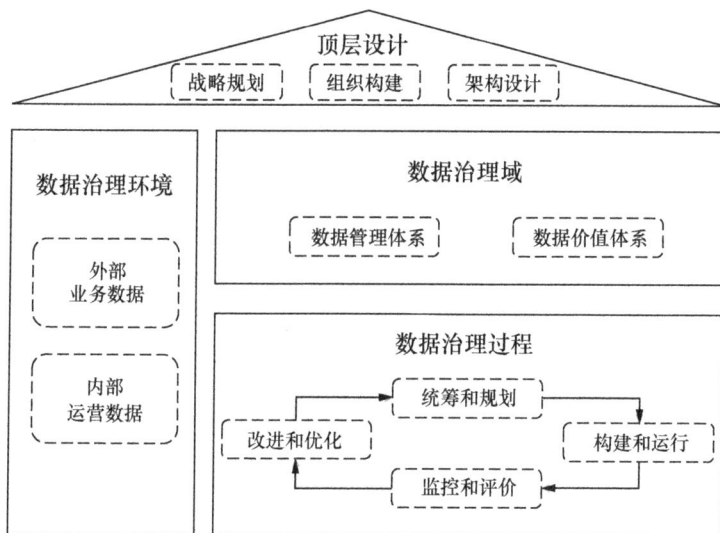

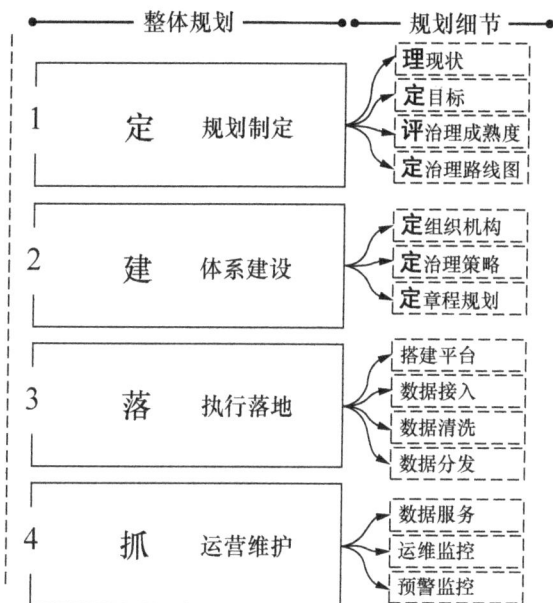

图 5-3　人力资源管理数据治理规范及数据治理规划

5.3　智能时代人力资源范式的变化

人力资源管理作为企业管理的核心组成部分，其范式在智能时代也发生了明显变化。这些变化不仅体现在人力资源管理的具体实践上，也体现在管理理念、方法和工具的革新上。

1. 从经验管理到数据驱动的转变

传统的人力资源管理往往依赖管理者的经验和直觉进行决策，而在智能时代，这种管理方式已经难以适应快速变化的市场环境和企业需求。因此，人力资源管理需要实现从经验管理到数据驱动的转变。企业需要构建完善的人力资源数据平台，收集和分析各类人力资源数据，包括员工信息、招聘数据、培训记录、绩效结果等，为企业的管理决策提供科学依据。同时，企业还需要培养一支具备数据分析能力和业务洞察力的人力资源管理队伍，以更好地利用数据推动人力资源管理的发展和创新。

2. 从单一职能到跨界融合的转变

在智能时代，人力资源管理需要与其他业务领域进行更多的跨界融合。这种融合不仅体现在与业务部门、技术部门等紧密合作上，还体现在与外部合作伙伴、行业组织等广泛连接上。通过跨界融合，人力资源部门可以更好地了解业务需求和市场趋势，为制定更具前瞻性和针对性的人力资源策略提供支持。同时，跨界融合还有助于打破信息壁垒和思维定式，促进组织内部的创新和协作，在此基础上，人力资源管理向业人融合和智效合一转型。人力资源管理范畴与职能的变迁如图5-4所示。

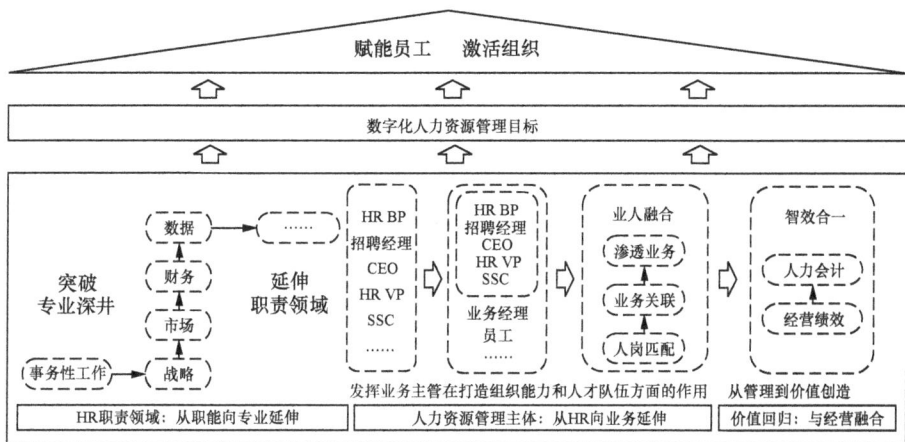

图 5-4　人力资源管理范畴与职能的变迁

3. 从被动响应到主动预测的转变

传统的人力资源管理往往是被动地响应业务需求和市场变化，而在智能时代，这种管理方式已经难以适应快速变化的市场环境。因此，人力资源管理需要实现从被动响应到主动预测的转变。通过利用大数据和人工智能技术，企业可以通过自动化数据聚合实现对企业业务运行的全面"看见"，基于智能化人力分析预警实现对企业问题本质的深刻"洞见"。最重要的是，结合上述数据与企业的业务属性实现对企业运营结果的"预见"，支撑敏捷化组织决策。这里面包括预测人力资源市场的发展趋势、人才流动规律，以及潜在的业务机会和风险等，为制定前瞻性的人力资源策略提供支持。同时，企业还需要建立一套灵活快速的人力资源响应机制，以更好地应对突发事件和市场变化带来的挑战。基于大模型的组织和人才分析预测如图5-5所示。

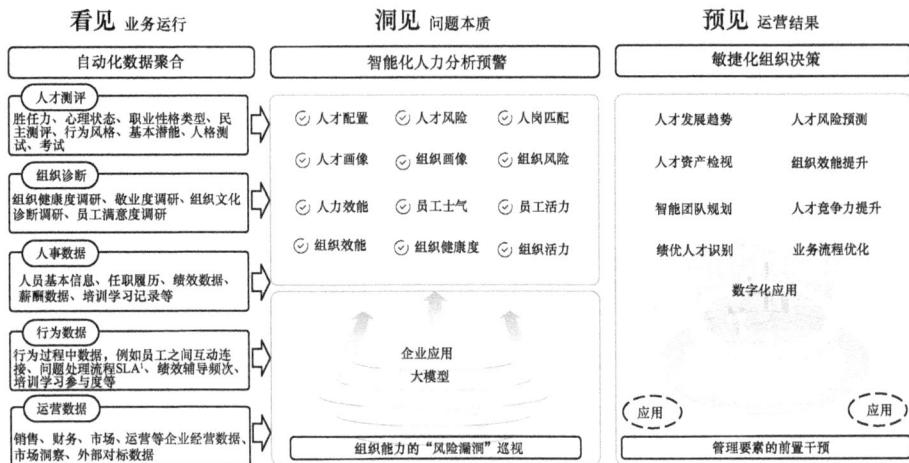

1. SLA（Service Level Agreement，服务等级协定）。

图 5-5　基于大模型的组织和人才分析预测

4. 从自然人驱动到人机共融

人力资源管理信息化的浪潮，使大量烦琐的管理工作转移到线上平台，极大地提升了工作效率。然而，人工智能的崛起，不仅重塑了企业用工结构，而且在深层次上革新了人力资源管理的运作模式。尽管有人力资源信息系统的强大支持，但在规则制定和执行的过程中，人的智慧和判断依然不可或缺。随着"数字员工"的引入，人力资源管理者的角色发生了深刻转变，他们从规则的执行者转变为规则的制定者。业务逻辑的执行也从过去依赖人工转变为系统自动执行，工作模式则从传统的安排工作转变为系统岗位自动配置与对标。人的决策角色也发生了变化，从原先参与工作流程的各个环节，转变为仅在特殊情况下对异常事件进行精准处理和必要干预。智能时代人力资源范式的变化如图5-6所示。

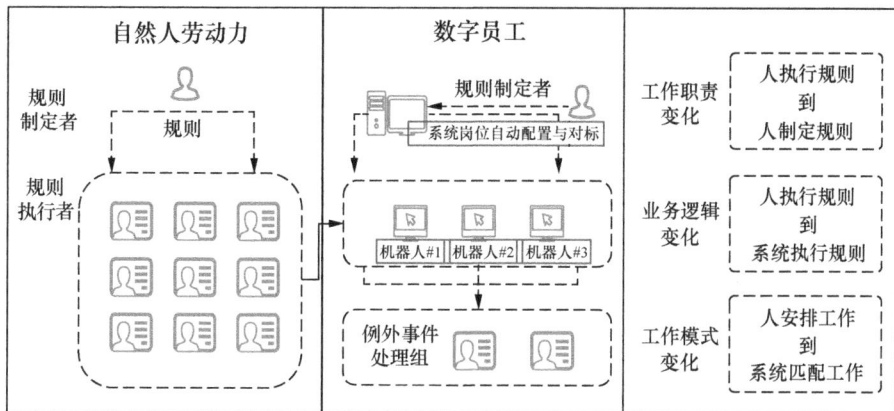

图 5-6　智能时代人力资源范式的变化

　　智能时代为人力资源管理带来了深刻的变化，这些变化不仅体现在具体的管理实践上，而且体现在管理理念、方法和工具的革新上。企业需要积极拥抱新技术、新理念，推动人力资源数字化升级，以适应快速变化的市场环境和企业需求。未来，随着人工智能技术的不断发展和应用深化，人力资源管理将呈现更加智能化、数字化、个性化的新特征。当然，企业也需要关注人工智能带来的伦理、隐私等问题，确保人力资源管理的合法性和合规性。在这个过程中，人力资源管理团队需要不断提升自身的专业素养和综合能力，以更好地应对未来的挑战和机遇。

5.4　人力资源数字化升级全景图

　　人力资源数字化升级全景图绘制，应从两大维度深入剖析：其一为价值创造方式维度，即人力资源管理所扮演的职能角色；其二为价值创造成效维度，也就是人力资源管理所追求的目标成效。通过这两个维度的综合考量，我们可以更全面地理解人力资源数字化升级的内涵与外延，从而为企业发展提供有力的人才保障和智力支持。

根据价值创造方式的差异，人力资源管理职责可细化为3个层次：共享人力、业务人力与战略人力。其中，共享人力主要负责提供人力资源管理的基础服务职能，为组织提供稳固的人力资源保障；业务人力则致力于与企业业务经营单元的目标价值保持高度一致，确保人力资源管理与业务发展的紧密融合；而战略人力则是站在企业组织能力的视角，以长远的眼光规划和管理人力资源，助力企业实现战略目标。这3个层次相辅相成，共同构建了完整的人力资源管理体系，为企业的持续发展提供了强有力的支持。

人力资源管理以其多元化的角色和丰富的价值创造成效，可以划分为五大维度：精准人才管理、敏捷组织发展、智能人力运营、卓越员工体验，以及全球人才供应链。

1. 精准人才管理

精准人才管理强调的是以数据为驱动，建立个性化、精准匹配组织目标的人才发展体系。通过大数据、人工智能等先进技术的应用，企业能够更深入地了解员工的需求和潜力，为他们量身定制发展路径。这种精准匹配不仅有助于员工实现个人价值，也为企业提供了源源不断的人才。

2. 敏捷组织发展

敏捷组织发展是应对快速变化的商业环境的重要手段。通过数字化和智能化的手段，企业能够建立前瞻性预测和洞察分析体系，及时捕捉市场变化和行业趋势。这种敏捷性使企业能够在市场变革中迅速调整策略，保持竞争优势。

3. 智能人力运营

智能人力运营是借助智能化和数字化的技术，对人力资源管理的运营模式和流程进行深度优化。通过高效的数据处理和分析，企业能够更精准地把握人力资源的动态变化，提升管理的效率和精准度。这不仅降低了企业的管理成本，也为企业领导者决策提供了有力支持。

4.卓越员工体验

卓越员工体验的核心在于通过精心打造的员工体验服务，提升员工的获得感和满意度。这种体验是物质层面的满足，更是情感上的共鸣和精神上的滋养。当员工感受到企业的关怀与尊重，他们的归属感、敬业度和创造力会自然提升，进而为企业创造更大的价值。这种正向循环不仅激发了员工的工作动力，也为企业的发展注入了源源不断的活力。

5.全球人才供应链

全球人才供应链是一个着眼于全球范围的人才获取、配置和管理策略，旨在确保企业在全球范围内能够迅速、准确地获取符合其发展需求的人才资源，并通过精准匹配和持续发展，实现人才的优化配置和长期合作。

全球人才供应链强调人才的全球视野和跨国流动。随着全球化的加速推进，企业越来越需要具备全球视野的人才来支持其国际化战略。全球人才供应链通过构建跨国的人才网络和渠道，引进来自不同国家和地区的优秀人才，为企业注入新的活力。

全球人才供应链的共享人力需要构建支撑全球发薪、风险管理、合规管理的全球数字化系统，包括跨区域共享服务中心、全球招聘中心、全球派遣中心等一体化运营的基础设施与规范体系，以支撑全球、全局、规范、统一的人力资源管理体系。人力资源数字化升级全景图示例如图5-7所示。

精准人才管理　　　敏捷组织发展　　　智能人力运营　　　卓越员工体验　　　全球人才供应链

	人才招聘	目标绩效	干部管理	人才发展	培训学习	组织发展	人力分析	人事管理	假勤管理	全面薪酬	员工服务	员工福利	全球人才供应链
战略人力	• 人才配置规划 • 内部人才市场 • 人才招聘预算 • 雇主品牌建设	• 组织绩效体系设计 • 员工绩效体系设计 • 战略解码与目标分解	• 干部管理办法 • 干部盘点方案 • 智能班子画像	• 人才标准定义 • 人才发展体系规划 • 人才标签体系	• 培训体系 • 课程体系规划 • 讲师体系设计 • 课程规划与开发制作	• 组织发展规划执行 • 岗位体系建设 • 组织编制规划 • 人工成本预算 • 全球用工规划	• 战略人才发现 • 数据标准规范 • 数据治理体系 • 数据分析体系	• 全球用工管理 • 用工制度规范 • 人事流程设计	• 假勤管理制度设计	• 薪酬体系设计 • 福利体系设计 • 薪酬水平对标	• 员工服务体系规划 • 企业文化建设	• 积分体系建设 • 员工福利规划	• 全球化策略 • 全球数据治理体系 • 全球薪酬体系 • 全球人力模型 • 全球人才渠道策略 • 全球企业文化价值观 • 全球任职资格体系
业务人力	• 岗位JD管理 • 招聘流程设计 • 全面背调 • 人员评估 • 定薪定岗	• 绩效指标体系设计 • 绩效奖金分配 • 绩效辅导工具支撑 • 绩效目标执行监控 • 评审改进	• 干部任用 • 考察 • 实施 • 干部监督管理 • 继任梯队画像 • 优秀年轻干部	• 任职资格评定 • 胜任力评估 • 动态人才盘点 • 人才库建设 • 继任梯队画像 • 个人发展计划	• 培训课程开发 • 培训计划管理 • 培训活动实施 • 在线学习 • 考效 • 培训效果评估 • 在线课件设计	• 岗位安置调整 • 编制管控与调整 • 人工成本监控与调整	• 角色分析看板 • 主题分析报告 • 智能分析报告	• 员工关系管理 • 团队文化建设 • 劳动用工管理	• 考勤排班管理 • 劳动工时管理	• 薪酬管理 • 长期激励实施	• 目标跟踪 • 员工成长辅导 • 员工关怀	• 员工心理健康管理 • 职业健康管理	• 全球人才招募 • 属地化文化建设 • 全球人力运营 • 属地合规管理 • 属地法律遵从 • 属地化薪酬体系
共享人力	• 职位一键发布 • 简历智能筛选 • 智能调查问答 • 招聘效能测评 • 招聘效能分析	• 绩效执行跟踪 • 绩效数据分析	• 干部信息管理 • 干部档案管理 • 干部任免公示	• 人才信息维护 • 人才数据分析	• 培训档案管理 • 培训数据分析 • 在线课件制作	• 组织架构调整 • 职位调整	• 报表统计分析 • 数据报汇集入测 • 数据质量管理	• 人事信息服务 • 员工入离职 • 劳动合同管理 • 人事档案管理	• 考勤数据采集 • 考勤月报统计	• 薪酬核算 • 全球发薪 • 福利缴纳 • 劳动保障	• 员工服务产品设计 • 员工满意度调查 • 智能员工问答 • 任职事务办理	• 福利商城建设	• 全球发薪 • 全球数字化中心建设 • 风险管理、合规管理 • 跨区域共享服务中心建设 • 全球招聘中心 • 全球派遣中心

图5-7　人力资源数字化升级全景图示例

全球人才供应链的业务人力注重的是人才的精准匹配和优化配置。它根据企业的业务需求和战略目标，对全球范围内的人才进行深入调研和分析，结合不同国家和地区或不同业务单元的人才结构性需求，确定所需人才的具体要求和特点。因此，业务人力围绕属地化人才招募、属地化文化建设、属地化人力运营、属地化合规管理、属地化法律遵从、属地化薪酬体系等具有针对性的业务策略，并通过精准的人才搜索、评估和选拔机制，构建全球人才供应链，进而确保企业找到最符合其需求的人才，并将其配置到最合适的岗位上，实现人才与岗位的精准匹配。

全球人才供应链的战略人力关注的是人才的持续发展和长期合作。它不仅满足于一次性的人才引进，而且致力于与人才建立长期稳定的合作关系，围绕全球人才策略、全球数据治理体系、全球薪酬体系、全球人才能力模型、全球人才派遣策略、全球企业文化重构、全球任职资格体系等关键问题确定人力资源管理策略，并通过数字化的系统提供持续的职业发展机会和培训资源，推动人才不断提升自身能力和价值创造能力，同时也为企业提供了可持续的人才保障。

总之，全局的管理和协作工具、一体化的人才发展策略、全球人才供应链均需要充分利用现代科技和数字化手段，提高人才管理的效率和精准度。利用大数据、人工智能等技术，全球人才供应链能够实现对全球人才资源的实时追踪和动态分析，为企业提供更准确、及时的人才信息，支持企业的战略决策和人才规划。

5.5　人力资源数字化推动人力资源管理角色转型

人力资源管理者在数字化浪潮和人工智能应用的推动下，必然面临角色的转变，既会面临自身数字化能力的转型和提升的挑战，又会面临工作方式、工作内容、工作价值的数字化升级挑战。

1. 人力资源管理的挑战

智能时代，人力资源管理的挑战主要体现在以下5个方面。

① 岗位替代与就业困境

人工智能的发展可能会导致某些岗位消失，尤其是那些大量重复性、简单性的工作，例如数据录入、人工客服等。随着机器学习、自然语言处理等技术的进步，越来越多的非核心岗位可能会被机器替代。这种变化将对人力资源的需求和结构产生深远影响，尤其是对那些缺乏高级技能和知识的人来说，可能会带来就业困境。

② 数据安全与隐私保护

人工智能在人力资源管理中的应用需要大量的数据（包括员工的个人基本信息、工作表现、健康状况等）支持。这就给数据安全和隐私保护带来了挑战。如何确保这些数据的安全、合规和正当使用，防止数据泄露和滥用，是人力资源管理部门面临的重要问题。

③ 技术更新与人力资源数字化升级

随着人工智能技术的不断更新和发展，人力资源管理部门需要不断学习新技术、新理念，推动人力资源数字化升级。然而，这种数字化升级可能会受到资金、技术、人才等方面的限制，尤其是一些中小企业和传统行业的企业。在技术更新和市场竞争中，保持人力资源管理的优势和竞争力，这是企业面临的一个巨大挑战。

④ 算法偏见与公平性问题

人工智能在人力资源管理中的应用可能会产生算法偏见，例如在招聘、绩效评估等环节中，可能出现性别、年龄、教育背景、民族、文化等方面的歧视。确保算法的公平性和透明度，避免潜在的偏见和歧视，这是智能时代人力资源管理需要关注的重要问题。

⑤ 员工培训与关怀的缺失

人工智能的广泛应用可能会导致企业对员工培训的忽视，以及对员工关怀的缺失。一些企业可能会过分依赖机器来替代人力，忽视了员工的职业发展需求和个人成长愿望。

在智能时代，人力资源管理部门需要积极应对这些挑战，采取有效的措施，推动人力资源管理的创新和发展。这些措施包括加强人才培养和引进、完善数据安全管理制度、推进人力资源数字化升级、提高算法的公平性和透明度等。

2. 人力资源管理能力的提升

在智能时代，企业可以从以下几个方面提升人力资源管理能力。

① 积极拥抱技术与重视数据

利用人工智能和大数据技术，对人力资源数据进行收集、挖掘和分析，为人才招聘、培训、绩效管理等提供科学依据。加强数据意识以更精准地了解员工需求，优化人力资源配置。

② 强化人才培养与发展

在智能时代，企业需要关注员工的技能提升和职业发展。通过制订个性化的培训计划、提供在线学习平台等方式，帮助员工不断提升自身能力，实现个人与企业的共同发展。

③ 优化招聘流程与策略

利用人工智能技术，改进招聘流程和策略，提高招聘效率和准确性。例如，利用智能招聘和数字人筛选简历、进行初步面试等，减轻人力资源专员的工作负担，同时确保招聘到的人才符合企业的实际需求。

④ 关注员工体验与满意度提升

在智能时代，员工对工作环境、福利待遇、职业发展等方面的期望不断提高。因此，企业需要关注员工体验，通过改善工作环境、提供有吸引力的福利待遇等方式，提高员工对企业的满意度。

⑤ 跨界融合与协同创新

人力资源管理需要与其他业务领域进行更多的跨界合作，例如，通过与业务部门、技术部门等紧密合作，共同推进人才管理和发展工作，为企业创造更大价值。

⑥ 坚守伦理与法规底线

在利用人工智能技术进行人力资源管理时，企业需要坚守伦理和法规底线，确保数据安全。同时，要关注算法偏见和公平性问题，确保人工智能技术在人力资源管理中的合理应用。

3. 人力资源管理角色转变

随着智能时代的到来，企业面临前所未有的挑战和机遇。在这一背景下，人力资源管理也迎来了深刻的变革。其中，人力资源数字化是推动人力资源管理角色转变的关键因素之一。通过数字化，企业可以更加全面地了解员工的信息、能力和需求，为制定更具针对性的人力资源管理策略提供有力支持。

① 从执行者到战略伙伴的转变

传统的人力资源管理部门只扮演着执行者的角色，主要负责处理员工入职、离职、发薪等事务性工作。在人力资源数字化的推动下，人力资源管理部门有机会从烦琐的事务性工作中解脱出来，从而更多地参与到企业的战略制定和实施中。人力资源管理部门通过与业务部门紧密合作，了解业务需求和市场趋势，可以为企业提供更具前瞻性的人才战略建议，从而成为企业的战略伙伴。

② 从管理者到员工体验官的转变

人力资源数字化强调以员工为中心，关注员工的需求和体验。因此，人力资源管理部门需要从传统的管理者转变为员工体验官，致力于提升员工的工作满意度和幸福感。通过收集和分析员工反馈的数据和信息，人力资源管理部门可以及时发现并解决员工在工作中遇到的问题，为员工提供更加贴心、个性化的服务。

③ 从单一职能到跨界协作者的转变

在人力资源数字化的推动下，人力资源管理部门需要与其他业务领域进行更多跨界合作。这意味着人力资源管理部门不仅要掌握人力资源管理领域的专业知识，还需要了解业务、技术等多方面的知识，通过跨界合作，人力资源管理部门可以更好地理解业务需求和市场趋势，为企业提供更加全面、有效的人力资源解决方案。

④ 从数据收集者到数据分析者的转变

人力资源数字化强调数据驱动决策。因此，人力资源管理部门需要从传统的数据收集者转变为数据分析者。通过利用大数据和人工智能技术对数据进行深入挖掘和分析，人力资源管理部门可以发现隐藏在数据中的规律和趋势，为企业提供更加科学、精准的人力资源管理建议。

总体来说，人力资源数字化升级是推动人力资源管理角色转变的关键因素之一。在智能时代，企业需要积极拥抱数字化技术，推动人力资源数字化升级。通过实现从执行者到战略伙伴、从管理者到员工体验官、从单一职能到跨界协作者，以及从数据收集者到数据分析者的转变，人力资源管理部门能够更好地适应时代变化和企业需求，为企业创造更大的价值。

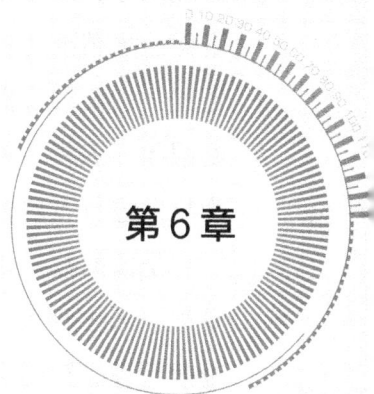

第 6 章

人力资源数字化之精准人才管理

企业的发展离不开人才的支撑，更为关键的是，企业需要建立起一套人才发展和人才持续涌现的机制。为了有效识别、激励、发展与管理人才，企业需要以大数据、人工智能等技术为坚实后盾，从而更全面、更精准地推动人才的持续涌现。因此，精准人才管理显得尤为重要，它要求我们利用大数据、人工智能等技术，实现人才管理的端到端闭环流程，推动人才发展的数据化和精准化，同时，以业务需求为导向进行人才配置，从而确保人才与企业的共同成长。

全面的数字化人才发展体系包括智能招聘、人才测评、目标绩效管理、人才盘点、继任管理、学习发展、人力分析等，本章仅以目标绩效管理、智能人才发现等内容为例进行阐述。

6.1 人才管理的挑战与痛点

企业经营范围不断扩大，人才队伍不断增加，随之而来的问题是，如何更精准、更全面、更快捷、更深入地掌握人才管理，并结合实际业务精准匹配合适的人才，这也是企业人才管理的核心问题。

1. 人才全景图的绘制

企业的人才全景图不单单是一份堆砌的名单或数据，而是对每位员工才华、潜力与贡献的深入洞察。遗憾的是，多数企业在整合与解读全公司人才数据时，如同雾里看花，难以真切把握人才队伍建设的精髓。众多企业在面对庞大的人才队伍时，经常感到盘点之难。如何客观、全面、精准地把握人才的全貌，成为企业人力资源管理的首要难题。在实际操作中，企业往往难以从全公司的管理高度，有效整合和梳理现有人员的数据资产。这种数据的碎片化和不完整性，使企业无法真实还原人才的全貌，进而影响了人才策略的制定和实施。

2. 关键人才标准的设定

在快速变化的市场环境中，科学、客观地研判关键人才队伍，并有效激发内部人才活力，实现战略目标，成为企业持续发展的关键。在识别与培养关键人才时，企业经常感到如履薄冰，缺乏科学、客观的评价体系，在选拔内部精英或吸引外部翘楚时，往往凭直觉和经验行事，难以确保决策的准确性。

3. 人才选拔的精准性

在人才竞争激烈的市场环境中，如何在茫茫人海中快速锁定心仪之选，如何快速、高效、精准地选拔人才，已成为一项考验企业智慧与眼光的挑战，更是企业亟须解决的问题。缺乏全面的人才识别体系，往往使企业在人才选拔过程中陷入盲目与低效的泥潭，导致人才选拔过程耗时耗力且效果不佳，甚至因为选人不当造成不可估量的损失。

4. 因材施教的人才发展

人才的培养与发展是企业持续发展的重要保障。然而，许多企业在人才的培养方面缺乏针对性和有效性。人才的培养不是简单的知识灌输，而是根据每个人的独特潜能与需求，为其量身定制成长路径。如何结合个体的发展潜能、因材施教，实现千人千面的培养效果，成为企业面临的一大挑战。

5. 构建人才生态

优秀的人才管理机制如同一片沃土，能够孕育出源源不断的"人才硕果"。企业建立健全的人才管理机制是确保优秀人才不断涌现的基础。然而，许多企业在人才管理方面存在机制不完善、执行不到位等问题。因此，建立科学、合理、有效的人才管理机制，需要企业在理念、制度与执行上付出持续不断的努力。

6.2 精准人才管理的本质

精准人才管理的本质，就是通过数字化的手段，帮助企业建立人才持续涌现的机制。

1. 人才持续涌现的机制的核心是实现结构效率提升

全球知名的企业大部分在运营效率、决策效率和结构效率方面表现优秀。企业提升运营效率的本质是通过信息化和数字化实现更高效的运营，通过采取技术连接的方式，将原有分散的、无法有效协同的、需要人工干预的、支离破碎的流程有机串联起来，形成整体，使其发挥整体效应。顺丰、美团、滴滴、京东等企业均是通过采取数字化协作的方式实现运营效率提升的典型代表。

企业提升决策效率则是通过采取组织扁平化、赋能一线人力资源管理者等方式提升其工作效率，包括后文详细阐述的采取智能人力运营等方式。

企业提升结构效率则是通过系统思考人才管理体系，从前瞻性、规划性出发的人才需求和人才画像，到目标绩效变革与人才管理，从大数据应用（数据业务化）到深度人才洞察，使人才管理体系实现数字化。企业应该借助大数据、人工智能等技术，围绕结构效率提升，从以下几个方面系统地思考人才管理体系的数字化重构。

① 数据驱动的决策

通过大数据、人工智能等技术，企业需要全面收集和分析人才数据，客观地了解人才队伍的全貌，为决策提供准确依据。

② 科学的评价体系

利用数字化工具，建立更科学、客观的人才评价体系，提高对关键人才队伍研判的准确性。

③ 高效的选拔流程

凭借大数据、人工智能等技术，企业可以实现人才选拔的自动化和智能化，提高选拔的速度和精准度，减少人为因素的影响。

　　④ 个性化的人才培养

　　基于大数据和人工智能等技术，为每个员工量身制订培养计划，满足员工个体发展的需求，实现因材施教。

　　⑤ 人才流动和内部调配

　　数字化平台可以帮助公司更好地追踪员工的技能和工作经验，以便在不同项目和部门之间进行有效的人才调配。这种人才调配的方式既提高了员工的利用效率，又激发了员工的活力，还满足了业务需求的变化。

　　⑥ 预测型人才分析

　　利用大数据分析技术，企业可以预测员工的离职风险、职业发展需求等。这使企业能够提前采取应对措施，留住关键人才或提供必要的支持。

　　⑦ 完善的管理机制

　　数字化平台有助于企业建立健全的人才管理机制。该平台包括人才选拔、培养、激励等环节，确保优秀人才的不断涌现。

　　⑧ 实时跟踪与反馈

　　数字化平台可以实时监测人才管理的效果，并及时提供反馈，便于企业不断优化人才管理策略。

　　⑨ 提升部门之间的协作与沟通

　　数字化平台可以加强企业内各部门之间的协作与沟通，提高人才管理的效率。

　　⑩ 适应快速变化的环境

　　数字化平台能够帮助企业更快地适应市场变化和发现业务发展需求，从而使企业可以灵活调整人才管理策略。

　　2. 智能人才管理体系实现人才涌现

　　利用大数据、人工智能等技术，构建人才持续涌现的人才管理体系，需要从数据识人、智能育人、智慧用人等方面展开。数字化人才涌现的精准人才管理体系如图6-1所示。

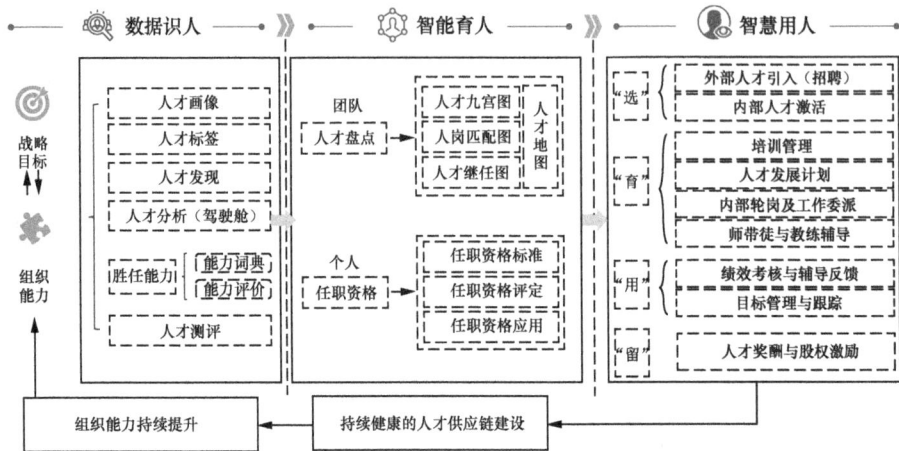

图6-1 数字化人才涌现的精准人才管理体系

数据识人是结合员工胜任能力和组织要求，利用人才测评、人才分析等管理工具，通过诸如人才画像、人才标签、人才发现等数字化工具，实现优秀人才的智能化涌现。

智能育人是结合团队的人才盘点与个人的任职资格，利用人才九宫图、人岗匹配图、人才继任图，立足于任职资格体系等数字化管理工具，实现对人才个性化定制并持续跟踪反馈。

智慧用人是结合企业的业务属性（需要什么样的人）、人才属性（内外部人才能做什么），通过数字化和智能化工具应用，采取智能"选"聘、精准"育"人、科学"用"人、奖励"留"人，支撑优秀人才的持续涌现。

6.3 目标绩效创新实现战略与人才共进

1. 数字化绩效管理创新的"道""法""术""器"

美国作家丹尼尔·平克在《驱动力》中写道：这个时代需要自我

管理的复兴，需要员工的自我驱动力。自驱力包括自主（我做什么我决定）、专精（把想做的事情做得越来越好，发挥个人优势和采取刻意练习措施）和目的（超越自身能力，渴望获得利润、效率、价值等）。

面对"Z世代"员工的个性化需求，企业并不是放弃绩效管理，而是需要创新绩效管理的方法，从而满足组织目标实现和个人激励的双重需求。结合员工的自主性并关注员工的特色专长和价值追求，企业可以打造一种"既能促进员工发展，又能实现组织成功"的绩效管理模式。只有在这样的模式下，企业才能真正实现个人与组织的共同成长。聚焦战略与人才共进的数字化绩效管理创新如图6-2所示。

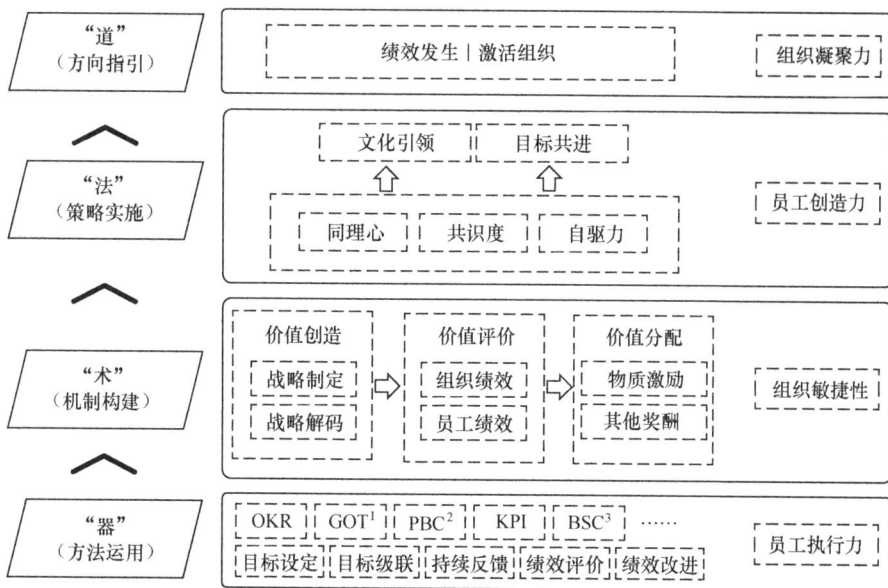

1. GOT（Goal Objective Task，战略目标任务）。

2. PBC（Personal Business Commitments，个人业务承诺）。

3. BSC（Balanced Score Card，平衡计分卡）。

图6-2　聚焦战略与人才共进的数字化绩效管理创新

① 绩效管理的"道"（方向指引）

绩效管理应深度融入组织的战略核心，确保所有工作均与组织的总体目标保持一致。它应当成为激发员工潜能、推动团队协同发展的强大引擎。通过设定清晰明确的目标，绩效管理能够激发员工的积极性与创造力，使他们全身心投入工作，为组织的蓬勃发展贡献智慧与力量。因此，绩效管理的"道"致力于强化组织凝聚力，实现绩效提升的目标。

② 绩效管理的"法"（策略实施）

绩效管理的精髓在于将人与任务紧密结合，构建高效协同的工作体系。通过精准把握员工的能力与特征，将合适的人才安排在匹配其能力的岗位上，充分发挥人才优势，实现个人与组织的共同成长。因此，绩效管理的"法"聚焦于激发员工创造力，借助企业文化引领和目标共进的力量，实现人才的创新性发展。

③ 绩效管理的"术"（机制构建）

在组织层面，绩效管理以提升组织能力为导向，通过采取优化流程、提高效率、加强团队凝聚力等方式，不断提升组织的整体绩效。而在个人层面，绩效管理则以责任结果为导向，通过明确职责、设定目标、考核成果等方式，激发员工的责任感与使命感，推动他们不断追求更高的业绩。因此，绩效管理的"术"聚焦于提升组织敏捷性，通过价值创造、价值评价、价值分配的价值管理循环体系，推动组织目标的高效实现。

④ 绩效管理的"器"（方法运用）

关注员工执行力的绩效管理工具与实操至关重要。在实际操作中，企业更倾向于关注微观层面的绩效管理。微观层面的绩效管理涵盖绩效目标、绩效辅导、绩效考核和绩效反馈四大关键环节。其中，绩效目标的设定应超越单纯的指标，成为明确方向指引下的绩效工具选择，而非简单的考核手段。绩效辅导应贯穿于日常工作中，为员工提供持续的指导和支持，帮助员工提升其自身能力与执行力。绩效考核应客观评价员工的工作成果，确保公平、公正、公开，避免过分追求量化指标而忽视员工的实际贡献。最后，绩效反馈应及时、坦诚地进行，帮助员工认清自身优缺点，明确改进措施。

目标绩效管理的"道""法""术""器"并非孤立存在，而是科学绩效管理体系搭建的核心要素，即"理念、技术、文化"的相互支撑与融合。它们共同构成了一个完整、协调的绩效管理体系，为组织的持续发展和员工的个人成长提供了有力保障。

2. 组织绩效与员工绩效并举的数字化绩效管理

企业要想实现战略目标，则需借助数字化的管理工具，确保能够逐级、无缝地传递并落实到各部门、各层级单位中。这一过程不仅需要在各级组织之间达成共识，以凝聚强大的组织合力，还要在日常业务执行中，实现员工与业务的高效联动，真正实现"业人合一"。在《绩效认知升级：基本理论与数字化》一书中，作者深入剖析了组织绩效与员工绩效之间的紧密联系与协作流程，提供了具体的理论支持和实践指导，并结合GOT等应用实践，分享了数字化如何更好地推动企业的战略目标落地，提升业务执行效率，实现组织与员工的共同发展等。

数字化绩效管理创新，借助于组织绩效评估、目标绩效管理、持续反馈、个人发展等，实现组织绩效与员工绩效并举的目标。

组织绩效评估通过数据自动采集，联动三方业务系统。其中，数据自动采集包括财务、运营、生产等定量指标的目标值、完成值、过程值等。让数据自动从三方业务系统中推送，实时查看绩效数据。组织绩效指标评分自动化：绩效评估过程支持指标评分、添加评语、上传附件；实现多轮组织绩效指标评估，不同的业务指标设置不同的绩效指标考评人；满足指标评分手动打分或依据规则自动打分的需求。

目标绩效管理可以助力企业的战略解码，以战略为导向，联动业务，将战略目标根据需要分解成组织的关键绩效指标、组织重点工作任务，并由不同的组织单元进行有效承接，实现企业战略目标落地到各部门、各层级单位，形成有效的组织合力。在组织绩效制定的过程中，适配多种组织绩效管理模式，包括上传下达、HR统一分配、组织自身承诺等，承接组织经营责任、签订组织绩效合约；不同组织机构可以灵活设置不同组织绩效模板；按需设计组织绩效流程，适配组织；灵活制定组织绩效指标，设计不同指标维度、指标库，通过计算公式自动计算组织绩效指标目标完成值。

目标绩效管理在员工考评环节，借助于数字化工具，人力资源管理者可以在线上便捷地操作，无论是对个人考评还是对团队评估，都能随时随地进行。

对于人力资源管理者而言，目标绩效管理提供了在线快速校准员工绩效和团队绩效的功能，确保员工和团队的绩效得到全方位评估，从而进一步促进绩效评估的公正性。在评分环节，采用聚焦指标、批量对比评分的方式，确保评分更精准；同时，通过直观、动态的绩效校准方式，提升绩效的公平性。在绩效结果分布上，自动按比例、按人数，结合组织绩效分布，确保绩效结果的科学性与合理性。

另外，数字化工具还支持多种考核方案的结果汇总，员工不仅能查看自己的考核结果，还能了解各项指标的评分情况。在考核结果来源上，系统能够对多个绩效考核方案的加减分进行调整，确保考核的灵活性；同时，也能灵活设计分布指标，将员工绩效与组织绩效紧密关联。无论是按照时间分类，还是按照方案分类，数字化工具都能轻松汇总考核对象在多个考核期间的考核结果，为企业的决策提供数据支持。

6.4　智能人才发现促使人才与业务精准适配

能否及时发现人才、培养人才、发挥人才的作用，是企业管理者或经营者关注的问题。然而，发现人才并没有那么容易，一般情况下，员工要么通过自己的努力，脱颖而出，获得领导的赏识；要么需要"伯乐"的发现与提携。而这种发现导致的结果，通常会受发现者的品德、喜好、情绪等主观因素影响。为解决此类问题，传统的做法是邀请咨询公司构建人才任职资格或胜任力体系，建立标准，引入测评工具加强科学性判断，并采取人才盘点与继任者计划等方式，将识别出的员工进行合理使用、分类发展和有效激励。这是一套被证明行之有效的方式，但不是所有企业都具备时间、成本、专业人才、管理成熟度等条件来做成此事。

数字化通过建立一套不依赖个人经验的科学体系来识别人才、用好人才，进而成就组织，其突出体现为组织画像和人才画像两个数字化管理工具。

其中，组织画像是面向企业战略和组织能力视角的人才结构诉求预期，对未来发展的人才需求进行预测分析，其本质是业务属性的体现。

人才画像是内外部人才视角的人才结构呈现，是在企业组织目标框架之下，对现有人才和潜在人才能力结构进行数字化盘点，其本质是人才属性的体现。

智能时代，更多的企业管理者希望能拥有一款像Chat GPT一样的人工智能产品，当企业的业务因外部环境需要敏捷调整时，能通过它快速找到适配人才；当某个岗位出现人才流失时，能通过它找到适配的后备人选；当开启一项新业务时，在人工智能产品中输入脑海中想象的一些模糊的所需人才具有的元素，它可以自动把具有这些元素的人才找出来，并且进一步提供这些人的全景数据（人才画像）及差异分析。这些数据可以快速、有效、精准地帮助企业管理者识别想要招聘的人，当然这些数据都来自企业自建的人才数据中心，企业需要这样一款智能工具，辅助企业管理者成为更多人才的"伯乐"。

智能人才发现，借助于内置的自然语言处理（Natural Language Processing，NLP）技术，基于人才标签、员工信息、模糊性搜索，以及智能联想等方式，逐步训练、学习和形成企业自身的大语言模型，通过搜索结果进行二次筛选，人才全景画像展示、关键特征标签展示、人才横向对比分析等清晰展现，精准定位企业内部人才。智能人才发现可以帮助企业实现人才与业务的精准匹配，具体描述如下。

- 更精准地挖掘企业内部人才。
- 进行人才之间的横向、纵向对比分析。
- 采取"空岗推人"的人岗匹配策略。
- 形成人才选拔时的人才评估报告。
- 组织和业务部门的人才分析数据可视化。
- 特定人才工作目标绩效达成的数据展现。
- 特定人才在组织网络分析中的影响力。

智能人才发现，不仅是上述功能实现的技术工具，而且可以通过以下4个关键环节保障企业持续的人才供应。

1. 建立内部人才及岗位标准体系，让岗位和人才的定位有据可依

内部人才市场是一个由HR与员工双向驱动的智能管理平台，它能帮助HR实现更有效的人岗匹配。借助任职资格管理体系、岗位标准、岗位画像、人才标签等标准的建立，通过数字化人才管理，让组织和个人都能够实现自我的科学分析和定位。

2. 利用数字化工具驱动人岗识别过程，提高人岗匹配度

在数字化平台，员工可以分享个人技能与愿景，当出现符合其自身条件的机会时，平台将智能地为他们推荐这些机会。与此同时，数字化平台也将同步通过AI算法把合适人选推荐给HR，企业可以"按需"进行人才部署。通过AI算法等技术加持，一个出色的内部人才市场，能将组织内部人才与当下或者未来的组织需求进行有效匹配，达到高效人才发现的目的。

3. 建立高效、透明的保障机制，降低员工和组织的顾虑

通过内部挖掘，意向邀约、面试、入职等全域管理，将内部员工从目前岗位无障碍地转到另一个岗位上，建立一个内部的全流程招聘网络。同时，要持续不断地促进组织对于人才内部流动保持开放态度。只有当公司的机制鼓励、认可"个人基于职业发展提出的应聘、转岗"需求时，内部的人才流动才能更加顺畅。员工对自己的职业发展道路有了更多的选择权和主动权时，员工对公司的归属感才会逐渐增强。除了实现内部招聘的功能，内部人才市场也是打造组织人才供应链、实现人才生态供给的关键。通过内部的全流程招聘网络，企业可以管理、调控与衡量内部人才生命周期的各个阶段，人力资源管理不再是被动地解决"人"的问题，而是前瞻性地为组织发展提供战略性供给。

4. 充分重视员工反馈的信息，快速响应员工的需求

一个优秀的内部人才市场可以更好地释放内部员工的潜力；同时，也可以为员工技能差距、企业人才流失、员工参与度，多元化、平等化及包容度（Diversity、Equity and Inclusion，DE&I）等方面提供相应的解决方案。这将有助于企业提高人才的留任率和员工整

体的工作效率，以及营造一种开放包容的雇主文化。同时，内部人才市场也为员工提供了一个更加灵活的选择，让内部员工快速找到合适的岗位，并持续获得关注。凭借内部人才市场，员工可以主动了解并且自主发现他们在企业内部的潜在发展机会，企业也能持续关注员工的个人技能，双方互为促进，为企业的业绩提升带来更多的机会。

在企业的数字化实践中，不少企业基于大模型技术重构智能招聘体系，从海量简历中发现人才，帮助企业快速精准识别人才并定位目标人才，通过AI互动优化应聘体验，实现选人、用人的精准决策。

例如，中国中化集团有限公司接入基于AIGC的人才发现系统，将强大的人工智能技术应用到实际的招聘场景中，企业根据岗位需求深度挖掘人才库现有资源，通过系统算法为企业智能推荐与岗位匹配的人才，帮助管理者快速找到符合企业要求的人才。另外，该系统还具备自学习能力，根据招聘人员的行为偏好进行推荐规则的优化，不断提升人岗匹配的精准度。

6.5 以实践和技能为主的培训向全面人才发展的数字化学习平台升级

如前文所述，"测学评用"一体化的精准数字化学习充分利用人工智能技术，可以提供多种学习方式和不同类型的内容。它可以通过在线课程、远程协作等方式，让学员基于自己的时间和地点进行学习。同时，数字化学习平台还结合员工个性化的学习路径和自主学习的时间，满足不同员工的需求。除了灵活性和便捷性，数字化学习平台还提供了丰富的学习资源和灵活的交互机会，并通过在线讨论、团队合作和模拟实践等方式，与其他学员和导师进行交流。这种方式不仅可以促进员工之间的知识共享、协同创作和经验分享，还可以加强员工的理解能力和应用能力。智能时代的培训学习正在向全面人才发展的数字化学习升级。数字化学习平台的构建，基于以下6个原则。

1. 以能力素质模型和组织属性为蓝本，构建数字化的人才画像

基于能力素质模型，构建数字化的人才画像涉及数据收集和分析的全过程。企业可以利用各类信息技术工具，例如人才管理系统、在线测评平台、绩效考核平台等，收集员工的基本信息、工作表现、技能水平、学习能力、沟通能力等多方面数据。通过数据挖掘和智能算法等技术，将这些数据进行整合和分析，形成全面而精准的人才画像。

2. 通过岗位标准技能的快速复制，打通员工发展路径和晋升通道

数字化学习平台能够实现岗位标准技能的快速复制，从而打通员工的发展路径和晋升通道。数字化学习平台可以为员工提供更加灵活和开放的学习环境，使员工可以根据自己的兴趣和能力，选择更适合自己发展的方向。无论是通过在线课程、网络学习，还是通过虚拟实践和项目经验，员工都可以积累相应的技能，不断拓展自己的职业发展方向。数字化学习平台可以为企业提供更有效的人才培养方式和管理手段。通过数字化学习平台，企业可以实时跟踪员工的学习进度和表现，了解其技能水平和潜力。数字化学习平台为企业提供更科学的人才选拔依据和评估分析报告，从而使企业能够更好地发现和培养潜在的高绩效员工，做好人才储备工作。

3. 利用数字化技术强化组织经验的积累、沉淀、升华与应用

数字化学习平台的构建，需要充分利用数字化技术强化组织经验的积累。在数字化学习平台上，组织可以将各类经验和实践进行整理

和归档，形成知识库和经验库。这使组织的经验得以有效保存和传承，不再受限于个别员工的离职或流动。同时，组织成员也可以通过数字化学习平台共享自己的学习成果和经验心得，促进组织内部的学习和交流。数字化学习平台需要从内部社交媒体搭建知识库，通过文档化、微课大赛、互动视频等方式推广其应用。

4. 充分考虑人才的多样性，完善数字化学习平台的多元化激励建设

充分考虑人才的多样性，完善数字化学习平台的多元化激励建设是在数字化学习平台中提高员工学习效果和员工参与度的重要策略。在拥有不同背景和特点的员工中，每个员工的学习动机和偏好不同，因此，组织应该制定多元化的激励措施，以满足不同员工的学习需求。这种激励措施一方面可以提高员工学习的积极性和工作效率，另一方面有助于企业营造积极学习的文化氛围，从而提升组织的竞争力和持续发展能力。

5. 将新技术不断引入数字化学习平台的项目中，以增强人才发展效果

视频直播、线上分组研讨、虚拟课堂、智能生成数字人等技术不断创新，将这些技术不断导入数字化学习平台的项目中，是推动数字化学习平台创新的重要举措。这些新技术的运用可以使数字化学习平台更加多样化，其灵活性更强、互动性更好，从而为员工提供更智能的体验，进而提高员工的参与度和学习动力。在数字化学习平台不断创新的过程中，企业积极运用这些新技术，将有助于营造更具有活力和创造力的学习环境，从而促进员工全面发展。

6. 数字化学习平台的管理和运营可视化，帮助企业实现精准人才管理

数字化学习平台的可视化是将员工在该平台上的学习和考试成绩

通过数据可视化呈现，帮助企业管理者更好地了解和评估其培训效果，及时进行教学调整和学习指导，提高员工的学习效率。这些可视化手段不仅提高了数据的可理解性，还增强了员工的参与感和学习动力，帮助企业实现精准人才管理。

第 7 章

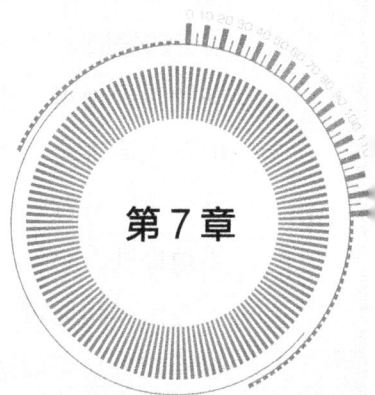

人力资源数字化之敏捷组织发展

从发展和变革的角度来看，企业在面对复杂多变的环境时，确实会遇到诸多挑战和痛点。例如，提拔合适的经理/主管人选，除了基于绩效、潜能和投入度，是否有更精准的方法？组织内部的联结关系是制约业务的发展（"内卷"）还是促进业务的发展（"进化"）？如何有效洞察并及时干预组织中潜在的风险（离职风险、绩效预测等）？企业管理的最大成本是人才错配，业务与人才如何更精准地匹配？企业计划启动变革，或者收购/重组新业务板块，或者开拓新的业务领域，如何稳妥地推进（业务创新、人才配置、文化导入/融合、人才分流等）？

上述问题可以通过人力资源数字化实现敏捷组织发展来解决。敏捷组织发展可以适应企业所面临的不确定性商业环境变化。

7.1 组织发展的管理痛点与数字化策略

1. 痛点1：如何在复杂多变的环境中促进企业经营的规范化和决策的科学化

环境的不确定性和快速变化对企业及时、准确地做出决策带来了挑战。传统的管理模式和决策流程过于僵化，无法适应快速变化的市场需求。因此，构建敏捷组织，通过数据分析洞察业务活动和管理决策的提升方向，持续跟踪业务改进和管理举措的成效，确保决策的科学性和有效性，实现"洞察—改进—评估"循环管理，促进企业经营的规范化和决策的科学化。

2. 痛点2：如何避免组织决策中凭感觉或经验判断，而非基于事实和数据决策

决策者可能过于依赖直觉或经验，而忽视数据和事实。企业如果缺乏有效的数据收集和分析机制，则将导致决策缺乏科学依据。因此，要加强企业数字化建设，确保数据的准确性和完整性；要推广数

据驱动决策的理念，提高员工的数据分析能力，建立基于数据的决策流程和文化，确保决策的科学性和客观性。

3. 痛点 3：如何借助挖掘的企业数据资产，建立组织的数据价值管理体系

企业虽然可能拥有大量的人力资源数据，但未能有效挖掘和利用其价值。企业缺乏统一的数据管理平台和标准，导致出现"数据孤岛"和重复劳动现象。因此，要构建开放、共享的数据价值管理体系，促进数据的流通和充分利用。通过数据挖掘和分析，发现潜在的业务机会和风险因素；建立以数据驱动的运营模式，将数据融入人力资源管理的日常业务和战略决策中。

4. 痛点 4：如何借助数字技术开展企业数字化转型与新管理方式的重塑

企业数字化转型可能面临技术、人员和流程等多重障碍。传统的管理方式可能无法适应智能时代的需求。因此，要利用数字技术（例如，人工智能、大数据、云计算等技术）推动企业数字化转型；建立数字人才团队，培养具备数字化技能和知识的人才；结合"流程"和"数据"双轮驱动的应用实践，重塑企业管理范式；通过持续的改进和优化，确保企业数字化转型和管理范式的有效性和适应性。

总之，企业在面对复杂多变的环境时，需要从多个角度应对组织发展和变革中遇到的挑战。通过构建敏捷组织、推广数据驱动决策、挖掘数据价值，以及利用数字技术推动企业数字化转型等策略，企业可以更好地适应环境变化并实现持续发展。

7.2　敏捷组织发展的本质

通过决策效率的变革推动敏捷组织发展是敏捷组织变革的本质。

在企业的组织发展过程中，对人力资源管理数字化的期待可以概括为利用数字化技术实现组织决策效率的优化与提升，一般包括以下5个方面。

1. 更精准的人才选拔方法

除了传统的绩效、潜能和投入度评估，人力资源管理数字化还可以提供更全面、更准确的人才数据分析。例如，企业可以通过大数据和人工智能技术，对员工的工作行为、技能水平、团队合作等进行多维度的评估和分析，实现更精准地提拔合适的经理/主管人选。

2. 洞察组织内部关系

通过数字化工具，例如，组织网络分析、员工满意度调查等，可以更深入地了解组织内部的联结关系。要明确这些关系是如何影响业务发展的，是促进业务发展还是制约业务发展。根据分析结果，企业可以采取相应的措施来优化组织结构，提高团队协作效率。

3. 潜在问题的洞察与干预

利用数据分析和预测模型，企业可以实时监测和预测员工的离职风险、绩效变化等，及时发现潜在的问题。当发现这些问题时，企业可以通过提前干预，例如，提供培训、调整工作岗位等，降低潜在问题对业务的影响，提高员工绩效和人才队伍的稳定性。

4. 精准的人才与业务匹配

借助人力资源数字化平台，企业可以更好地了解员工的技能、经验和兴趣，同时，企业也能更清晰地掌握业务需求。通过智能匹配算法，对人才与业务进行精准匹配，提高人才配置效率，减少人才错配带来的损失。

5. 稳妥推进变革计划

在企业推进变革计划、收购/重组新业务板块或开拓新业务领域时，数字化人力资源管理可以提供有力支持。例如，通过人才评估和配置工具，确保企业在业务创新过程中有合适的团队；利用文化评估和融合工具，促进新业务板块与原有企业文化融合；借助人才分流工具，合理安排员工的岗位调整，减少企业变革对员工的冲击。

敏捷组织发展的基础是数据分析，既有展现级、分析级、控制级，又有决策级和创新级，它们分别对应的是展示分析、结构分析、控制分析，以及相关分析和预测分析等。同时，基于数据的组织网络分析、流程挖掘和流程优化，能够精准地识别组织运营和组织效能的障碍点、堵塞点和关键点，通过设立流程效率指标，高效优化流程。本章仅就组织网络分析洞察团队影响力、基于智能化的人才管理预测，以及流程挖掘与流程优化持续改善组织敏捷性3个方面展开说明。

7.3　组织网络分析洞察团队影响力

组织网络分析通过数据收集和洞察，将组织中的互动和协作可视化，形成"关系网络"。管理者可以通过分析"关系网络"中人与人之间的"链接关系"（或信息传递关系）来分析组织中的协作模式，关注员工在团队/组织中的角色和影响力，洞察组织现状、诊断组织问题、规划组织发展。组织网络分析不同于组织架构图关注的上下级汇报关系，更聚焦于团队之间、个人之间的互动与协作，揭示了核心员工、团队关系、业务流程等更深层次的组织特征，启发管理者采取对应的管理措施。

乔什·贝新在关于人力资源技术趋势的报告中写道，思科系统公司、通用汽车公司，以及其他企业正在使用组织网络分析帮助组织识别生产力模式、高潜力领导者及其他多样性问题。

组织网络分析是人力资源数字化在敏捷组织发展中的典型应用。基于企业日常运营中的员工行为数据（主要依靠电子邮件、协作软件、社交平台等渠道）进行数据收集和洞察，使组织中的正式和非正式关系结构变得可视化，形成各种"关系网络"，而这些"关系网络"是个人和组织的重要资产。"关系网络"中的"中心节点"是在组织中人脉广泛、乐于分享信息的"影响者"，其他"节点"与"中心节点"存在正式或非正式关系。组织网络分析的逻辑架构如图7-1所示。

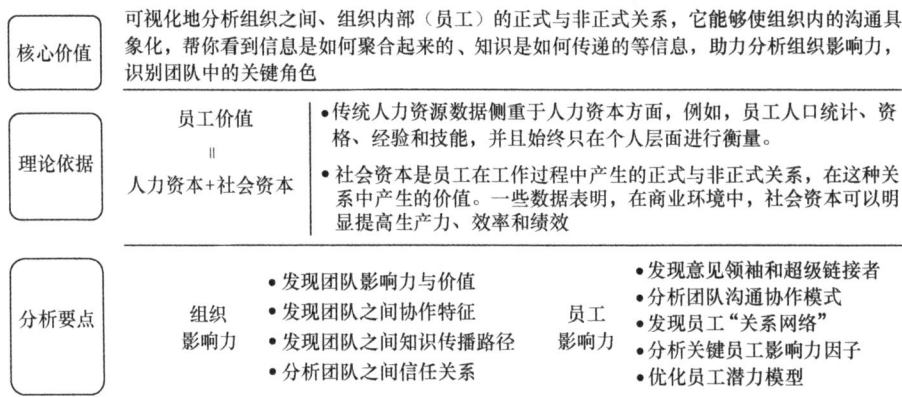

核心价值	可视化地分析组织之间、组织内部（员工）的正式与非正式关系，它能够使组织内的沟通具象化，帮你看到信息是如何聚合起来的、知识是如何传递的等信息，助力分析组织影响力，识别团队中的关键角色	
理论依据	员工价值 ＝ 人力资本+社会资本	• 传统人力资源数据侧重于人力资本方面，例如，员工人口统计、资格、经验和技能，并且始终只在个人层面进行衡量。 • 社会资本是员工在工作过程中产生的正式与非正式关系，在这种关系中产生的价值。一些数据表明，在商业环境中，社会资本可以明显提高生产力、效率和绩效
分析要点	组织影响力 • 发现团队影响力与价值 • 发现团队之间协作特征 • 发现团队之间知识传播路径 • 分析团队之间信任关系	员工影响力 • 发现意见领袖和超级链接者 • 分析团队沟通协作模式 • 发现员工"关系网络" • 分析关键员工影响力因子 • 优化员工潜力模型

图 7-1 组织网络分析的逻辑架构

组织网络分析不仅可以对员工层面进行日常协同分析，而且适合对组织协同行为层面，甚至组织结构设计与优化层面提供更多的数据决策支撑。组织网络分析的重点在于对结果的持续跟踪，组织应时刻关注"非正式关系网络"的变化，深入洞悉员工的协作方式并在关键时刻进行干预，这样企业管理者才能够在人才发展、业务创新等方面做出更明智的决策，为组织创造可持续发展的机会。

1. 后备干部识别与选拔

通过组织网络分析识别员工的影响力，结合员工当前绩效即可形成"员工能力—影响力"的二维分析矩阵，为识别具备号召力和领导能力的人才提供分析工具，制订人才继任计划。对于依赖团队或个人之间协作完成工作的岗位，组织网络分析也可以帮助其识别员工潜力。对于在组织网络分析中获取到的员工互动与协作关系的表现，可以识别其关键特征，并将其作为人才标签进行记录和持续跟踪。

例如，从很多对销售人员的案例研究中可以发现，销售明星并不一定是销售管理者的最佳选择，其中存在自利驱动与团队利益驱动的矛盾。销售明星更在乎的是个人业绩，而销售管理者的任务是最大化团队业绩。组织网络分析可以帮助HR识别隐形领导者，他们展现出更好的团队协作力和利他性，团队成员信任并愿意追随他们，接受和支持他们的决策，并愿意帮助其完成目标。他们能带动"尾部员工"一起进步，促使"中部员工"共同合作，平衡"头部员工"的利益，加强团队成员之间互助合作。

2. 团队问题诊断

借助于标准化的组织网络分析，管理者可以通过对比分析，识别其团队是否存在凝聚力差、非正式互动不足等问题，从而采取措施改善其团队氛围，提高成员互动频次，提高团队创新绩效。对团队中的"尾部员工"，管理者可以分析其离职风险、关注其个人情绪状态，从而采用定期谈话等形式提前干预。管理者可以通过组织网络分析诊断当前业务协作存在的冗余点，优化跨职能、跨地域和跨专业领域的协作模式，提升沟通效率，优化协作流程。

相关数据显示，团队氛围和团队绩效之间呈正相关关系，好的团队氛围能够促使团队绩效提升。很多业绩不佳的团队，往往是因为团队协作出了问题，而氛围较好的团队往往也能扭转不佳的业绩。评估团队氛围和现有业绩状态，能够预测未来团队业绩。组织网络分析可以帮助HR形成团队氛围状态的定量化、可视化描述，以及动态预测团队处于凝聚状态还是消散状态，从而触发企业业绩预警机制，方便管理者可以及时干预。

3. 新员工导入与保留

人力资源管理者往往需要花费很大的精力，帮助新员工融入团队、了解业务，通过人情关怀来降低新员工流失的成本，塑造雇主品牌。但是一般情况下，当新员工进入业务部门后，人力资源管理者能够发挥的作用很有限，往往具备更好的社会情感能力的新员工更能够适应团队。倘若HR想要在试用期内，尽快判断新员工是否适合企业氛围，可以采用组织网络分析判断新员工的融入度，预测他们是否能够和团队成员之间建立良好的互助关系、信任关系、沟通关系，同时还可以识别部门内是否存在"新旧排斥"或"新旧不兼容"等问题，管理者是否关注新员工的适应性问题。

4. 管理者胜任力评估

对管理者胜任力有两个方面的考量：一个是具有知识、技能、认知的先进性；另一个是具有团队管理能力。团队管理能力的前提是获得成员认可和追随，员工表面的服从，不代表员工没有隐形的对抗，而悄无声息的对抗往往是难以察觉却又致命的。因此，管理者是否胜任管理岗位，需要对其团队认可度、团队凝聚力、成员合作状态、团队整体氛围、跨部门协同关系、组织人力资源调动能力进行综合评估。总体来讲，一个能够获得团队支持认可、凝聚团队成员，还能和其他部门合作的管理者，会有更高效的业绩产出。组织网络分析可以帮助HR获得量化评估，对所有管理者进行胜任力的定量分析，比常规模式更高效、更精准。

5. 流程挖掘与业务优化

业务链构建逻辑是业务条件到业务结果之间的因果关系。例如，如果想要达到产品制造的结果，则需要建立业务流程。经典管理一直致力于优化流程，实现成本效能和单位产出的最优化。中间流程是无法识别人在这个过程中的作用的。例如，销售链上需要技术支撑，技术人员是否支持销售人员，以及哪些技术人员会支持哪些销售人员，这些都是影响结果的重要原因，却很难识别。组织网络分析能够帮助HR获得业务链上的人群合作关系，从而判断业务链中存在的障碍，及时对其采取一定干预措施，提升组织效率。

组织网络分析功能包括组织影响力分析和员工影响力分析，将组织之间、员工之间正式和非正式的关系进行可视化呈现，使组织内沟通具象化，帮助团队管理者看到信息聚合过程、知识传递过程等，助力管理者分析组织影响力，识别团队中的关键角色。

6. 组织变革支持

大到组织变革、小到新项目的启动和推进，组织可通过潜在影响者传递发展理念、提供关键信息、提升协作效率、促进变革顺利开展。技术的快速发展与市场的变化对组织的创新能力提出了更高的要求。组织通过ONA可以识别出有创新能力的人才，并组建一支非正式创新团队，找到最具影响力的人来引领团队，实现业绩突破和创新，促使组织集思广益，最大化地提升效益。

企业文化的核心是群体对企业价值的认可和认知，以及形成的一系列行为趋势的总和。企业文化建设的困难在于，HR很难识别群体态度，很难干预和影响群体认可文化、追随文化、实践文化。因此，很多公司的企业文化更像是墙体广告，忽略了非正式群体的信息传递效能往往比官方信息的传递效能高了很多倍。ONA可以帮助HR识别非正式群体及成员，以及非正式群体中的意见领袖、信息控制人，以及信息传递中心人。凭借这些信息，HR可以非常清楚组织的企业文化建设地图，将这些群体分为高认可、一般认可、对抗群体3种类型。如果遇到对抗群体，HR则可以通过干预其中的意见领袖，或者引入新的意见领袖，进行群体舆情引导，逐步转变员工的认知度。

7.4　基于智能化的人才管理预测

1. 智能化离职预测

智能化离职预测这一功能通过已有的信息预测员工未来的动向，

判断员工未来是否会离职，从以往的定性和主观的分析变成定量和客观的分析，为管理决策层提供企业内的离职风险指数、流失成本等数据，促使管理者及时采取合理措施，有针对性地解决问题，从而大幅度降低离职对企业带来的人才再招聘成本、培养成本、业务影响度，以及组织文化的不确定性，保障组织持续健康稳定发展。

2. 智能化预测的应用实践

IBM公司以在人力资源管理中使用算法和数据分析等技术而闻名。从IBM Watson Talent（沃森人才）到IBM Garage（IBM库存，以标准流程的方式降低创新转型的风险），都是通过分析和AI的预测能力，重新定义现代企业人力资源管理。IBM公司在人力资源中使用算法等技术的示例说明如下。

① 招聘和选拔

IBM公司使用算法等技术来分析简历和工作申请，给具体岗位找到最佳候选人。这些算法等技术可以根据特定关键词、资格和经验筛选简历，甚至可以预测候选人胜任该职位的可能性。

② 绩效管理

IBM公司使用算法等技术来监测员工绩效并确定需要改进的方面。这些算法等技术可以分析具体的绩效数据，例如，销售指标或客户满意度得分，并提供对个人和团队绩效的预测分析。

③ 继任计划

IBM公司使用算法等技术来确定公司内关键角色的潜在继任者。这些算法等技术可以分析员工的技能、经验和绩效指标等数据，以确定可以承担新角色和责任的人。

④ 预测分析

IBM公司使用预测分析来识别有离开公司风险的员工。这些算法等技术可以分析员工敬业度分数、绩效指标等数据，从而识别可能具有离职风险的员工，促使管理者尽快采取积极措施留住这些员工。

⑤ 员工敬业度

IBM公司使用算法等技术来分析与员工相关的一些数据，以确定有助于提升员工敬业度的因素。这些算法等技术可以识别数据中的趋势和模式，使管理人员能够采取对应措施来提高员工敬业度。

总体而言，IBM公司使用算法等技术改进人力资源管理实践，使管理者做出更明智的人力资源决策，为招聘、培训和职业发展实践等提供有价值的见解，最终帮助公司建立更有效的人力资源管理体系。

7.5　流程挖掘与流程优化持续改善组织敏捷性

人力资源管理作为企业运营中的关键环节，更是企业降本增效的重要方面。在传统的人力资源管理中，许多烦琐的、重复性的日常工作需要HR投入大量时间和精力，这对于任何一家企业来说都是一笔不小的成本投入。此外，随着企业规模的扩大和市场竞争的白热化，HR面临越来越多的挑战，例如，处理大量烦琐的人力数据、解答各种福利政策问题，以及管理招聘等工作。这些工作不仅耗费大量的人力和物力资源，而且容易出现失误，给企业带来不必要的损失。

虚拟个人助理、机器人流程自动化等智能技术在人力资源管理领域已经崭露头角。类似通过自动化、智能化的方式，这些智能技术和应用为企业提供了更高效、更智慧的人力资源管理解决方案，助力企业优化流程、提升效率，在人力资源管理升级中实现降本增效。

在人力资源管理数字化系统中记录员工活动，以更全面深刻地理解员工的工作模式、团队协作效率，以及项目进展情况，进而发现潜在的问题和改进的机会。同时，人工智能技术的应用使这些数据能够通过复杂的算法被转化为直观的可视化流程图。这种可视化的展示方式极大地增强了信息的可读性和易理解性，使管理者能够快速把握组织运行的全貌，识别关键流程和关键岗位，同时也能发现一些无效或低价值的节点，在此基础上实现流程优化。

基于对流程的深刻洞察，企业可以更精准地进行组织结构调整和岗位职责优化。例如，通过识别流程中的关键岗位，强化其职能，企业能够确保核心业务的高效运转；通过消除无效节点，企业能够减少资源浪费，提高整体运营效率；通过重新设计流程，企业能够更好地适应市场变化，提升组织的敏捷性和灵活性。

流程挖掘技术作为一种创新型的分析工具，其核心应用领域可以从以下多个维度对企业运营进行深入分析和优化。

1. 流程执行效率的深度分析

流程挖掘技术能够对企业的关键业务流程，例如，研发、销售、生产、采购和客户转化等进行全面的效率评估。通过识别流程中的瓶颈和低效环节，企业能够精准定位问题根源，并采取相应措施进行改进。这种分析不仅有助于企业提高流程的运行效率，还能够促进资源的合理分配和利用，从而增强企业的核心竞争力。

2. 组织结构与人力资源的优化配置

流程挖掘技术在组织维度的分析和挖掘上，主要体现在以下两个方面。

① 精细化排班计划与人力资源配置

通过对历史数据的分析，流程挖掘技术可以帮助企业制订精细化排班计划和人力资源配置。例如，分析员工在特定时间段的工作效率，财务共享中心在月中和月底的工作负荷差异等，从而实现人力资源的合理调配和高效利用。

② 决策与权限配置的优化

流程挖掘技术能够揭示审批流程中的冗余环节和低效操作。例如，如果发现审批流程中的多个审核环节实际上是不必要的，企业就可以通过简化流程的方式，提高审批效率，减轻不必要的工作负担。

　　智能化的流程挖掘技术如同连续的"X光片"（即这里形容流程的可视性），为企业提供了深入洞察业务流程的全新视角。它不仅能够帮助人力资源部门更准确地理解和管理人力资源流程，还能够在资源配置、角色分配和组织架构调整等方面提供有力的决策支持，推动企业向更高效、更智能的管理模式迈进。通过这些技术的应用，企业能够实现人力资源管理的全面提升，为企业的持续发展和创新奠定坚实的基础。

第 8 章

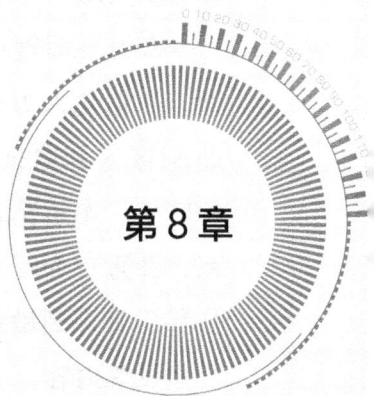

人力资源数字化之智能人力运营

人力资源数字化升级必然会带来人力资源管理向智能化运营转型，即借助数字化和智能化技术实现人力资源管理从功能型HR和流程驱动型HR，向数据驱动型HR转型。

人力资源管理的智能化运营包括但不限于人力资源共享服务转型、数据化人力资源运营、全球化人才配置、智能化业务流程；借助AI嵌入和数据智能技术，实现从依靠经验决策到依据数据决策的转变。本章阐述的是基于数字化和智能化的智能人力运营基本体系，并重点介绍企业人力资源运营的难点、智能人力运营的本质、从科层管理到敏捷组织模式转变，以及人力资源升级与共享服务中心建设等内容。

8.1　企业人力资源运营的难点

人力资源管理与运营是企业人力资源管理者的本职工作，在日常管理中经常遇到的难点有哪些呢？

1. 难点1：如何及时响应业务变化，打造敏捷组织，支撑战略达成

在动态变化的市场环境中，组织的敏捷性已成为企业竞争的重要优势。为了及时响应业务变化，企业需要构建能够快速适应变化、灵活调整的组织结构。这意味着企业需要摆脱传统的层级制和职能划分，转向构建更为扁平化、网络化的组织结构。

除了组织结构的调整，企业还需要建立一种鼓励创新、容错的文化氛围。员工应该被赋予更多的自主权和决策权，以便他们能够在面对市场变化时迅速做出反应。同时，企业需要建立一套完善的机制来挖掘、识别和洞见新的商业机会，例如，采取市场调研、客户反馈等方式收集市场需求，然后迅速调整与其相关的产品或服务策略，使其满足市场需求。

2. 难点 2：企业规模不断扩大，管理层级增加，如何提升整体组织能力

随着企业规模不断扩大，管理幅度和管理层级不可避免地增加，这必然导致组织内部沟通效率下降、领导层级的决策速度减缓等问题。为了提升企业的整体组织能力，企业需要建立一套高效的运营体系。这套体系包括清晰的职责划分、流畅的信息传递机制，以及快速的决策流程。

3. 难点 3：人力资源部门如何转型提升价值，摆脱事务性工作的束缚

传统的人力资源部门往往陷入大量的事务性工作中，难以发挥其战略伙伴角色的作用。为了提升人力资源部门的价值并摆脱事务性工作的束缚，企业需要推动人力资源部门进行转型升级。人力资源部门的转型升级需要从多个方面入手。

首先，人力资源部门需要明确自身的角色定位，从传统的行政管理者转变为业务伙伴和战略支持者。

其次，人力资源部门需要深入了解企业的业务需求和市场环境，积极参与企业的业务决策和战略规划。

再次，人力资源部门需要利用先进的技术和工具来提高工作效率及工作质量。例如，通过引入RPA/VPA等工具来处理员工信息、薪资计算等事务性工作，减轻人力资源部门的工作负担。同时，利用大数据和人工智能等技术优化招聘流程、提高人才匹配的准确性等。

最后，人力资源部门还需要注重自身队伍的建设和发展。通过选拔和培养具有专业素质和创新能力的人才，提高人力资源部门的整体素质和业务水平。同时，建立与业务部门之间的良好合作关系，共同推动企业的发展。

4. 难点4：如何消除"组织墙"和"部门墙"之间的隔阂，实现跨部门的人事业务协同

跨部门的人事业务往往因为"组织墙"和"部门墙"之间的隔阂，而难以高效执行。企业需要建立一种以客户为中心、以流程为导向的工作模式，消除这些隔阂，实现跨部门的人事业务协同。在这种模式下，不同部门之间需要打破传统的职能壁垒和利益分割，共同关注客户需求和业务流程的优化。

为了实现这一目标，企业需要基于数字化建立一套完整的跨部门协作机制。这包括定期的跨部门沟通会议、共同制订和执行跨部门的工作计划，以及共享的资源和信息等。同时，企业还需要培养团队协作的文化氛围，鼓励员工共同为企业的发展贡献力量。

5. 难点5：如何有效调动全员积极性，解决管理措施执行难、监督难的问题

企业在推行人力资源管理政策制度时，往往面临执行难和监督难的问题。为了解决这些问题，企业可以从以下3个方面入手。

第一，企业可以建立一套完善的激励机制和奖惩制度来激发员工的积极性和创造力。具体包括提供具有竞争力的薪资待遇、给予优秀员工晋升的机会和奖励，以及对表现不佳的员工进行适当的惩罚等。

第二，企业可以不断加强对员工的培训和教育，以提高他们的专业技能和综合素质。通过定期的培训课程、在线学习平台等满足员工的学习需求和发展愿望，提高他们的工作能力和对企业的满意度。

第三，企业可以建立一套基于数字化的、完善的监督机制，确保管理措施的有效执行。具体包括对员工定期进行绩效评估、员工反馈调查，以及通过内部审计等方式来发现和纠正执行过程中的问题。

8.2　智能人力运营的本质

提升组织的运营效率是智能人力运营的目标。

随着科技的进步和市场竞争的加剧，数字化已成为企业人力运营管理中不可或缺的一部分。全球领先的企业大部分将人力资源升级为共享服务模式，打破科层制，建构在数字化之上的人力资源升级与共享服务、体系化的敏捷组织管理、精准的人力成本预测、信息充分共享的协作平台、高效合规的全球人力资源管理，以及数字化、端到端的人才"选""育""用""留""评""汰"，进而全面提升人力运营的智能化水平。

1. 建构在数字化之上的人力资源升级与共享服务

企业组织规模的扩大，需要人力资源升级以支撑人力资源策略制定、业务支持和共享服务3种不同的角色，以保证在组织规模扩大和经营范围扩展的情况下，企业的战略目标和规则能够精准、高效地传递到每个执行单元，能够支撑企业文化不被"稀释"，以及规则执行规范有序。因此，建构在数字化之上的人力资源升级与共享服务是提升人力资源管理运营智能化水平的关键。

共享服务中心的建设是提升人力资源管理智能化水平的重要途径。建立共享服务中心，对人力资源部门重复性、事务性工作进行集中处理，从而让人力资源从业者有更多的时间和精力投入战略性人力资源管理中。同时，共享服务中心还可以为企业提供统一、标准的人力资源服务，确保服务的专业性和高效性。

2. 建构高效敏捷的组织管理体系

以职能为主划分部门的传统方式正在逐步被以人和任务或者目标为主组成的团队或网状组织所取代。这种方式能够更好地发挥团队成员的专长和优势，形成高效的工作团队，提高组织的执行力和创新能力。同时，网状组织的形成也打破了组织内外的边界，使组织能够更好地与外部环境进行互动和合作。

共生组织的出现更是体现了组织之间合作的重要性。这种组织形态基于顾客价值创造，以共同的目标，将不同领域、不同网络的组织连接在一起，形成强大的合作力量。

敏捷组织或柔性组织的出现，则是为了适应环境带来的不确定性。这种组织能够灵活应对外部环境的变化，甚至能够借助不确定性开拓自己的新空间。敏捷组织强调的是快速响应、持续改进和团队协作，使组织能够在不断变化的市场环境中保持竞争力。

通过建构高效敏捷的组织管理体系，企业可以更好地应对市场变化、提升竞争力，实现可持续发展。传统的组织结构往往层级繁多、沟通不畅，难以适应快速变化的市场环境。借助于大数据、人工智能等技术，企业可以实现组织结构的扁平化和网络化，打破部门壁垒，促进信息流通和资源共享。这种新型的组织结构使企业能够更加迅速地响应市场变化，灵活地调整业务策略，从而提升企业整体的竞争力。

3. 建构精准的人力成本预测模型

通过收集和分析各业务部门的人力资源需求和预算执行情况等数据，企业可以实时了解各部门的运营状况和需求变化。借此，企业能够根据市场变化和业务需求进行及时调整，确保资源的合理配置与利用。同时，数据分析还能帮助企业发现潜在的风险和问题，提前制定应对措施，减少人力成本和降低预算超支的风险。

例如，海底捞针对行业服务及时性的高要求与社会用工的复杂性，推动了其人力资源业务向多样化和数字化转型。其中，自动排班、顶班返聘等业务的实时处理需求日益凸显。通过引入数字化工具，海底捞实现了每晚8点后的高效排岗，员工可当天查看排岗结果，确保信息的及时性及透明性。此外，系统基于预设规则进行自动排岗，有效避免了因人为因素导致的排岗不公，例如，将关系好的员工安排到高翻台率区域以增加其收入。同时，门店之间的学习与交流也促进了排岗经验的共享，进一步提升了排岗效率，降低了人力成本。在员工离职处理方面，海底捞同样实现了数字化流程的优化。如果员工当天提出离职申请，经理确认薪资后，员工就会收到详细的通知及薪资计算依据，即可迅速办理离职手续，确保离职过程公开透明。

4. 建构信息充分共享的协作平台

信息充分共享的协作平台是数字化人力资源管理的基石。企业信息化建设的历程和不同阶段导致信息系统建设、应用水平存在差异，这种差异直接导致了"信息孤岛"问题的出现。"信息孤岛"不仅阻碍了企业内部信息的流通和共享，也影响了人力资源管理的效率和准确性。

人力资源信息作为企业的核心资源，涵盖了员工的基本信息、教育背景、工作经历、绩效考核、薪酬福利，以及企业的组织架构等关键内容。这些信息不仅是企业管理层决策的重要依据，也是各部门开展日常工作的基础。在财务、采购、营销、研发、生产、制造等不同的管理职能中，人力资源信息都发挥着不可或缺的作用。因此，实现人力资源信息的充分共享，对于提升企业管理水平和运营效率具有重要意义。

在人力资源管理体系内部，人事信息的流动和日常工作的协同同样需要精准的信息服务支持。从员工入职、培训、晋升到离职的整个过程，都需要各部门之间的紧密协作和信息共享。例如，招聘部门需要及时将新员工的信息传递给培训部门，以便安排新员工的入职培训计划，而财务部门则需要根据员工的薪酬信息进行工资核算和发放。

利用大数据、人工智能等技术，构建信息充分共享的协作平台，可以实现人力资源信息的集中存储、统一管理和实时更新。通过该平台，各部门可以方便地获取所需的人力资源信息，减少重复劳动，解决信息不对称的问题。

例如，孩子王是母婴行业新零售全渠道经营标杆，是集"母婴+商品+服务+体验+文化+社交+线上到线下（Online To Offline，O2O）"为一体的超级"独角兽"企业，在多元的业务范畴和商业文化基底中，孩子王始终认为，但凡能够为企业带来价值的个体就可以成为企业的员工，因此，该企业打破员工边界，实现超过51%的"泛员工化"员工。孩子王利用大数据、人工智能等技术，打破了员工壁垒与组织边界，将行业与行业之间、组织与组织之间、用户与用户之间无边界重组、泛化，使组织更开放、更高效、更具价值创造力，使组织在人力成本降低、组织绩效提升、价值创造持续增加等多方面取得实质突破。

5. 建构高效合规的全球人力资源管理体系

随着"中企出海"战略的深入实施，企业不仅追求产品、服务和资本的国际化，而且致力于实现能力、人才和管理的全球化升级。在这一背景下，借助数字化技术的支撑，建构高效合规的全球人力资源管理体系，成为企业实现全球化运营的重要保障。

通过数字化技术，企业建立全球统一的人力资源管理平台，实现对政策、流程和标准的统一管理，确保在全球范围内的业务活动符合当地法律法规和文化习俗。数字化技术可以实现人力资源数据的实时更新和共享，使企业能够及时了解全球范围内的人力资源现状和需求。同时，通过数据分析和预测，企业可以更加精准地制定人力资源策略，优化人才配置，提高人力资源管理的效果。通过数字化技术，企业可以实现全球员工的在线沟通和协作，促进信息共享和经验交流，增强员工的归属感和忠诚度。

6. 建构全生命周期、端到端的人才"选""育""用""留""评""汰" 机制

数字化技术的崛起和应用，正深刻地改变着企业人力资源管理的现状，为企业实现全生命周期、端到端的人才"选""育""用""留""评""汰"提供了强有力的支持。

在"选"人才的环节，借助大数据和人工智能等技术，企业可以对应聘者进行智能筛选和人岗匹配。通过对海量简历的自动筛选和对人才关键词的分析，企业能够迅速定位到符合职位要求的候选人，大大提高了招聘的准确性和效率。同时，通过对比历史数据和行业趋势，企业还可以制定更加精准的招聘策略，吸引更多优秀人才前来应聘。

在"育"人才的环节，企业可以实时跟踪员工的培训记录、学习进度和成果反馈，为员工提供个性化的学习路径和精准的学习资源。此外，借助大数据和人工智能等技术，企业还可以根据员工的职业发展规划，为其制订有针对性的培训计划，帮助员工不断提升自身能力和素质。

在"用"人才的环节，企业通过对员工绩效、能力、兴趣等多维度数据分析，更加精准地评估员工的价值和潜力，将合适的人安排在合适的岗位上，实现人岗匹配的最优化。同时，企业通过分析数据，还可以发现员工在工作中存在的问题和不足，及时给予指导和支持，进一步提升员工的工作效率和满意度。

在"留"人才的环节，企业通过收集和分析员工满意度、离职倾向等数据，可以及时发现员工的离职风险，并采取相应的措施进行干预和挽留。同时，企业还可以利用数字化手段，为员工创造更加良好的工作环境和福利待遇，提升员工的归属感和忠诚度。

在"评"人才的环节，数字化技术为企业提供了更加科学、客观的评价标准，使企业可以实时收集员工的绩效数据、工作成果等信息，进行客观公正的评估。同时，根据员工的职业发展路径和岗位要求等数据，企业可以为其制订个性化的评价标准和发展计划，帮助员工实现自我能力的提升，规划未来的职业发展。

在"汰"人才的环节，企业通过对员工绩效、能力等多维度数据的分析，可以识别出表现不佳或不符合企业发展要求的员工，并及时对其采取淘汰措施或进行岗位调整。这不仅有助于企业优化人才结构，还能为企业节约人力成本，提升整体竞争力。

因此，企业通过运用数字化和智能化等手段，可以更加精准、高效地管理人力资源，提升企业的核心竞争力和可持续发展能力。

8.3 从科层管理到敏捷组织模式转变

智能时代的组织逻辑重构与进化是必然趋势。从管控组织向敏捷组织的转变，不仅提升了组织的执行力和创新能力，也使组织能够更好地适应外部环境的变化，实现可持续发展。未来，随着技术的不断进步和市场的不断变化，组织的逻辑还将继续演变和进化，人力资源管理者需要保持敏锐的洞察力和创新精神，不断推动组织的进步和发展。

组织和人才边界的突破，需要组织进化以适应新的商业模式。企业用工模式发生变革，传统的全日制员工模式逐渐演变为以灵活用工为代表的社会化用工模式，因此，组织的管控职能弱化，赋能职能被凸显。组织不再是单纯的自上而下地管控，而应该是柔性的、自组织的、自驱动的平台型的管控。其典型代表为海尔的小微组织、华为的铁三角等。

康德曾说："人不是工具，而是目的。"海尔发展历程的主线始终坚守的是"人的价值第一"。在海尔，员工不是"经济人"或者"社会人"假设下的机械"工具"，而是可以通过竞单上岗实现自创业、按单聚散实现自组织、用户付薪实现自驱动的"自主人"。海尔把传统的"选育用留"式人力资源管理颠覆为"动态合伙人"制，给员工提供的不再是一个工作岗位，而是众多创业的机会。员工从被动的执行者，变为主动的创业者，甚至是企业的合伙人，与利益相关方共创用户价值，实现个人价值的最大化。相应地，海尔文化也将"执行力文化"成功变为"创业文化"，人人都可以自创业、自组织、自驱动，成为自我演进的创客。海尔集团打破了传统的金字塔式组织结构，采用一种全新的"倒三角"形组织结构。在这种组织结构下，员工处于最上层的位置，直接与用户接触，并且以用户为中心，不断去发现和创造用户价值，而原来的管理层则处于"倒三角"的下端，他们听从于员工，为员工提供各类资源与服务。"倒三角"组织结构通过三级经营体来实现：一级经营体直接服务消费者，与最终用户零距离，具体包括市场经营体、模块经营体和制造经营体；二级经营体为一级经营体提供资源；三级经营体承担战略规划，为公司创造新的机遇和发展机会。

传统的"正三角"组织模式，大家都想往上走，越往上意味着具有更多的权利、资源、利益，但"正三角"组织模式决定了只有极少数人能持续向上发展，而"倒三角"则相反，这种组织模式对前端小微组织充分授权，他们可以自行决策做什么事情，并自行部署资源，分享收益，由此构建以客户为中心，强调创新的敏捷组织模式。

2013年，海尔将"人单合一"管理模式升级为共创共赢生态圈模式。海尔的开放创新颠覆了传统的封闭边界人才观，体现了人才和创新资源的开放跨界融合性。在企业内进行创新活动的人才不一定是企业内部编制的员工，全世界的人才都可为海尔使用。

海尔的敏捷组织发展实践，代表了数字化驱动的运营模式转变。

在敏捷组织发展的大背景下，人力资源管理模式也正经历着从经典的"三支柱"模式向更加敏捷的模式转变的过程。

经典的"三支柱"模式，即人力资源业务伙伴（HRBP）、专家中心（COE）和共享服务中心（SSC），虽然在一定时期内为企业提供了稳定的人力资源支持，但在面对快速变化的市场环境和客户需求时，其局限性逐渐显现。人力资源运营模式的数字化转变如图8-1所示。

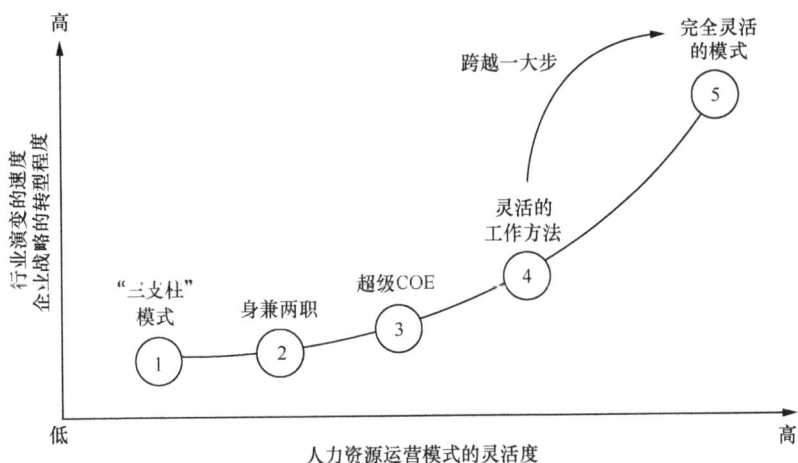

图8-1　人力资源运营模式的数字化转变

伴随着敏捷组织发展的推进，人力资源管理模式需要更加灵活、快速响应。在这一转变中，人力资源管理部门不再是单纯的服务提供者，而是成为企业变革的推动者。人力资源管理部门更加紧密地与业务部门合作，深入了解业务需求，进而为业务部门提供定制化的解决方案。

敏捷的人力资源管理模式强调跨部门的协同和合作，打破传统部门壁垒，形成更加紧密的团队合作关系。人力资源管理部门与业务部门、技术部门等共同工作、共同解决问题，实现组织的共同目标。

同时，敏捷的人力资源管理模式也注重数据驱动和智能化。通过收集和分析数据，人力资源管理者能够更好地了解员工需求、掌握业务动态和发现市场趋势，为企业制定更加精准的人力资源策略提供有力支持。

8.4　人力资源升级与共享服务中心建设

1. 人力资源升级与共享服务中心建设的必要性

随着市场环境的快速变化和企业的不断发展，以及市场竞争的加剧和企业对人才管理的重视，传统的人力资源管理模式正在经历深刻的变革。传统人力资源的功能化组织、管控驱动，以及与企业业务需求联系不紧密的"成本中心"管控模式，必须向"快反应、高融合"、适应市场机制运行的"利润中心"共享模式转变。人力资源共享服务模式转型的本质如图8-2所示。

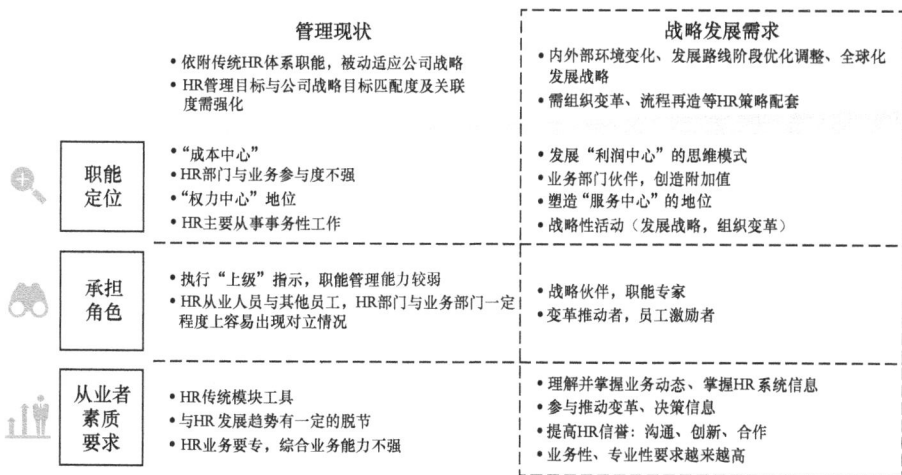

管理现状	战略发展需求
• 依附传统HR体系职能，被动适应公司战略 • HR管理目标与公司战略目标匹配度及关联度需强化	• 内外部环境变化、发展路线阶段优化调整、全球化发展战略 • 需组织变革、流程再造等HR策略配套
职能定位 • "成本中心" • HR部门与业务参与度不强 • "权力中心"地位 • HR主要从事事务性工作	• 发展"利润中心"的思维模式 • 业务部门伙伴，创造附加值 • 塑造"服务中心"的地位 • 战略性活动（发展战略，组织变革）
承担角色 • 执行"上级"指示，职能管理能力较弱 • HR从业人员与其他员工，HR部门与业务部门一定程度上容易出现对立情况	• 战略伙伴，职能专家 • 变革推动者，员工激励者
从业者素质要求 • HR传统模块工具 • 与HR发展趋势有一定的脱节 • HR业务要专，综合业务能力不强	• 理解并掌握业务动态、掌握HR系统信息 • 参与推动变革、决策信息 • 提高HR信誉：沟通、创新、合作 • 业务性、专业性要求越来越高

图 8-2　人力资源共享服务模式转型的本质

从职能定位的角度来看，传统的人力资源部门主要关注员工的招聘、培训、绩效管理等基础性和职能性工作。这些工作虽然重要，但往往与企业的整体战略和业务需求脱节。在现代企业中，人力资源部门被赋予了更高的战略地位，不仅要完成基础性工作，还要参与企业的战略规划、业务决策等核心工作。例如，某互联网公司的人力资源部门在产品开发阶段就积极参与，与产品团队共同制订人才招聘和培养计划，确保团队具备足够的技术能力和创新思维。这种职能定位的转变使人力资源部门能够更好地支持企业的业务发展。

从承担角色来看，传统的人力资源部门主要扮演管控者的角色，采取制定规章制度、管理流程等方式约束员工的行为。然而，在现代企业中，人力资源部门需要更多地扮演服务者和合作者的角色。他们需要深入了解员工的需求和期望，为员工提供个性化的职业发展建议和支持；同时，他们还需要与其他部门密切合作，共同推动企业的业务发展。例如，某零售企业的人力资源部门与销售部门合作，共同制订员工激励计划，通过提高员工的销售收入和奖励，有效激发员工的积极性，进而提升销售业绩。

对从业者素质的要求也发生了变化。传统的人力资源从业者主要注重专业知识和技能的掌握，而现代人力资源从业者则需要具备更强的战略思维、创新能力、沟通协调能力等综合素质。他们需要洞察市场趋势，预测未来人才需求，制定符合企业战略的人力资源规划；同时，他们还需要具备跨部门协作的能力，与其他部门共同推动企业的变革和发展。

从管理现状和战略发展要求的对比视角来看，传统的人力资源管理模式已经无法满足现代企业实际的业务需求。企业需要的是一个能够快速响应市场变化、高效融合内外部资源、持续创造价值的"利润中心"。因此，人力资源部门需要不断进行自我革新和升级，通过引入先进的管理理念和技术手段，提升企业的管理效率和服务质量；同时，他们还需要积极参与企业的战略规划和决策过程，为企业的发展贡献智慧和力量。

因此，传统人力资源的功能化组织、管控驱动，以及与企业业务需求联系不紧密的"成本中心"管控模式，正在向"快反应、高融合"，适应市场机制运行的"利润中心"共享模式转变。这一转变不仅是市场环境变化和企业发展的必然要求，也是人力资源管理自身发展的必然趋势。通过职能定位、承担角色、从业者素质要求等方面的转变，人力资源部门将能够更好地支持企业的业务发展，为企业创造更大的价值。

2. 数字化和智能化技术在人力资源管理运营中的深入应用

在当今数字化浪潮的推动下，RPA、VPA、电子签章（Certificate Authority，CA）、认知自动化（Robotic Cognitive Automation，RCA）、商业分析（Business Intelligence，BI）以及AIGC等数智技术正逐渐融入人力资源运营的各个环节，为企业带来前所未有的变革。这些技术的广泛应用，不仅极大地提升了人力资源共享服务的效率，还确保了服务的精准性、科学性和规范性，为企业的发展注入了强大的动力。

CA技术的应用，简化了传统的纸质文档处理流程，实现了合同的快速、安全签署，可以将其前置到员工入职环节，既能提高工作效率和精准度，又能提升员工体验。RCA技术通过机器学习和自然语言处理等技术，实现了对人力资源数据的智能分析和预测，为企业决策提供了有力的数据支持。

BI技术可以帮助企业精准把握人力资源市场的动态，预测未来的人才需求趋势，从而制定出更科学的人力资源规划。而AIGC技术能够自动生成各种人力资源报告和方案，为管理者提供更丰富和全面的决策依据。

这些数智技术的融合应用，不仅提升了人力资源运营的专业性和有效性，而且使企业能够更好地适应市场变化，实现可持续发展。展望未来，随着技术的不断进步和应用场景的持续拓展，数智技术在人力资源领域的应用将更加广泛和深入，为企业创造更大的价值。

3. 数字化人力资源共享服务中心建设策略

数字化人力资源共享服务中心建设策略应该从现状诊断、顶层规划、详细设计、系统建设、推广运营5个方面展开。

① 现状诊断

企业首先要明确的是人力资源升级的方向，因此，要借助于内部平台，详细了解企业人力资源管控的现状、业务流程的瓶颈、技术平台的局限性，以及组织结构和业务量规模等具体情况。同时，进行外部调研，对比同行业优秀企业的做法和经验，从而更准确地把握企业人力资源发展的现状和需求。

在此基础上，企业应从人力资源管控、业务流程、技术平台、组织结构和业务量规模、人力资源发展规划、员工服务要求6个维度进行详细分析和诊断。在明确企业人力资源升级方向的同时，为后续的工作提供强有力的支撑，进一步规避人力成本风险、经济效益回收风险、架构权责变化风险，以及合规风险等。

② 顶层规划

企业在进行顶层规划时，需要从人力资源共享服务中心的定位出发，明确其在企业战略发展中的重要地位。在此基础上，对"三支柱"职责进行切分，确保组织架构中的不同角色能够各司其职，形成合力，并对人力资源共享服务中心的组织设计进行深入研究，明确其组织架构、岗位规划，以及各岗位职责。通过优化人力资源三类角色之间的职责界面，形成清晰的人力资源共享服务中心的组织定位、服务模式，以及组织演进方案。

此外，企业还要对人力资源共享服务中心的编制规划进行详细分析，确保人员配置能够与企业发展需求相匹配。

③ 详细设计

在详细设计阶段，企业主要聚焦于共享服务中心业务流程的优化。通过对现有流程的梳理和分析，发现和识别流程中的瓶颈、不足，并提出具有针对性的优化措施。这些措施旨在提升共享服务中心的有效性和感知度，从而为企业创造更大的价值。另外，企业还需要建立三类角色的职业发展通道与人员任职标准，以便激发员工的职业发展动力，提升员工的综合素质和能力水平。

此外，企业还需要明确支持人力资源共享服务中心运营的各类管理标准、保障措施等，确保共享服务中心建设的顺利进行和持续发展。

④ 系统建设

在系统建设阶段，企业需要结合数字化技术，形成分层分级的人力资源共享服务中心平台总体蓝图规划和建设路径。系统建设需要充分考虑数智技术应用与共享服务中心转型目标的匹配，旨在构建一个高效、智能、可持续的人力资源共享服务中心。

在系统建设路径方面，企业需要制订详细的实施计划，包括技术选型、系统开发、测试验收等环节。同时，加强与业务部门的沟通和协作，确保系统建设与业务需求的高度契合。

⑤ 推广运营

为了确保人力资源共享服务中心的数字化升级能够取得实效，企业需要制订共享服务中心的落地执行计划，并做好风险预判和应对措施。在推广运营过程中，企业尤其需要注重数据的收集和分析，通过数据挖掘和运营来持续优化服务质量、提升用户体验。

此外，企业还需要加强与业务部门的合作，共同推动人力资源共享服务中心的普及和应用。通过持续的运营和优化，实现人力资源共享服务中心不断焕发新的活力，为企业的发展注入源源不断的动力。

4. 数字化人力资源共享服务中心实践

数字化人力资源共享服务中心建设是支撑人力资源管理从职能化模式向"三支柱"模式转型的重要支柱。职能化模式向"三支柱"模式转型如图8-3所示。

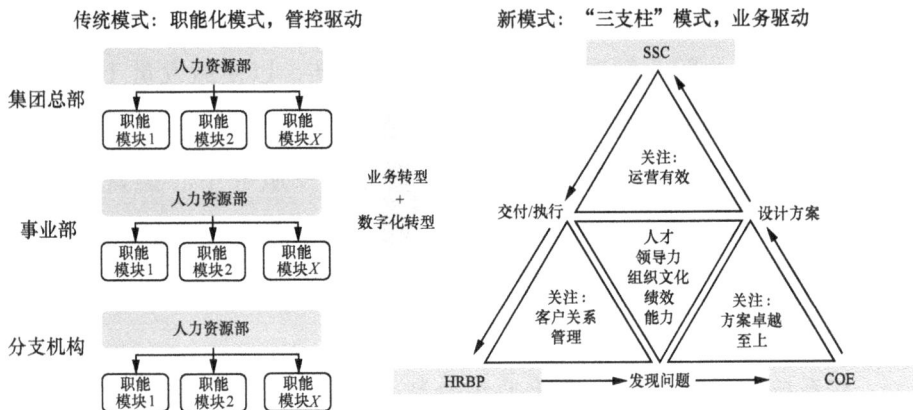

图 8-3　职能化模式向"三支柱"模式转型

国内头部啤酒企业华润雪花在人力资源共享服务中心运营中，以"员工"为中心构建了客户高感知的共享服务中心运营模式，为员工提供全渠道、高体验的全生命周期服务；同时，把人力资源共享服务中心为员工提供的每类服务都作为一个独立的产品进行设计。借助数字化人力资源共享服务中心提供的场景化服务产品定制工具，快速定义产品服务目录、业务表单字段及规则、任务分配规则及服务反馈指标等，通过业务流程配置工具接入人力资源共享服务中心，产品定义完成后可以通过授权发布快速上线应用，并通过产品的评价反馈收集运营中的员工满意度评价和建议，对产品进行持续的迭代和优化。

例如，在提升用户体验和运营效率方面，华润雪花人力资源共享服务中心结合电子签设计了"员工入职"的场景化产品，替代传统的线下人工入职模式。该产品自上线以来，已经为2000多名员工提供了"一站式"入职服务，使公司的总入职服务效率提升50%，其流畅、稳定的产品体验收获了高达98%的用户满意度。

再如，中国海油通过下属单位中海油服人力资源共享服务中心试点建设，重点打造集团管控能力、"三支柱"支撑能力、数据分析能力、海外管理能力和组织赋能能力，从而支撑企业全球化人力资源运营。借助数字化人力资源共享服务中心打造全方位数据分析能力，为各层级人员提供数据赋能服务，例如，人力资源共享服务中心根据运营分析模型，从业务、流程、角色、员工、时间、质量6个维度，监控全部HR活动，为流程优化团队提供数据报表和运营分析报告、管理建议报告，发挥"放大镜""反光镜"职能，持续优化流程、实现卓越运营；通过打造数字大厅，自动生成各单位效能月报，提升下属单位经营决策能力等。

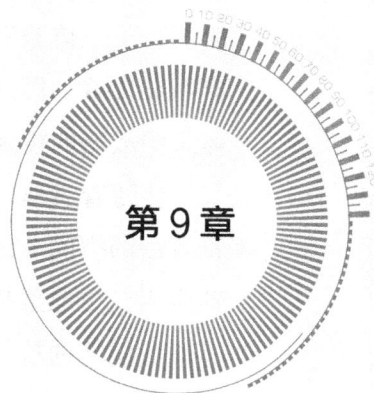

第 9 章

人力资源数字化之卓越员工体验

员工是企业价值的缔造者，也是企业产品与服务的传递者，员工的工作状态直接影响着企业的产品和服务，决定着企业在前端市场的表现，也决定着企业是否能在商业世界中取得成功。众多案例和数据表明，员工体验对员工保留率、敬业度、生产力，以及客户满意度等有明显影响。因此，员工体验不仅是人力资源的问题，而且是影响整体组织战略的重要因素。

伴随着飞速发展的消费互联网成长起来的数字原生代，他们更注重自由的空间、舒心的工作场所、自身健康，更习惯于随处可见的移动应用，更愿意接受和尝试自由雇佣或社会化用工模式，更加关注自身职业技能的持续提升，同时更愿意与智能设备或智能应用打交道，人力资源管理者需要认真理解并关注数字原生代的真实需求。由此可知，以员工体验为核心的员工服务也日益成为企业关注的重点。

员工体验作为数字化的重要因素之一，近年来，已成为企业发展中关注的热门领域。融合数字化和智能化技术的"智能服务"是企业提升员工体验的重要方式，也成为越来越多企业数字化转型的目标之一。

9.1 员工体验的内涵与重要性

员工体验是员工在企业职业生涯中的每个事件、每个阶段感受的总和。它从员工招聘开始，一直持续到员工离职。员工体验的投资在短时间内难以奏效，难以直接体现在财务指标上，导致很多企业尽管知道员工体验的重要性，但还是持观望的态度。

《员工体验优势》（*The Employee Experience Advantage*）的作者雅各布·摩根说过："在金钱不再是员工主要激励因素的世界里，关注员工体验是组织可以创造的最有前途的竞争优势。"

埃森哲公司对员工体验投入程度不同的企业跟踪研究显示，如果企业在员工体验与客户体验两个方面都有投入，则企业的利润率将提高21%；如果仅在客户体验方面有投入，则企业的利润率将仅提高11%。雅各布·摩根认为，投资于员工体验的公司的利润是未投资于员工体验的公司的4倍。从实证研究的作用机制来看，员工体验有利于提升员工敬业度，而员工敬业度又和企业经济效益呈正相关关系。因此，员工体验与经济效益息息相关。

不同于消费互联网的客户服务与体验，人力资源数字化的员工服务不是单纯的员工体验，而是真正的以人为本的面向人才工作环境、工作流程、工作价值的全方位服务。数字化的员工服务以员工体验为载体，注重人力资源管理业务和服务的产品化与智能化，包括提供更多有意义的工作，打造强有力的管理，营造积极向上的工作环境与氛围，提供具有竞争力的健康与福利保障，创造不断成长的机会、透明化的目标指标体系与组织信任机制，提供不断迭代更新的贴心服务与技术应用，最终实现以成效为驱动的工作价值提升。

数字化的员工服务不仅是人力资源管理者与员工交互方式的变化，而且是人力资源管理者利用数字化转变自身思维观念的过程，即通过服务的产品化，提升员工参与感、获得感，从而提升员工敬业度与满意度，为企业创造价值奠定坚实的基础。

员工服务不是狭义的员工体验，而是在利用智能技术提升员工体验的基础上，对人力资源运营水平的升级和改造。员工服务不仅包括智能辅助技术，还包括数据分析技术，以及人机协作技术、数据驱动的人才规划、敏捷型主动干预的人才适配、互动式游戏化及沉浸式体验的员工培养，提供的是以人才为中心的全方位、智能化的服务，即人力资源服务的"产品化"。

9.2　影响员工体验的关键因素

员工体验不是一个抽象的概念，而是维护组织健康发展、塑造企业文化、保留人才和提升绩效的关键因素。

全球知名人力资源技术专家Josh Bersin将员工体验的构成分为有意义的工作、管理者的影响、积极的工作场所、健康和福利、成长与机会、对组织的信任6个方面。虚拟教练和心理健康平台Better Up（中文意为"更好地提升"）则认为包容性领导、关注员工福利和混合工作环境是构成良好员工体验的3个关键组成部分。雅各布·摩根认为构成员工体验的是企业文化、物理环境和技术环境。本书仅从企业文化、物理环境和技术环境这3个方面进行详细描述。

1. 企业文化

企业文化是对员工体验影响较大的因素，它是员工在组织内部的感受，受组织结构、领导风格、薪酬和福利等的影响。

员工关爱是员工在企业内的精神支持，包含员工关怀、及时响应员工诉求、身心健康等。释放员工的精神力量，能让企业发展得比想象中更快更好。企业不应该只是让员工去做管理者想让他们做的事，企业应该通过赋能员工来成就组织的成功。数字员工的出现，让员工有了随时随地可以对话的伙伴。通过智能问答，数字员工可以为员工答疑解惑；通过沟通可以了解员工的诉求，对员工进行个性化内容推荐；通过人工智能陪练可以为员工提供个性化的训练和辅导，帮助员工提升获得感；提供个性化员工援助计划（Employee Assistance Program，EAP），对员工焦虑等情绪进行心理疏导。数字员工可以为每位员工提供个性化的关爱，做员工可以信赖的朋友。

2. 物理环境

任何可以看到、听到、触摸和尝到的东西，例如，桌子、椅子、远程办公设备、艺术品和食物，都构成了员工可以感知到的物理环境。

工作场所是员工在企业内的物质感受，包含工位、宿舍、食堂、班车、卫生间、办公室、计算机等。例如，微软公司通过组织网络分析，让协作最多的团队坐在一起；特斯拉关注员工休息的环境，为了让员工休息时不被打扰，根据班次的一致性来智能分配员工宿舍。这些都是数字化赋能人力资源管理者优化工作场所、提高员工体验的案例。

3. 技术环境

技术环境是指员工完成工作所需工具的整体体验，包括用户界面、移动设备和台式计算机等。

企业文化、物理环境都离不开技术环境，企业对技术环境的设计和营造将有效促进员工体验。尽管员工体验提升是一个需要企业长期投入的过程，但是企业都把技术环境放在优先处理事项。因此，在智能时代，拥抱技术环境是优化员工体验的必然选择。

工作场所是员工的一种物质感受，员工关爱是员工的一种心理感受，职业发展则是员工实现专业能力提升的一种感受。设计动态的职位标准、构建多样化的员工发展通道与员工体验紧密相关。Gartner公司关于员工职业偏好的调查数据显示，只有四分之一的员工对自己在公司的职业生涯充满信心，四分之三的员工随着组织的优化和岗位的消失，会担忧自己的未来。因此，后者会提前采取行动寻找新的岗位。数字化让员工看到未来职业发展路径的可能性，以及每条路径所需具备的能力，让员工基于自己的兴趣自主规划。此外，对照公司战略、经营计划、人力资源现状等，基于组织角色、岗位履职数据，展示公司当前急需的岗位、未来发展所需的岗位，以及其任职要求，数字化的系统可以自动分析员工任职能力与岗位需求之间的差距，自动生成员工发展建议，帮助员工进行职业生涯规划。

9.3　员工体验的管理痛点

员工体验对企业的长远发展至关重要。企业需要从员工关怀、人力资源政策解答、员工发展计划与执行，以及人力资源自助业务效率等多个方面入手，不断优化和提升员工体验，从而构建更加稳定、高效和具有竞争力的团队。

1. 员工关怀

员工关怀是构建企业文化的基础，及时的关怀活动能够增强员工对企业的归属感，提高员工的工作积极性和团队凝聚力。如何确保企业在快速发展的同时，不会忽视对员工的关怀？如何建立有效的沟通机制和反馈循环，让员工感到被重视？

例如，某科技公司由于快速发展，新员工大量涌入，但管理层未能及时调整员工关怀策略，所以导致很多新员工感到被忽视，对企业缺乏归属感。不久后，公司发现新员工离职率明显上升，导致团队士气低迷。

2. 人力资源政策解答

清晰、透明的人力资源政策能增强员工的信任感，减少员工之间，以及员工与企业之间的误解和摩擦，为企业的稳定发展提供有力支持。如何确保人力资源政策的透明度和可理解性？如何建立有效的政策解读和咨询机制，以便员工在需要时能得到明确的回复？

例如，一家制造企业在推行新的福利政策时，未能充分解答员工的疑问，也没有建立明确的咨询渠道，导致很多员工对新政策产生误解，甚至产生了不必要的恐慌和对企业的不满。

3. 员工发展计划与执行

员工发展计划是激发员工潜能，实现企业与员工共同成长的关键。有效地执行和跟踪该计划能让员工看到自己的进步和未来。如何建立有效的员工发展计划与执行跟踪机制？如何确保这些计划与企业的整体战略目标一致？

例如，一家大型零售企业为员工制定了详细的职业发展计划，但由于缺乏有效的执行跟踪机制，很多员工发展计划最终变为一纸空文，员工因此感到迷茫和失望，对企业的信任度大幅下降。

4. 人力资源自助业务效率

高效的人力资源自助业务办理能提升员工的工作效率，同时也能增强员工对企业的满意度和信任感。如何优化人力资源自助业务流程，提高人力资源相关事宜的处理效率？如何利用现代技术工具（例如，自助一体机、移动应用等）来简化流程、减轻员工的负担？

一家金融服务企业在处理员工的人力资源自助业务时，由于流程烦琐、信息化程度低，所以导致员工在办理入职、开证明等简单业务时需要反复"跑腿"。这不仅降低了人力资源相关工作者的工作效率，也严重影响了员工对企业的满意度。

9.4　卓越员工体验的目标

通过卓越员工体验提升员工的获得感和创造力，是卓越员工体验的目标。

1. 员工体验不是用户体验，而是系统工程

员工体验并不是一味地讨好员工，企业不能为了员工体验而去投资员工体验，更不能完全依赖数字化技术提升员工体验。

① 员工体验是一项系统工程，要关注员工在工作中的全部体验，而不能仅仅盯着员工的产出。

员工体验的关注焦点应从工作产出、人员保留、企业文化，转移到员工个体生产力和美好工作办公环境、团队目标与共识、员工成长目标与价值实现的一体化设计。这些一体化设计应被纳入人力资源数字化升级规划中，不能只为了员工体验进行简单的设计和规划，更不能以偏概全。

② 有领先的技术环境不代表有良好的员工体验，只有将技术环境融入员工体验，才能打造优秀的员工体验。

入职方面的良好员工体验包括积极的工作环境，例如，公平、包容、灵活、人性化、多样化，以及数字化支撑的极速入职等。

发展方面的良好员工体验包括成长的机会，例如，培训与支持、人才流动计划、自我主导的动态学习、学习文化氛围，以及丰富多彩的数字化工具、学习平台等。

晋升方面的良好员工体验包括有意义的工作，例如，具有自主性、规模小而被授权的团队，以及可以适配选择职位，工作任务可量化，清晰、实时跟踪并可浏览的数字化个人发展平台。

绩效方面的良好员工体验包括支持的管理者，例如，清晰、明确的目标，持续的辅导、反馈等，以及对管理人员发展的投资、敏捷的绩效管理、个人发展计划建议的数字化呈现。

本质上，诸如极速入职、自助服务、员工办事大厅、自助一体机、OCR、VPA等技术应用，需要与企业的人文关怀紧密结合，才能体现卓越员工体验的真正效果，真正进入员工的内心深处。

2. 员工体验的组织生产力模式：营造员工获得感，释放组织生产力

在企业实践中，员工胜任力不仅是技能与知识的体现，而且是推动组织持续发展的核心动力。通过构建"目标导向、领导力驱动、文化引领"的人力资源管理氛围，营造员工获得感，激发员工自驱力，点燃员工创造力，激活团队战斗力，从而释放组织生产力，帮助企业创造卓越的绩效。员工体验的组织生产力模式如图9-1所示。

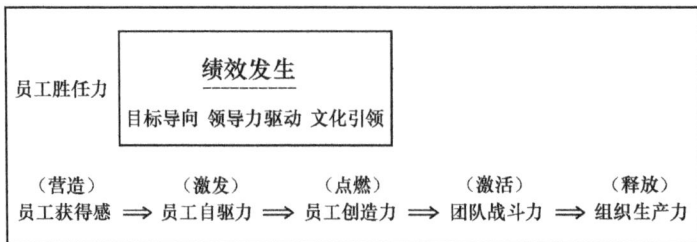

图9-1　员工体验的组织生产力模式

目标导向是确保员工工作方向与组织战略一致的关键。通过设定明确、可衡量的个人和团队目标，企业能够将员工的努力方向引导至对组织最重要的领域。这种目标导向不仅使员工的工作更具象和更高效，还能在员工实现目标时带来巨大的成就感。

领导力驱动在提升员工胜任力方面发挥着至关重要的作用。优秀的领导者不仅能够激励员工追求更高的目标，还能通过提供指导、反馈和支持来帮助他们成长。领导者的行为示范和期望设定对员工的行为、态度有着深远的影响，因此，提升领导者的能力和素质是提升员工胜任力的重要途径。

文化引领是塑造员工行为和价值观的关键因素。一个积极、开放和创新的组织文化能够鼓励员工勇于尝试、不断学习和持续进步。通过强化组织的核心价值观和行为准则，企业可以培养员工的归属感、责任感和使命感，从而激发员工的自驱力。

营造员工获得感。当员工在目标导向的指引下创造出卓越的绩效时，他们会体验到强烈的成就感。这种成就感进而转化为员工在企业工作中的获得感，使他们感受到自己的努力和付出得到了应有的回报。这种正向的反馈循环能够激发员工的自驱力，使他们更加积极主动地投入工作。

激发员工自驱力，点燃员工创造力。这种员工自驱力的激发和形成是员工创造力的源泉。当员工对工作充满热情和处于动力十足的状态时，他们更容易产生新的想法和设计出新的方案。企业可以通过提供创新平台、鼓励跨部门合作和奖励创新成果等方式进一步激发员工的创造力。

激活团队战斗力。这是组织生产力提升的重要一环。当每个员工个体的创造力得到激发和汇聚时，整个团队的战斗力将得到明显提升。这种战斗力不仅体现在完成任务的效率和质量上，还体现在对挑战的快速响应和协同解决问题的能力上。

释放组织生产力。通过"目标导向、领导力驱动、文化引领"的人力资源管理氛围的构建和员工胜任力的提升，企业可以系统地释放组织生产力。这种生产力的释放不仅体现在业务增长和市场份额的扩大上，还体现在客户满意度、员工忠诚度和品牌价值的提升上。这些都是推动企业持续发展和保持竞争优势的关键因素。

9.5 数字化员工体验的场景

员工体验是体系化的设计，企业要从理念上重视员工体验，将员工体验融入人力资源数字化升级中，通过员工体验，建立人才竞争优势，进一步提升企业效益。

企业要充分利用大数据、人工智能等技术，聚焦员工体验的关键环节，做好员工体验设计。

员工体验设计的路径包括观察、研究、分析、满意度调查、对标分析几个部分，需要充分融合员工业务和行为数据，进行更系统、更具针对性的改善与提升。

员工体验包含员工在职业生涯中每个阶段的所学、所做、所见和所感。因此，将大数据、人工智能等技术应用在员工体验上，应贯穿员工在企业职业生涯的每个阶段，同时应涉及企业中的员工、管理者等多个角色。

1. 招聘阶段

招聘是一个过程，包括不同的阶段，例如，吸引、筛选、面试、录用和入职。候选人在任何阶段与公司进行的每次互动都会影响候选人的感受，进而影响他最终是否愿意接受offer（录用通知）。这意味着企业必须关注招聘过程中的方方面面，为员工经历的每个阶段提供卓越的体验。

2. 入职阶段

数智技术重塑入职方式。候选人可以通过线上扫码与机器人互动，问询入职待办事项，进行入职预约，借助OCR可以快速填写入职信息，线上提交入职登记信息。这些数智技术减少了员工入职等待时间。员工在入职过程中，使用AR进行入职指引、劳动合同的线上签署、自助终端工卡制作等，提高了员工的入职效率。员工入职完成即可自动生成数字化的工作场所，该平台为员工提供试用期辅导答疑、在线学习和AI陪练、同事之间工作任务在线协作等服务，帮助员工快速融入企业。

3. 员工发展

数字化的工具还可以帮助员工实时查询职业发展通道，通过职级申报、职级评定来实现个人职级晋升。同时，员工可以通过个人画像了解自身的能力发展方向，确定个人发展规划，在个人能力提升的过程中，领导也可以通过透明化的工具，给予员工及时的关怀和辅导，帮助员工突破自我成长的瓶颈，实现个人的发展。企业搭建数字化学习平台，可以让员工采用更便捷友好的方式进行学习。例如，员工可以在直播中通过交互技术与讲师互动，还可以通过智能陪练、趣味答题、VR陪练等环节，实现对学习效果的自检和评估。同时，无论是需求收集，还是运营实施，效果评估都应该采用数据来驱动，通过数据驱动来识别并改进影响学习效率的关键流程。

4. 激励

员工激励一般包含健康的薪酬体系、股权激励、多元化的福利、领导的认可、员工身心健康、员工关怀等。数字技术将员工的行为表现数据与薪资福利平台进行协同，按绩付酬，充分体现薪酬福利的公平性。在长期激励方面，市场化的股权激励管理系统为企业提供"一站式"股权激励解决方案，可定制企业专属的股权激励管理，支持股权、期权、员工持股计划等多样化的激励方式，手机端可实时在线签署，为员工提供股权信息收益情况等服务，全面实现大型企业从员工授予、认购、行权、兑现、离职等全流程管理。

另外，员工使用健康体检平台、弹性福利平台对接多家外部服务商，可灵活选择个性化福利，这些服务整体提高了员工对企业的满意度。

5. 离职

数字化工具同样也可以帮助企业改善员工离职体验，让离职员工也能感受到企业的温馨服务。例如，离职管理平台可以在员工离职流程中，为员工自动推送休假余额提醒、离职问卷调研等，让员工充分享受到企业的福利，同时收集他们对企业的真实感受。大数据分析工具可以帮助企业从绩效、发展等层面了解员工为什么离开企业，以便企业可以及时采取有针对性的改进措施，降低离职率。

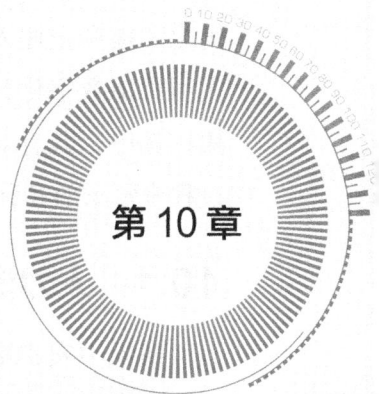

第 10 章

人力资源数字化的常见误区、"雷区"与策略建议

人力资源数字化升级绝非仅仅是上线一套人力资源信息系统，亦非传统的人力资源管理信息化项目所能涵盖的。这一升级过程，实质上是一场深度变革，旨在通过先进的数字技术和智能化手段，全面优化和提升企业人力资源管理的效率和质量。然而，在实际推进企业人力资源数字化升级的过程中，企业时常会面临各种潜在的风险和挑战，其中，既有对人力资源数字化升级认知不到位的误区，也有建设过程中常见的各种"雷区"。

10.1　人力资源数字化升级的常见误区

在人力资源领域，数字化升级已成为众多企业追求的目标。然而，在实现这一目标的过程中，不少企业陷入了误区，导致数字化升级效果不尽如人意。

1. 误区 1：将数字化升级等同于技术驱动的信息系统建设

许多企业错误地认为，人力资源数字化升级仅仅是引入先进的信息技术系统。实际上，真正的人力资源数字化升级远不止于此。它需要企业结合自身的业务战略和人力资源管理目标，对现有的人力资源流程进行重新设计和优化。技术只是实现这一目标的手段之一，而非全部。

例如，国内某大型制造企业在人力资源数字化升级初期，仅仅引入了一套先进的人力资源信息系统，期望通过技术手段解决所有问题。然而，由于该企业忽视了业务战略和人力资源管理目标的结合，所以新系统未能充分发挥作用，员工体验不佳，效率提升有限。

相比之下，谷歌公司在人力资源数字化升级的过程中，不仅注重技术投入，而且重视业务战略与人力资源管理目标的紧密结合。谷歌公司通过大数据和人工智能等技术手段，优化招聘、培训、绩效管理等流程，实现了人力资源的高效管理和员工体验的明显提升。

2. 误区 2：人力资源部门与信息技术部门缺乏紧密合作

在人力资源数字化升级的过程中，人力资源部门和信息技术部门的紧密合作至关重要。然而，一些企业却忽视了这一点。人力资源部门往往只是提出需求，而信息技术部门负责实施。这种做法无法确保人力资源数字化升级的顺利进行。人力资源部门需要深入参与升级的规划和实施过程，与信息技术部门共同推动项目的实施。

例如，某零售头部企业在人力资源数字化升级的过程中，人力资源部门和信息技术部门各自为战，缺乏有效沟通，直接导致信息技术部门对需求理解存在偏差、系统实施困难重重，最终导致项目延期。

再如，亚马逊则通过建立跨部门协作机制，确保人力资源部门和信息技术部门在人力资源数字化升级的过程中紧密合作。两个部门共同制订实施计划、定期沟通进展，确保项目顺利推进并取得预期成果。

3. 误区 3：忽视数字化升级带来的潜在机会

即使企业的人力资源管理工作目前运行顺畅，也不应忽视数字化升级带来的潜在机会。通过数字化升级，企业可以进一步提升工作效率、优化员工体验。如果企业忽视这些机会，则可能导致在竞争中处于落后地位。

例如，某传统制造企业的规模扩大了十几倍，商业模式也在不断发生变革，人员结构同样发生巨大变化，在这种情况下，其人力资源管理仍然沿用传统的人力资源管理模式。传统的模式虽然运行平稳，但效率较低。在数字化升级的趋势下，该企业未能及时把握机会进行改进和创新，导致在竞争中处于落后地位。

再如，苹果公司则敏锐地捕捉到了数字化升级带来的机会，引入先进的人力资源管理系统和数据分析工具，推行了招聘流程的自动化、员工绩效的实时跟踪反馈等，明显提升了人力资源管理效率和员工满意度。

4. 误区4：过分依赖或寄希望数字化升级解决所有问题

虽然规范的管理流程对于数字化升级很重要，但企业不应过分依赖数字化升级来解决所有问题。事实上，规范流程与数字化是相辅相成的。数字化升级本身并不能解决所有管理上的问题，还需要企业进行相应的管理变革和流程优化。只有将数字化升级与管理变革相结合，才能实现最佳效果。

例如，某包装制造企业在人力资源数字化升级之初，遇到了批量人员招聘与离职、精益化算薪、复杂考勤排班等困难与挑战，希望引入一套人力资源数字化系统，推动人力资源"三支柱"转型，并可以自动地解决上述问题。事实上，该企业在系统实施过程中发现，问题的症结不是缺乏自动化工具，而是企业"三支柱"转型的工作界面并没有切分清楚，人才保留方式同样出了问题。既没有明确责任主体，也没有深刻洞察到新生代的职场期待与诉求，一味地在"术"的层面下功夫是无法解决人员大量流失的问题的。

再如，伯恩光学公司选择将"推动人力资源部门提升组织效能"作为数字化升级首要任务，人力资源部门负责人引入"三支柱"模式进行转型，重塑人力资源部门的价值，并在此基础上，完成人力资源部门专业人才结构的重设。

5. 误区5：对人力资源数据的敏感性估计不足、处理不当

人力资源数据具有高度的敏感性，因此，在数字化升级的过程中，需要特别注意数据的保护。然而，一些企业在这方面处理不当，导致数据出现泄露或被滥用等风险。正确的做法是：在确保数据安全的前提下，推动跨部门的合作和数据共享，以实现更全面的数字化升级。数据在人力资源信息化阶段是一种副产品或结果，而在人力资源数字化阶段，则成为数字化升级的基础和生产要素。

例如，某零售企业在系统建设的时候，一味地追求功能实现的程度，忽视了数据的质量，并没有充分调研、分析、研判和设置人力资源数据结构，导致系统上线的时候，数据在准确性、完整性、实用性等方面均出现严重问题。

再如，华侨城集团采用统一的数据标准，包括组织机构标准、职务岗位标准、信息集标准、码表通用标准等内容，用于系统内部业务处理与系统之间功能集成，从而保证数据口径一致、数据信息准确可靠，实现标准规范统一。构建清晰有序的组织和人员地图，实现全组织范围管理，为各业务系统提供基础支撑。人力资源数字化升级项目不仅搭建了组织架构，配置了岗位，提供了保障人员信息，而且这些信息处于集团整体数字化部署的上游位置，为各个下游系统提供组织与人员数据，实现实时、准确的数据更新与共享，推动数据跨业务领域运转，提升企业整体业务运行的效率。

6. 误区 6：缺乏持续创新和改进的意识

即使是行业中的领先企业，在人力资源数字化升级方面也不能停滞不前，持续创新和改进是企业保持竞争力的关键。企业需要不断探索新的技术和方法，以提升人力资源管理水平。同时，企业还要关注行业动态和最佳实践，及时将新的理念和实践经验引入企业的数字化转型过程中。

例如，某知名制药企业早在2011年便踏上了人力资源管理信息化的征途，历经数载的精心构建，成功满足了人力资源部门在管理与信息化方面的多重需求。然而，当大数据、人工智能等技术在企业服务领域日益深入应用时，该企业却未能及时跟上时代的步伐，其信息化应用仍局限在计算机端，未能拓展至移动端，导致员工无法享受到移动便捷的服务。这一滞后不仅限制了企业内部员工工作效率的提升，而且使员工对系统的满意度急剧下降，这对企业的长期稳定发展构成了潜在威胁。

再如，中国电信作为超大型央企中的佼佼者，在人力资源信息化与数字化建设的道路上，始终保持着前瞻性的眼光和不懈的创新精神。从早期的分布部署到后来的集中部署，再到移动应用的深入推广，中国电信不断引领着行业变革。在这一过程中，公司不仅积极引入RPA、VPA等先进技术，还充分利用数十年积累的人力资源数据，进行深入分析和洞察，为企业的决策提供了有力的数据支撑。在持续推出员工服务、人力运营、人才管理等新应用的同时，中国电信更是深度挖掘数据的价值，将数据转化为企业管理层决策时的重要参考。通过对人力资源数据的精细分析，公司能够更准确地把握员工的需求变化，为企业的战略发展提供有力支撑。

7. 误区7：盲目照搬先进企业的实践经验

在人力资源数字化升级的过程中，虽然借鉴其他企业的优秀经验是必不可少的，但是一些企业盲目照搬先进企业的实践经验，忽视了自身的特点和需求。正确的做法是，企业可以结合自身的实际情况，采取定制化的实践策略。只有通过这种方式，企业才能确保人力资源数字化升级真正符合企业的实际需求，并为企业带来实际效益。

例如，某贸易型集团对某跨国公司的研发集成产品开发（Integrated Product Development，IPD）、个人绩效承诺（Personal Business Commitments，PBC）等管理模式深深着迷，怀揣着全面对标该跨国公司的愿景，积极推动人力资源数字化升级。然而，在这一过程中，该集团却忽略了自身与跨国公司之间在业务模式、组织结构、员工队伍和企业文化等方面的明显差异。因此，在系统建设的过程中，出现了不少削足适履的情况，导致人力资源升级目标难以实现，反而在集团内部出现了诸多混乱现象。

再如，中国航天科技集团"人力资源信息化三年提升工程"立足于中国航天科技集团建设世界一流航天企业集团的战略目标，瞄准世界一流企业人力资源信息化建设标准，立足于提升战略支撑的高度、业务运行的速度、人力专业的精度和员工体验的温度，形成战略支撑、业务效率、员工赋能和航天特色4个维度的人力资源数字化升级目标体系。在系统建设的过程中，科学制定了"全国有名""全国一流""世界一流"三步走的建设策略，并稳步推动，确保人力资源数字化升级工作的顺利进行，实现企业的高质量发展。

8. 误区 8：对数字化升级的作用认识不足

人力资源数字化升级是一个重要的战略层级的项目，需要企业给予足够的重视和资源投入。然而，一些企业却将其视为与其他应用系统相似的普通项目来构建。这种做法不能确保人力资源数字化升级的顺利进行，更无法保证达成预期效果。

例如，某快速发展食品企业在进行人力资源数字化升级时，由于高层领导对项目的重视程度不够，所以资源投入有限、项目推进缓慢。最终，该项目未能如期完成，而且该项目建成后的效益大打折扣。

再如，中软国际将人力资源数字化升级视为企业战略发展的重要组成部分，不仅投入大量资源和精力进行项目规划、实施，确保人力资源数字化升级与企业整体战略相契合，而且在系统建设过程中动员全部员工积极参与，既推动了人力资源管理的创新升级，也为企业提升了竞争优势。

人力资源数字化升级虽然具有巨大的潜力和价值，但企业在实施过程中必须警惕上述误区。企业只有正确理解和应对这些误区，才能确保人力资源数字化升级的顺利进行，并取得预期效果。

10.2　人力资源数字化升级常见的"雷区"及规避措施

人力资源数字化升级不是一次性的软件安装或简单的一个技术项

目，即便排除了上述误区的干扰，具体建设过程中，企业仍然可能出现各种"踩雷"的情况。本节简要介绍人力资源数字化升级常见的"雷区"及规避措施。

1. "雷区"1：缺乏对数字化变革思维的深入理解和统一认知

在人力资源数字化升级的道路上，许多企业因缺乏对数字化变革思维的深入理解和统一认知而陷入困境。这种认知的缺乏往往导致企业在战略规划、运营管理、技术应用和人才培养等方面出现严重偏差，从而阻碍了人力资源数字化升级的进程。

其典型特征的具体描述如下。

① 战略规划短视：一些企业在制定战略规划时，未能将人力资源数字化升级纳入其中，或者只是将其视为无足轻重的议题之一。这种短视行为使企业在面对数字化浪潮时捉襟见肘，无法有效应对市场变化和竞争者的各种挑战。

② 技术"迷信"与流于形式：一些企业过分追求技术的新颖性和先进性，忽视了技术背后的业务逻辑和业务变革的思考，盲目引入各种先进技术，却未能将其与业务需求有效结合，导致技术的应用流于形式，无法有效提升业务效率和员工体验。

③ 人才储备不足：人力资源配置对于数字化所需的专业技能和跨界能力培养不够，企业缺乏具备数字化视野和能力的人才储备。这使企业在面对人力资源数字化升级时缺乏足够的人才支持，难以深入推动人力资源数字化升级的持续进行。

④ 内部认知分歧：企业内部各利益相关方对人力资源数字化升级的内涵、价值及实现路径的认知存在明显分歧。这种分歧导致企业在推动人力资源数字化升级时难以形成合力，甚至可能因内部矛盾而阻碍人力资源数字化升级的进程。

为了规避以上"雷区"，企业可采取的具体措施如下。

① 制定数字化升级战略：从企业组织能力出发，深刻理解人力资源数字化升级的战略意义，充分研讨人力资源数字化升级的本质和目的，并制定相应的人力资源数字化升级战略。通过明确战略目标、路径和里程碑，确保企业人力资源数字化升级过程中始终保持清晰的方向和持续的动力。

② 加强最佳实践交流：围绕商业模式创新、组织能力建设等核心议题，加强与同行业先进企业和供应商之间的最佳实践交流。对标优秀企业的成功经验，发现自身存在的不足和差距，从而找到改进的措施和提升的空间。

③ 内部人力资源数字化升级认知的提升：开展内部人力资源数字化升级培训，从观念上做到"更新思维，上下同求"。通过培训和教育，帮助员工建立对人力资源数字化升级的正确认知，提升人力资源数字化升级的素养和技能水平，为企业的人力资源数字化升级提供有力的人才保障。企业可以采取内部宣讲、研讨会等方式，建立企业上下统一的认知，让企业内部各利益相关方能够充分交流、讨论和分享对人力资源数字化升级的看法和理解，逐步消除内部认知分歧，达成共识，形成合力，推动企业人力资源数字化升级的顺利进行。

2. "雷区" 2：缺乏对利益相关方（人力资源部门、供应商、规划主体、建设主体）的责任界定

在人力资源数字化升级的征途中，许多企业因未能明确界定各利益相关方的责任而陷入困境。这种责任的模糊性不仅导致企业在人力资源数字化升级过程中出现一些混乱和冲突，还可能使整个项目偏离预定轨道，甚至失败。

其典型特征的具体描述如下。

① IT部门主导，人力资源部门缺席：在一些企业中，人力资源数字化升级的规划和建设主要由IT部门负责，而人力资源部门则置

身事外。

② 企业高层领导缺乏持续介入：企业高层领导在人力资源数字化升级初期可能表现出浓厚的兴趣，但随着时间的推移，他们的参与度逐渐降低。

③ 过度依赖供应商：有些企业将所有问题都交给供应商来解决，未能充分认识到自身在人力资源数字化升级中的主体责任地位。

④ 责任划分不明晰：在需求主体（人力资源部门）、规划主体（IT部门）、建设主体（IT公司）及供应商之间，责任划分往往不清晰。这将导致涉及变革的工作区域没有人主动承担责任，或者在面临变革路线选择时没有人能做出决策。

⑤ 职责分配理想化：在职责分配上，有些企业过于理想化，要么将所有责任推给人力资源部门，要么全推给IT部门，要么完全依赖领导来推动。

为了规避以上"雷区"，企业可采取的具体措施如下。

① 强化业务部门深度参与：企业应确保人力资源部门在人力资源数字化升级过程中的深度参与及拥有主导话语权，进而确保人力资源数字化升级方案与实际业务需求紧密结合，提高人力资源数字化升级的成功率。

② 践行企业"一把手"工程：企业高层应深刻认识并践行人力资源数字化升级的"一把手"工程原则。企业高层不仅需要在初期展现支持，而且需要以身作则、身体力行地推动人力资源数字化升级的全方面建设，通过持续参与和指导，确保变革准备充分且方向正确。

③ 重视员工体验与需求：在人力资源数字化升级的过程中，企业应重视员工体验相关的需求。通过推动员工积极参与并提供反馈意见，确保人力资源数字化升级方案能够真正满足员工的需求和期望。这也是提高员工对人力资源数字化升级接受度和满意度的关键措

施之一。

④ 明确责任划分与决策机制：针对IT部门、IT公司及供应商之间的责任划分问题，企业应建立明确的责任划分和决策机制。明确各部门和供应商在人力资源数字化升级中的职责和权限范围，确保涉及变革的工作对应明确的责任人，并确保其能做出有效决策。

⑤ 建立跨部门协作机制：人力资源数字化升级涉及多部门协作，为了实现各部门之间的有效协作和沟通，企业应建立跨部门的协作机制。企业可以采取定期召开跨部门会议、建立信息共享平台等方式，促进各部门之间的交流和合作，共同推动人力资源数字化升级的顺利进行。

3."雷区"3：缺乏对升级难度的客观认知及科学可行的目标设计

在人力资源数字化升级的过程上，许多企业因未能准确评估升级的难度及设计科学可行的目标而陷入困境。这种缺乏清晰认知和合理规划的情况，往往导致升级工作事倍功半。

其典型特征的具体描述如下。

① 战略脱节：一些企业在推进人力资源数字化升级时，未能将其与企业整体发展战略紧密结合。升级工作很容易"被矮化"为人力资源部门的职能工作或孤立的技术升级，而非战略驱动的全面变革。

② 指导不足：由于缺乏准确的升级难度认知，所以企业往往无法有效地指导技术选型、跟进系统建设，以及优化业务流程等关键工作。

③ 目标设定不切实际：有些企业在设定人力资源数字化升级目标时过于理想化或脱离实际，未能充分考虑企业当前的资源条件、技术水平和员工能力等因素，导致设定的目标在执行过程中难以实现。

④ 风险管理缺失：在人力资源数字化升级的过程中，风险是不可避免的。然而，一些企业却忽视了风险管理的重要性，没有充分识

别项目实施过程中可能存在的风险。

为了规避以上"雷区"，企业可采取的具体措施如下。

① 全面诊断企业现状：在制定人力资源数字化升级的目标时，企业应全面分析自身的现有IT基础设施、业务流程、数据资产，以及员工技能结构等客观现实情况。通过对这些现实情况的深入分析和评估，企业可以更加准确地把握升级的难度和挑战，从而制订出更加切合实际的目标和计划。

② 分阶段制订行动计划：人力资源数字化升级是一个长期且复杂的过程，不能一蹴而就。因此，企业应分阶段制订切实可行的行动计划。这些计划既需要"大处着眼"的顶层战略规划来指导整体方向，又需要"小步快跑、点状突破"的推进策略来确保每个阶段的成果都能为下一阶段的顺利推进打好基础。

③ 强化风险管理：企业应在人力资源数字化升级过程中始终保持对风险的警惕和关注。企业可以通过建立健全的风险管理机制，及时发现并应对各种潜在的风险，确保人力资源数字化升级项目的顺利进行。同时，企业还应定期对升级成果进行评估和审查，以便及时发现问题并调整策略。

4."雷区"4：缺乏各方达成一致的需求范围边界

在人力资源数字化升级的过程中，明确且被各方理解，并使各方达成一致的需求范围边界是确保项目成功的关键。然而，这一"雷区"常常被忽视，导致项目进展缓慢、结果不尽如人意。

其典型特征的具体描述如下。

① 沟通障碍：业务部门与技术部门之间常常存在"鸡同鸭讲"的现象。人力资源部门可能难以用技术语言清晰、准确地表述其需求，而IT部门在理解和具体处理这些需求时可能会产生偏差。这种沟通上的不顺畅，往往导致关键需求与深层次潜在需求被误解或遗漏。

② 供应商与业务部门的分歧：在需求实现方案上，供应商和业务部门可能无法达成一致意见。供应商可能从技术角度出发，提出自认为最佳的解决方案，而业务部门则可能更关注方案的实用性。这种分歧如果不及时解决，可能会导致项目延期，甚至失败。

③ IT部门与业务部门的关注点不同：即使对相同的需求，IT部门和业务部门的关注点也可能不同。IT部门可能更注重技术的实现和系统的稳定性，而业务部门则可能更关注用户体验和业务流程的优化。这种差异如果得不到有效的协调和处理，则可能导致项目成果无法满足双方的期望。

为了规避以上"雷区"，企业可采取的具体措施如下。

① 加强沟通：业务部门和技术部门之间应加强沟通，尽量用通俗易懂的语言描述需求，避免使用过于专业的术语。同时，双方应建立同理心，多从对方的角度出发去理解遇到的问题和提出的需求，确保信息的准确传递。

② 建立评判标准：在需求理解和实现的过程中，企业应以具体业务的实际用户的意见为最终评判标准。毕竟，具体业务的实际用户是系统的最终使用者，他们的满意度直接关系到项目的成功与否。

③ 明确过渡机制：供应商内部应建立明确的售前实施过渡机制，确保在项目实施过程中，能够与业务部门保持紧密的合作和沟通。同时，供应商也应注重提升自身的业务理解能力，以便更好地满足业务部门的需求。

④ 尽早接触产品：在项目实施的早期阶段，就应该让用户尽早接触产品，参与产品的测试和反馈。这样不仅可以及时发现并解决问题，还可以提高用户对产品的熟悉度和满意度。

5. "雷区" 5：缺乏与目标建设内容相匹配的预算成本

在人力资源数字化升级的道路上，预算成本的合理规划与分配是确保项目顺利进行的关键因素。然而，许多企业常常在这一环节上栽跟头，导致人力资源数字化升级进程受阻或成果不如预期。

其典型特征的具体描述如下。

① 期望与预算不匹配：企业往往期望以较低的成本实现高标准的人力资源数字化升级目标。这种"花小钱办大事"的心态在实际操作中往往难以行得通，因为高质量的人力资源数字化升级需要足够的资源投入。

② 预算估计过于乐观：在制定预算时，企业可能未能充分考虑到潜在的实施难度、技术复杂性，以及可能遇到的风险。这种乐观的预算估计往往导致预算无法覆盖项目实际所需的全部成本。

③ 忽视隐性和持续成本：企业在预算规划时可能只关注初次购买产品的价格，而忽视了后续的运营维护成本、升级费用、培训成本等。这些后续成本在项目长期运营中可能占据相当大的比重。

④ 利润空间有限：一些企业以价格作为评判供应商的唯一标准，试图通过价格战来压榨供应商的利润。这种做法可能导致供应商在提供产品和服务时缩减成本，从而影响项目质量和效果。

⑤ 低估变更管理成本：人力资源数字化升级不仅是技术层面的变革，还涉及企业文化、流程再造、组织架构调整等非技术性变革。这些变革成本往往被低估或忽视，导致在实际人力资源数字化升级过程中出现变革困难的情况。

为了规避以上"雷区"，可采取的具体措施如下。

① 全面规划和科学估算：在制定预算时，企业应进行全面的需求分析和技术评估，确保成本估算能够覆盖所有必要的环节和潜在风险。同时，企业还要对后续成本进行充分考虑和规划。

② 邀请外部专家：为了更准确地预估各项成本，企业可以通过邀请外部专家来提供专业的咨询服务。这些专家通常具有丰富的行业

经验和专业知识，能够帮助企业更全面地了解人力资源数字化升级所需的资金投入和潜在风险。

6."雷区"6：缺乏前瞻性和全面性的产品选型

在人力资源数字化升级的具体实施中，产品选型是一个至关重要的决策环节。如果产品选型不当，那么不仅可能导致当前的投资浪费，还可能对未来的技术发展、系统升级和业务拓展造成严重的制约。

其典型特征的具体描述如下。

① 技术架构落后：一些企业在产品选型时可能选择了已经过时或即将被淘汰的技术平台或产品。这种选择往往是由于对行业动态和技术发展趋势了解不足。当这些技术平台或产品无法与快速发展的技术相适应时，系统的稳定性和可扩展性就会受到严重影响。这不仅会制约企业的业务发展，还可能增加额外的成本和时间投入。

② 忽视兼容性和集成性：在产品选型的过程中，如果未充分考虑到与现有系统的兼容性及与未来可能出现的新系统的集成问题，那么所选产品在实际应用中很可能会形成信息孤岛。这不仅会影响人力资源数字化升级的整体效率，还会阻碍数据的顺畅流通，从而削弱人力资源数字化升级的效果。

为了规避以上"雷区"，企业可采取的具体措施如下。

① 深入研究行业动态和技术发展趋势：企业应定期关注行业内的最新动态和技术发展趋势，确保所选产品具有一定先进性。与行业内的不同专家、咨询机构建立合作关系，获取更多的专业建议和市场信息，有助于企业做出更明智的决策。

② 进行兼容性和集成性论证：在产品选型前，企业应对所选产品与现有系统，以及未来可能出现的新系统的兼容性和集成性进行充分论证。具体包括了解产品的接口标准、数据格式等方面的信息，以

确保其在实际应用中能够实现顺畅的数据交换和系统集成。

③ 重视用户体验设计：良好的用户体验是人力资源数字化升级成功的关键因素之一。因此，在产品选型时，应重视产品的用户体验设计，选择符合最新用户交互趋势的产品。这将有助于提高员工对产品的满意度，从而推动人力资源数字化升级的顺利进行。

④ 选用模块化、可扩展的产品架构：企业为了适应未来业务的变化和发展，应该选用模块化、可扩展的产品架构，只有这种产品架构，才能够满足企业不断增长的业务需求。

⑤ 严格评估供应商的实力：在选择供应商时，除了考虑产品的性能和价格，企业还应重点评估其可持续服务能力与技术实力。一家优秀的供应商应能够提供持续的技术支持和服务，确保产品的稳定运行和及时更新，从而为企业人力资源数字化升级提供有力保障。

7.“雷区”7：缺乏有效的项目管理能力

项目管理能力是人力资源数字化升级项目成功的关键要素。然而，许多企业在项目管理方面频频踩雷，导致项目进程受阻、成本超支，甚至最终失败。

其典型特征的具体描述如下。

① 忽视项目的变革属性：企业如果忽视人力资源数字化升级项目的管理变革属性，而将其仅仅视为技术项目，则必然会导致项目在推进过程中遭遇重重困难。缺乏对这些变革的深入理解和准备、缺乏对潜在困难的准确预判，以及缺乏团队思想上的充分统一，这些都可能使项目在面临挑战时陷入僵局。特别是在遇到阻碍时，团队的投入度和决心可能会受到考验，容易出现退缩和动力不足的现象。因此，对于变革属性的重视和准备是确保项目顺利进行的关键。

② 缺乏科学的项目计划：项目成功的另一个重要因素是制订严谨而科学的项目计划。无论是盲目的乐观还是过度的悲观，都不是项

目管理的明智态度。至关重要的是，企业需要基于项目的具体目标和现实情况，进行周密的筹划和深思熟虑的策略布局。只有通过科学的方法制订合理的项目计划，才能确保项目按部就班地持续推进。缺乏这一步骤，项目很可能会偏离预定轨道，难以把控。

③ 项目目标模糊或偏离：项目初始阶段，目标定义不清晰，仅笼统地提出诸如"提升人力资源管理效率和管理水平"的项目目标，但没有进行详细的指标分解。随着项目的推进，各种功能和需求不断加入，项目目标逐渐偏离了初衷。

④ 缺乏需求变更控制：在项目实施过程中，业务部门对系统提出了大量临时性需求，而缺乏有效的变更控制流程。这导致项目范围不断扩大，时间和成本都大大超出预算。

⑤ 资源调配困难：项目经理在面对资源冲突时，由于未得到充分授权，无法有效调动所需资源，所以导致项目进度严重滞后。

⑥ 团队配合问题：团队中不同成员的能力参差不齐，部分成员对新技术的接受度较低，配合度不高。同时，缺乏有效的团队指导和培训，使团队配合问题更加严重。

⑦ 沟通不畅与决策缓慢：团队内部及与业务部门之间的沟通不畅，信息传递不准确或不及时。这导致企业管理者的决策过程缓慢，进一步影响了项目的进度和执行力。

⑧ 忽视风险管理：项目团队没有建立完善的风险识别、评估和应对机制。当遇到技术难题、供应商问题等潜在风险时，企业容易处理不当，导致项目多次陷入危机。

⑨ 企业高层参与不足：企业高层很少参与项目相关会议或关键决策点讨论，对项目的具体进展和问题了解不足，这使项目团队在遇到困难时难以得到及时的支持和指导。

为了规避以上"雷区"，企业可采取的具体措施如下。

① 明确目标并持续回顾：在项目启动阶段，详细定义并记录项目目标、范围及预期成果。定期组织项目回顾会议，对照原定目标检查进度和方向，及时纠正偏离的活动。

② 强化需求管理与变更控制：对于需求变动，应通过正式的变更请求表单提出，并经过变更控制委员会审查批准后才能执行。

③ 充分授权与资源调配：确保项目经理和其他关键人员具有足够的决策权和资源调配能力。这有助于他们在面对挑战时能够迅速做出决策，并调配所需资源，确保项目的顺利进行。

④ 培训与团队优化：提供必要的培训和辅导以提升团队成员的能力；持续评估团队成员的能力与表现，合理调整团队结构以保持团队的战斗力和凝聚力。

⑤ 优化沟通机制与决策流程：设立固定的项目沟通会议制度以保证信息传递的准确性和及时性；优化决策流程以加快决策速度并提升执行力。

⑥ 完善风险管理体系：制定相应的风险应对策略和缓解措施以确保风险得到妥善处理；定期对项目进行风险评估以识别潜在风险并制定相应的措施。

⑦ 加强高层参与力度：定期向高层汇报项目状况以强调项目的重要性及其对公司战略的影响；邀请高层参与关键决策点讨论以获取他们的支持和指导。

8."雷区"8：缺乏持续的运营规划

人力资源数字化升级项目在具体实施中，许多企业往往容易忽视一个重要环节，即持续的运营规划。企业可能投入大量资源用于系统的设计和实施，却未能为之后的运营和维护做好充分准备。此类行为往往会导致系统迅速过时、用户体验下降，以及数据质量下滑等一系列问题。

其典型特征的具体描述如下。

① 系统功能停滞不前：系统上线后，企业没有进行持续的版本更新和功能优化，当业务需求发生变化时，系统无法及时适应，导致与实际业务严重脱节。

② 企业忽视了用户体验：企业对用户的反馈和建议置之不理，系统操作界面和流程长时间没有改进，用户满意度逐渐降低。

③ 缺乏有效的数据管理和维护机制：系统中的数据质量迅速下滑，冗余和错误数据增多，无法为企业的决策提供准确依据。

这些问题不仅影响了企业的日常运营，还对员工的工作积极性和企业的声誉造成了负面影响。为了解决这些问题，企业不得不再次投入大量资源进行系统改造和升级，但此时已经造成一定损失。

为了规避以上"雷区"，企业可采取的具体措施如下。

① 制定详细的运维方案和维护周期表：企业应明确系统的运维责任人和团队，制定详细的运维方案和维护周期表。这包括定期巡检系统性能、建立故障响应机制，以及制定备份恢复策略等。企业通过设立专门的运维团队或人员，负责日常监控和问题处理，确保系统的稳定运行和数据的持续维护。

② 持续收集用户反馈并进行功能优化：企业应定期收集并分析用户对系统操作的满意度和反馈信息。企业可以通过建立敏捷开发流程，根据用户反馈信息和业务需求进行系统的功能迭代升级和优化。这不仅可以保持系统的先进性和适用性，还能提升用户体验和满意度。

③ 严格的数据质量管理：数据是系统的核心，因此，企业必须采取严格的数据质量管理措施。这包括数据清洗、完整性检查、一致性校验等步骤，以确保数据的准确性和有效性。通过定期的数据质量评估和审计，及时发现并解决数据问题，为企业的决策提供可靠的数

据支持。

总之，持续的运营规划是人力资源数字化升级成功的重要因素。企业只有为系统的长期运营和维护做好充分准备，才能确保系统始终与业务需求保持同步，为用户提供优质的体验，并为企业的发展提供持续的动力。

9."雷区"9：缺乏数字化人才培养机制

在人力资源数字化升级的过程中，许多企业经常存在缺乏数字化人才培养机制的情况。这一缺陷不仅阻碍了企业人力资源数字化升级的进程，而且有可能对企业的长远发展造成难以估量的损失。

其典型特征的具体描述如下。

① 人才短缺：企业高层并未将数字化人才培养纳入战略规划，导致在人力资源数字化升级初期就出现了人才短缺的困境。由于企业内部无法持续产出适应人力资源数字化升级需求的专业人才，所以不得不在招聘市场上高价招揽人才，但这种做法的效果并不理想。同时，现有员工的知识结构和技能水平无法满足人力资源数字化升级的要求，导致人力资源数字化升级进度严重受阻。

② 人才流失加剧：在智能时代背景下，优秀人才往往寻求具有明确职业发展路径和专业技能培训机会的工作环境。如果企业在这方面存在缺失，则可能导致核心人才流向其他竞争企业，进一步削弱了自身实力。

③ 企业文化落后：企业在推动人力资源数字化升级的过程中，如果忽视了企业文化的培育与变革，则可能会形成一种抵制新技术、抵触学习新知识的文化氛围，不利于企业整体的数字化转型。

④ 员工缺乏提高数字化技能的动力：在绩效评估方面，由于企业缺乏针对数字化能力的考核标准和激励机制，所以员工缺乏这方面的积极性和动力，企业也无法通过合理评价来选拔和晋升具备数字化素

养的员工。

为了规避以上"雷区"，企业可采取的具体措施如下。

① 制定数字化人才发展战略：企业应明确将数字化人才培养纳入长期发展的战略中，并将其视为提升企业竞争力的核心要素，制定详细的数字化人才发展路线图和实施计划，确保在人力资源数字化升级过程中有足够的人才支撑。

② 设置数字化专业组织：设立专门的数字化部门或岗位，明确数字化职业发展的通道和晋升路径。这种方式既可以吸引外部优秀人才加入，还能使内部员工对其职业发展提高认识，形成一支具备高度数字化素养的专业团队。

③ 构建系统的数字化培训体系：企业可以建立全面的数字化知识技能培训课程体系，涵盖从基础知识到高级技能的各个层次。实施定期的技能培训和考核评价，确保员工能够持续学习和进步。同时，建立技能认证体系，为员工提供权威的技能认证。

④ 设计激励性的薪酬福利和绩效奖励政策：在制定薪酬福利和绩效奖励政策时，向数字化人才倾斜，确保他们的努力和贡献得到充分的认可和回报。在晋升和评优的过程中，企业需要充分考虑员工在数字化工作中的表现和成果，激发他们的工作热情和创新精神。

通过这些措施，企业可以逐步建立起完善的数字化人才培养机制，为人力资源数字化升级提供有力的人才保障和支持。

10."雷区"10：缺乏对数据要素价值创造的相关规划、应用模型、应用场景等

在人力资源数字化升级的过程中，数据作为核心要素，其价值的最大化利用至关重要。然而，许多企业在实践中却常常忽视了数据要素价值创造的相关规划和应用场景的建设，导致出现数据资源的巨大

浪费和人力资源数字化升级效果严重受限。

其典型特征的具体描述如下。

① 共享机制不健全：内部部门之间存在数据壁垒，导致数据孤岛现象严重，限制了数据价值的最大化利用。

② 数据质量低下：企业在数据收集时未进行有效的清洗和验证，导致出现大量错误、冗余或不完整的数据；日常运营中，缺乏对数据质量的要求和相应的规范体系。

③ 目标导向不明：企业在数据采集和分析时，缺乏清晰的业务目标指导，导致无法提炼出有价值的信息，或者分析结果与实际需求脱节。

④ 忽视价值挖掘：企业仅关注数据的简单统计和报告，而没有深入挖掘数据潜在的价值，例如，通过关联分析、预测模型等方式提升数据驱动决策的效果。

为了规避以上"雷区"，企业可采取的具体措施如下。

① 多渠道数据收集、汇总与整合：企业应不仅要设定明确的目标，而且要建立全面的数据收集机制，通过多个渠道汇总并整合各类相关数据。这包括内部系统数据、外部市场数据、员工行为数据等，以确保数据的全面性和多样性。

② 实施严格的数据治理：企业应建立数据治理体系，实施严格的数据质量控制和生命周期管理。企业可以通过数据清洗、验证、标准化等流程，确保数据的准确性、完整性和一致性。同时，建立数据安全和隐私保护机制，防止数据泄露和滥用。

③ 深入分析挖掘数据价值：企业应利用机器学习等先进技术对数据进行深入分析，洞察最新发展趋势。通过关联分析、聚类分析等方法，挖掘数据之间的内在联系和潜在价值。另外，企业可以建立预测模型，利用历史数据预测未来市场发展趋势，为企业决策提供有

力支持。

④ 可视化洞察辅助决策：企业应将分析结果转化为直观易懂的报告和图表，以便管理层和各业务部门能够快速理解并利用数据分析成果进行决策。企业可以通过数据可视化工具，将复杂的数据以直观的方式呈现，提高决策效率和准确性。

企业在推进人力资源数字化升级时，应充分认识到数据要素价值创造的重要性，并采取相应的规避措施，确保数据资源的最大化利用。

10.3　人力资源数字化建议：超越信息化，重塑管理未来

人力资源管理作为企业的核心职能之一，而人力资源数字化升级已不再是简单的信息化建设，而是一场深刻的管理变革和组织能力重构。这既需要技术的革新和流程的再造，又要求企业能够充分激发员工的潜能，调动员工的积极性，共同促使人力资源数字化升级的成功。

人力资源数字化升级需要超越信息化，以重塑组织能力为目标，重构人力资源管理体系。

① 科学制定变革管理战略：在思考变革时，企业需要跳出功能层面的考量，聚焦组织能力提升和重构这一核心要素。

② 系统规划人力资源数字化升级策略：企业需构建一条清晰且可执行的人力资源数字化升级路径，并辅之以完善的风险管理、变革管理策略，以及数字化人才储备策略。

③ 拥抱新技术新应用：随着大数据、人工智能等技术的发展，各种成熟的新应用不断涌现，企业需要保持敏锐的洞察力，既要勇于尝试，又要避免盲目跟风，确保每一步变革都走得坚实而稳健。

④ 持续迭代思维：人力资源数字化升级并非一蹴而就的工作，需要结合企业的战略目标、业务模式的创新、数据的有效应用，以及人才能力结构的优化，持续地进行创新和迭代，以适应不断变化的市场环境。

⑤ 不断培养员工和各级管理者的数字化技能：例如，业务变革时需要的设计和规划能力、化繁为简的任务分解能力等。这些技能都是企业人力资源数字化升级过程中不可或缺的关键能力，企业需要持续投入资源对员工和各级管理者进行培养，使其技能得到提升。

⑥ 提前布局全球化人才供应链体系建设：人力资源数字化升级助力企业实现"走出去"的战略目标，企业需要以全球化的视角，通过优化全球员工管理平台、全球化时间管理、全球薪资核算、全球发薪等应用与业务架构，支撑企业人力资源管理的全球化落地，提供全球管控、海外人才招聘、全球派驻、跨区域协作与全球共享、人才数据治理、全球人才池等全球化人才服务，帮助企业实现员工信息全球化管理、薪酬核算本地化、假勤管理属地化，更好地支撑企业布局全球人才供应链。

⑦ 注重实施过程的推进与管理：人力资源数字化升级不仅是一次技术更新，而且是对组织结构、业务模式乃至企业文化的深刻变革。这项升级工作没有明确的终点，它需要随着技术的演进而不断调整和优化。这就要求企业在推进人力资源数字化升级时，不仅要有宏观的总体规划、明确升级的目标和路径，还需要在具体的实施过程中保持灵活性和敏捷性，能够适应外部环境的变化和技术的迭代。因此，人力资源数字化升级是一场持久战，企业需要逐步推进，从点到线，从线到面，再从面到体，逐步构建起一个全面、深入的数字化生态体系。

⑧ 持续培养数字化专业人才队伍：企业需要的不仅是掌握数字

化技术的人才，而且需要的是具备数字化战略眼光、数字化思维方式、数字化执行能力、数字化技术创新能力和数字化文化素养的复合型人才。这些能力不是孤立的，而是相互关联、相互支撑的。只有具备了这些技能的人才，才能有效地推动人力资源数字化升级，帮助企业在激烈的市场竞争中脱颖而出。因此，企业不仅需要加大对数字化人才的培养和引进力度，还需要建立起一套完善的数字化人才激励机制，通过薪酬、晋升、职业发展等方式，留住人才、用好人才。

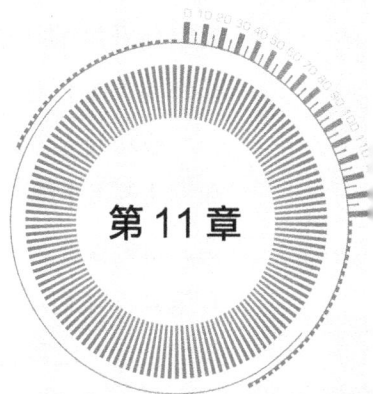

第 11 章

人力资源数字化升级的策略选择

凡事预则立，不预则废。

对于任何希望在复杂不确定商业环境中保持竞争力的企业来说，人力资源数字化升级不再是一个可选项，而是一个必选项。人力资源数字化升级的变革属性和组织能力重构特性，要求企业必须将策略选择作为首要任务，以确保每一步都朝着正确的方向迈进。

成功的人力资源数字化升级并非一蹴而就，它需要企业在认知、技术和方法等多个维度进行深入思考和科学规划。那些头部企业之所以能够成功，很大程度上是因为他们在人力资源数字化顶层设计上提前布局、精心策划。他们不仅认识到了人力资源数字化升级的必要性，而且通过创新的技术手段和高效的工作方法，构建了一个既灵活又敏捷的人力资源数字化运营体系。

在实施路径的设计上，这些企业同样表现出了非凡的远见和执行力。他们不仅关注短期目标的实现，而且注重长期战略的部署，确保人力资源数字化能够为企业带来实质性的绩效增长和业务改进。通过持续的优化和迭代，这些企业不断地完善人力资源数字化运营体系，使其更加适应市场的变化和企业的发展需求。

人力资源数字化升级是一场深刻的变革，它要求企业在人力资源管理上进行全方位的升级和创新。通过科学的顶层设计、精心的实施路径设计和持续的运营体系优化，企业能够在这场变革中立于不败之地，实现可持续的发展和组织能力重构。

11.1 人力资源数字化升级的六大基石

人力资源数字化升级需要思考以下6个方面的问题。

① 数字技术的发展是否支持人力资源数字化升级？

② 企业自上而下各个部门与全体员工的思维认知是否做好了人力资源数字化升级的准备？

③ 有没有成熟的、可以借鉴的人力资源数字化升级的路径与方法？

④ 该如何思考应用数字化、管控数字化、运营数字化等不同层级的数字化规划？

⑤ 企业是否有清晰的落地执行策略？例如，整体规划、分步实施；局部优化、整体重构；多级次管理、急用先行。

⑥ 企业是否具备基于系统持续发展而构建的运营策略与机制？企业是否拥有支撑系统有效运行的数据？

总体来说，人力资源数字化升级需要从技术、认知、方法、规划、建设与运营6个方面展开思考。人力资源数字化升级的六大基石如图11-1所示。

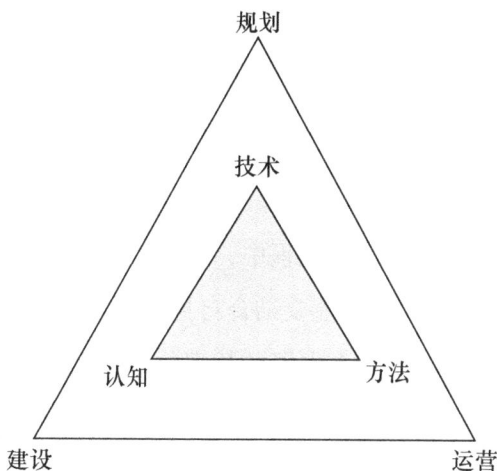

图 11-1　人力资源数字化升级的六大基石

1. 技术：人力资源数字化升级的基石

数字技术是人力资源数字化升级的重要基石。

以云计算、大数据、人工智能和物联网为代表的前沿技术，正在深刻改变着人力资源管理的方方面面。例如，在招聘环节，某大型互联网公司利用大数据和机器学习技术，对海量简历进行智能筛选和人岗匹配，大大提高了招聘效率和准确性，并在员工入职环节引入电子合同签署，高效完成入职员工劳动合同签订工作。同时，该公司还通过人工智能技术对新员工的工作表现进行实时跟踪和预测，为公司高层管理者提供了更加精准的人力资源决策支持。

2. 认知：升级的思想转变与企业文化塑造

认知是人力资源数字化升级的重要前提。

企业需要从高层管理者到基层员工，达成对人力资源数字化升级的共识和认同。在这一方面，某知名零售企业通过组织定期的人力资源数字化升级培训和研讨会，在全员范围内普及人力资源数字化升级的理念和重要性。另外，该企业通过调整企业文化和价值观，将人力资源数字化升级与企业的长远发展紧密结合起来，营造全员参与、共同推进的良好氛围。这种认知上的转变和提升，为该企业人力资源数字化升级提供了有力的思想保障和文化支撑。

3. 方法：路径及实践探索

在人力资源数字化升级的过程中，企业可以借鉴其他行业的成功经验和方法，但更重要的是，企业要结合自身实际情况进行创新。例如，某制造企业在借鉴了其他行业人力资源数字化升级的成功经验后，结合自身生产流程和员工特点，创新性地开发了一套适合企业自身的数字化人力资源管理系统。该系统实现了员工信息的全面数字化管理、生产流程的实时监控和优化，以及员工绩效的精准评估。通过这种借鉴与创新的结合，该企业不仅提高了人力资源管理效率，还降低了生产成本，增强了市场竞争力。

4. 规划：明确升级方向

规划是人力资源数字化升级的关键环节。企业需要明确人力资源数字化升级的目标、路径和时间表，确保升级工作的有序进行。例如，某金融企业在项目规划阶段就明确了应用数字化、管控数字化和运营数字化的具体目标。在应用数字化方面，该企业将线上服务作为重点发展方向，通过优化线上服务流程和提升用户体验，实现了业务的快速增长。在管控数字化方面，该企业通过引入智能风控系统和数据治理工具，加强了对内部风险的管理和控制。在运营数字化方面，该企业利用大数据和人工智能技术对员工行为和客户需求进行深度挖掘和分析，为管理层提供了更加精准的决策支持。

5. 建设：整体规划、分步实施

人力资源数字化升级的建设过程需要整体规划、分步实施。例如，某大型集团在人力资源数字化升级项目建设过程中采用了"整体规划、分步实施；持续优化、协同整合；多级管理、急用先行"的原则。该集团首先对现有人力资源管理体系进行了全面梳理和评估，明确了需要优化的关键环节和业务流程；然后，按照优先级和紧急程度制订了详细的实施计划，并逐步推进了各个模块的数字化升级。同时，该集团注重局部优化与整体重构相结合，确保各个模块之间的协同整合。

6. 运营：构建数据驱动决策机制

运营是人力资源数字化升级的重要保障。企业需要通过数据收集、数据分析和数据应用，构建数据驱动决策机制，通过这种机制优化业务流程。例如，某电商企业在运营过程中注重数据的收集和分析工作，通过用户行为数据、销售数据等多维度数据的挖掘和分析，发现了用户需求和市场的变化规律，及时调整了产品供应策略和销售策略；同时，利用数据对员工绩效进行了精准评估和优化配置，进一步提高了人力资源的利用效率。这种数据驱动的决策方式使该企业能够快速响应市场变化并保持竞争优势。另外，在运营过程中，企业还需要关注安全问题和数据隐私保护等方面的工作，确保人力资源数字化升级的顺利进行，并为企业带来持续的价值回报。

11.2 人力资源数字化升级的策略选择

企业人力资源数字化升级是管理变革项目，而非单纯的技术升级项目，因此，企业需要清醒地认识到人力资源数字化升级的本质，重视人力资源数字化升级的顶层设计、聚焦人力数智分析、强化业务变革和流程挖掘、聚焦智能应用和员工体验，以及精心设计数据治理体系，有效落实数据迁移工作，充分调动各级管理者和员工参与的积极性，高效推动人力资源数字化升级。

1. 认识到人力资源数字化升级的本质

人力资源数字化升级是企业发展的必然选择。人力资源数字化升级与企业所处的行业和规模没有直接关系，企业如果想要在不断变化的市场中生存，就需要改变传统的经营管理思路，人力资源数字化升级是必经之路。

人力资源管理的价值本源是组织能力提升、战略达成和业务发展，因此，立足于组织视角和人才视角，从战略高度和业务角度规划人力资源数字化升级，才能推动管理变革的目标实现。

2. 重视人力资源数字化升级的顶层设计

既然是管理变革项目，人力资源数字化升级的顶层设计是成败的关键。企业需要从战略、认知和人才等多个角度对人力资源数字化升级的准备工作进行评估，从变革策略、蓝图设计、升级路径、人才队伍培养和运营体系规划5个维度展开数字化规划，助力企业在全球经济之变局中稳步迈上人力资源数字化升级之路。

人力资源数字化升级的顶层设计需要围绕人才发展、组织发展、人力运营、员工体验、全球人才供应链5个不同维度展开，同时，将人力资源的业务范畴与流程按照共享人力资源、业务人力资源，以及战略人力资源做区分，形成立体的人力资源数字化升级全景图。

3. 聚焦人力数智分析

人力数智分析以数据驱动业务为根本原则，实现人力资源管理从分析过去到设计未来的升级，实现全面的人力资源数据服务。因此，人力资源数字化升级的重要策略之一，就是聚焦人力数智分析，构建数据驱动的人力资源管理体系。

从人力数据分析到人力数智分析，其本质的区别在于，传统的人力资源数据分析主要依赖的是历史数据的展现分析和因果分析，是对数据的结构化加工处理和分析，而人力数智分析则提供了更全面的数据服务，包括描述性、展示性的结构性分析，强调面向未来的预测性分析，并且专注于支持创新变革和未来设计的智能决策分析。

4. 强化业务变革和流程挖掘

人力资源数字化升级的根本目标在于引领企业组织能力的全面提升。为了实现这一目标，企业需要将人力资源管理业务的创新与变革，以及人力资源管理业务流程的深度挖掘置于战略核心位置。以敏捷组织发展和智能人力运营为目标，全面审视和优化人力资源管理业务流程，深度挖掘人力资源业务流程的价值定位，在此基础上，充分整合包括数字员工等在内的数字化应用，从而驱动人力资源管理业务的结构化升级。

企业人力资源管理者要牢牢把握以业务创新为动力的根本原则，将传统的人力资源管理范式打破，迎接新的机遇和挑战。这意味着企业要不断追求卓越，勇于接受变革，将人力资源管理视为企业成功的关键驱动力之一。以人力资源管理的运营模式为例，企业需要结合数字化应用将原有的职能制人力资源管理，快速转型为面向组织发展和业务发展的"三支柱"模式，或者将其转变为更灵活的组织形态，以满足"结构服从战略"的根本原则。

为了实现这一目标，企业需要全面梳理人力资源管理业务流程，确保其与公司战略紧密相连，以满足日益变化的市场需求。在全面梳理人力资源管理业务流程中，数字化工具和技术将成为重要的合作伙伴，帮助企业加速决策过程，提高效率，降低成本。无论是引入数字员工实现薪酬发放的智能应用、企业的目标绩效与团队和个人的目标绩效实现智能化级联、大规模人员招聘的自动化筛选与人岗匹配、员工数字化学习推送，还是人才梯队的智能化盘点，都需要业务变革与流程优化的持续推动。

5. 聚焦智能应用和员工体验

在职场中，数字原生代或者"Z世代"正日益崭露头角，并逐渐成为职场的主力军。他们成长的环境和经历导致他们的关注点与其他代际员工截然不同，他们表现出更积极主动、乐观向上的特质，以及更丰富多彩的个性化需求。这一代人更加注重个人感受和追求，更关注愿景塑造和目标驱动。

因此，为了满足新一代员工的需求，企业需要聚焦于智能应用和员工体验，不断创新人力资源管理。人力资源管理者在为员工营造一个具有美好愿景、卓越体验的人才成长与发展的优良环境的过程中，数字技术的创新应用将扮演重要角色，在个性化员工服务的基础上，企业要强化员工的整体体验，提升员工的满足感，激活人才队伍，为组织的可持续发展注入新的动力。

6. 精心设计数据治理体系，有效落实数据迁移工作

人力资源管理涉及的数据是企业最全面、最完整、最实时有效的，同时，由于人力资源管理的独特性，即便是外部候选人的数据、内部离退休人员的数据，都需要系统的规划和持续的维护，所以通过

精心设计数据治理体系，企业可以确保数据在人力资源数字化升级过程中得到妥善管理，数据的可信度和可用性得到提高。另外，有效的数据迁移可确保原有人力资源管理系统中的数据能够平稳地过渡到新的数字化平台，避免出现信息丢失和业务中断的情况。

（1）精心设计数据治理体系

① 明确数据负责人和数据治理流程：企业需要确定数据的负责人，确保有专人负责数据的管理、保护和合规性监督。同时，企业需要建立清晰的数据流程，确保数据的采集、存储、处理和分享都是规范化操作。

② 数据的分类和标准化：数据治理体系需要明确数据的分类和标准化方法。这有助于确保数据的一致性和可比性，提高数据的质量和可用性。

③ 安全和合规性：数据治理体系应包括数据安全和合规性策略，以确保敏感信息得到保护。需要注意的是，全球化运营的企业需要遵守当地相关法规和标准。

（2）有效落实数据迁移工作

① 数据清洗和准备：在数据迁移之前，企业需要对现有的数据进行清洗和准备。这包括删除重复数据、纠正错误数据，以及确保数据的完整性和准确性。

② 选择合适的工具和技术：选择适当的数据迁移工具和技术是至关重要的。这可能包括抽取、转换、加载（Extract、Transform、Load，ETL）工具、云服务或其他专门的数据迁移解决方案。

③ 数据验证和测试：在数据迁移过程中，要进行数据验证和测试，确保数据在新的数字化平台上正常运行，减少潜在的问题，并降低业务被中断的概率。

④ 培训和支持：为员工提供培训和支持，帮助员工适应新的数

字化工具和流程，确保人力资源数字化升级的成功实施。

7. 充分调动各级管理者和员工参与的积极性

人力资源数字化升级不仅涉及技术的升级，而且需要全员的积极参与以推动管理的提升和数字化素养的提升。

企业在人力资源数字化升级过程中，充分调动各级管理者和员工参与的积极性至关重要。通过数字化文化建设、明确的目标设定、持续的能力提升、创新激励等，企业需要充分调动各级管理者的积极性，围绕组织能力提升和人力资源管理变革通力合作，从而推动人力资源数字化升级取得成功。

（1）数字化企业文化建设

为了推动人力资源数字化升级，企业需要建立数字化文化并推动各方达成共识，让每个员工都意识到人力资源数字化升级的价值和必要性。各级管理者应该成为这一文化的倡导者和榜样，通过自己的行动调动全体员工参与的积极性。员工则需要了解数字化工具是如何改善工作流程、提高效率，为企业创造价值的。

（2）明确的目标设定

人力资源数字化升级需要有明确的目标和愿景，各级管理者应该与员工一起制定这些目标，确保这些目标和愿景与企业的使命和员工的个人发展目标相契合。这种参与式的目标和愿景制定过程可以增加员工的参与感，使他们更积极地参与人力资源数字化升级的过程。

（3）持续的能力提升

人力资源数字化升级通常需要新的技能和知识，因此，培训是至关重要的一个环节。各级管理者应该主动接受培训，以提高在数字化工具和流程上应用的熟练程度，并将这些知识传授给员工。此外，企业应建立反馈机制，以解决员工在人力资源数字化升级过程中遇到的问题，来增加他们的信心和积极性。

（4）创新激励

人力资源数字化升级是一个持续改进的过程，各级管理者和员工应该被鼓励创新和提出改进建议。企业应鼓励员工分享他们的新想法和新经验，以促进人力资源数字化升级的不断演进，让员工深切地感受到他们对人力资源数字化升级的贡献。

企业可以通过采取奖励和认可的方式表彰各级管理者和员工在人力资源数字化升级中的贡献。具体奖励方式包括设立奖金、提供晋升机会或其他形式的认可。这些奖励不仅是一种激励，还是一种肯定，可以让各级管理者和员工感到自己的努力和参与是受到重视的，从而充分调动各方力量积极参与和推进人力资源数字化升级。

11.3　做好人力资源数字化升级的顶层设计

人力资源数字化升级的顶层设计是指，在企业战略框架下，以数据驱动为核心理念，围绕技术、认知、方法、规划、建设与运营六大人力资源数字化升级的基石，通过数字化技术重塑人力资源管理流程，聚焦持续的建设能力与运营能力，在此基础上构建宏观、全面、完整、深入的人力资源数字化升级体系。

人力资源数字化升级的顶层设计是一项综合性、战略性的工作，它涵盖了多个方面，旨在通过数字化手段，全面提升人力资源管理的效率与效果。

1. 制定明确的战略目标

确立人力资源数字化升级的具体目标应基于企业整体战略框架。这些目标不仅应与企业的总体战略相契合，还应具有可操作性和可衡量性。例如，企业可以设定提高招聘效率、优化员工结构、提升员工培训效果等具体指标，以确保人力资源数字化升级能够为企业带来实实在在的效益。

2. 重塑以数据驱动为核心的人力资源管理流程

传统的人力资源管理流程往往依赖于人工操作和经验判断，而数据驱动的人力资源管理理念则强调以数据为依据进行决策。因此，企业需要对现有的人力资源管理流程进行全面梳理和优化，确保各个环节都能充分利用数据资源，实现流程的自动化、精细化和智能化。这包括但不限于人才招聘、员工培训、绩效管理、薪资福利管理，以及人事制度等方面的改进和创新。

3. 构建具有数字化特点的人力资源管理体系

通过引入先进的数字化技术，构建一套具有数字化特点的人力资源管理体系。这一体系应涵盖数字化办公、数字化学习、数字化绩效管理、数字化薪资福利管理、数字化人才发展、数字化全球供应链、智能化人才发现等多个方面，以实现人力资源管理的全面数字化。通过数字化手段，企业可以更加高效地处理人力资源数据，提升管理效率；同时，企业还可以利用大数据、人工智能等技术，对人力资源数据进行深度挖掘和分析，为企业决策提供更加科学、精准的支持。

4. 规划高效的人力资源数字化运营体系

在人力资源数字化升级的过程中，人力资源数字化运营体系的规划至关重要。企业需要建立一套高效、灵活、可持续的运营机制。该机制包括制订详细的运营计划、明确各部门的职责分工、建立跨部门协作机制等，以确保人力资源数字化运营体系的稳健运行。

5. 设计科学的数字化人才培养体系

人力资源数字化升级不仅需要先进的技术手段，还需要具备相应技能的人才支持。因此，企业需要设计一套科学的数字化人才培养体系，具体包括培训课程、实践项目、激励机制等方面。通过这一体系培养出一批既懂业务又懂技术的复合型人才，为人力资源数字化升级提供有力的人才保障。

6. 建设完善的数据治理体系

在人力资源数字化升级的过程中，数据治理是确保数据质量、保障数据安全的关键环节。企业需要建立一套完善的数据治理体系，具体包括数据质量标准、数据安全规范、数据共享机制等多个方面。通过这一体系，企业可以确保人力资源数据的准确性、完整性和安全性，为企业的数字化决策提供坚实的数据基础。某中央企业人力资源数字化顶层设计框架如图11-2所示。

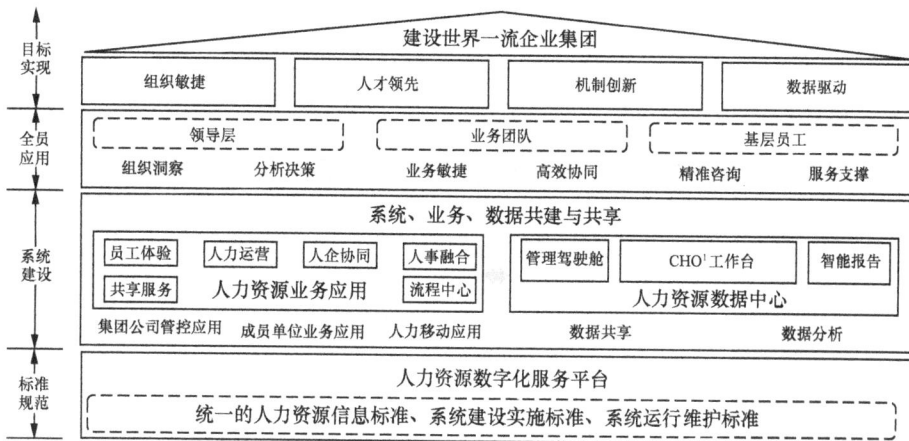

1. CHO（Chief Human Resource Officer，首席人力资源官）。

图 11-2　某中央企业人力资源数字化顶层设计框架

在图11-2中，某中央企业在人力资源数字化升级顶层设计时，首先将焦点对准人力资源数字化升级的核心目标，即通过组织敏捷、人才领先、机制创新，以及数据驱动4个方面打造具有全球竞争力的企业集团。同时，顶层设计充分考虑不同层级的人（包括领导层、业务团队，以及基层员工）在人力资源数字化升级过程中的参与度和关注点，确保他们的需求和期望得到平衡和满足。另外，顶层设计在人力资源业务应用和人力资源数据中心建设方面进行了深入思考和精心规划。人力资源业务应用和人力资源数据中心二者构成了人力资源数字化升级的关键要素。最为关键的是，该框架以标准为核心，统一了人力资源信息标准、系统建设实施标准，以及系统运行维护标准，为整个集团范围内的人力资源数字化升级提供了重要支撑。

11.4　人力资源数字化升级规划设计的建议

1. 处理统筹管控与个性化需求之间矛盾的建议

管理者需要确保系统在实现整体组织目标的同时，能够灵活应对员工个性化的需求和期望。这需要企业在精心规划设计人力资源数字化升级的方案时，不仅要确保提高企业整体的绩效，还要考虑到员工的个性化体验和参与感。

一旦集团对基层员工的数据信息的质量要求提高，人力资源数字化升级又缺少对下游企业个性化需求的考量，HR便会疲于处理事务性工作，下游企业的员工数据信息依旧无法共享。

例如，华侨城集团在整体部署人力资源数字化升级的项目时，充分考虑文旅企业等下游企业的基层用工量大、人员流动性大、季节性用工等多元化的特殊需求。因此，该集团在人力资源数字化升级过程中，对整体用工需求都进行了调研与梳理，根据不同用工需求，采取不同的系统管理方式，使项目的实施取得了良好的效果。

2. 处理业务流程与数字化系统之间矛盾的建议

组织在运作过程中，通常已经形成一系列固有的业务流程，这些惯例在日常运作中发挥着关键作用。然而，当引入数字化系统时，常常会出现业务流程与数字化系统之间的矛盾。数字化系统通常建立在一套严谨的逻辑框架之上，要求组织重新审视并调整传统的业务流程。此时，企业应该支持组织内部的协调与变革，以确保业务流程与数字化系统协调一致。

3. 处理数字化系统的优化需求与员工能动性之间矛盾的建议

尽管数字化系统的优化可以提高工作效率和准确性，但有时员工的能动性也会受限。在这种情况下，领导者需要激发员工的创造力和参与度，促进员工与数字化系统之间的良性互动，从而达到人力资源数字化升级项目建设的最佳效果。

人力资源数字化升级的出发点之一便是提高员工的工作效率，为基层员工减负，但实际上在系统建设的阶段，对 HR 来说，一定是一个增加工作量的阶段。因此，如何让员工更好地使用系统，形成"使用—反馈—优化"闭环机制，对于人力资源数字化升级而言，至关重要。

例如，某中央企业始终将员工视为"用户"，尊重员工的使用需求，开展多次系统调研，收集员工的各种建议，将可优化项目按计划实施，不适宜优化的项目同样给予合理答复；同时，始终坚持对系统建设工作的高标准、严要求，形成"建立信息标准—安排落实—检查通报—跟进整改"的闭环机制，保障系统信息的完整、准确、有效、规范。

在推进人力资源数字化升级的过程中，企业不仅要聚焦于 HR 业务本身的需求，而且要密切关注全体员工的需求。人力资源数字化升级的落地实施需要全体员工和多个团队的协同作战。具体包括项目发起者、领导者、关键用户、普通员工，以及第三方协作等；同时，IT、财务、采购等各部门也需紧密配合。在此过程中，如何确保各方分工明确的同时，提升彼此之间的协作效率，成为企业在人力资源数字化升级实践中亟须解决的问题。

4. 重视全球化人才供应体系的建设

企业全球化发展必然会面临符合当地监管、本地化融入、市场不同程度竞争等宏观环境问题，同时也对企业的内部管理水平提出了更高的要求。中国企业在出海过程中，需要更加有力的企业数字化软件与服务支撑，从而提高全球化运营效率和管控能力，提升全球竞争力，并支撑头部企业加速迈向世界一流企业。

11.5 做好数据治理与数据运营体系建设

人力资源运营的关键在于数据运营。因此，人力资源数字化升级的关键之一是数据治理和数据运营体系建设。某大型企业人力资源数据治理体系示意如图11-3所示。

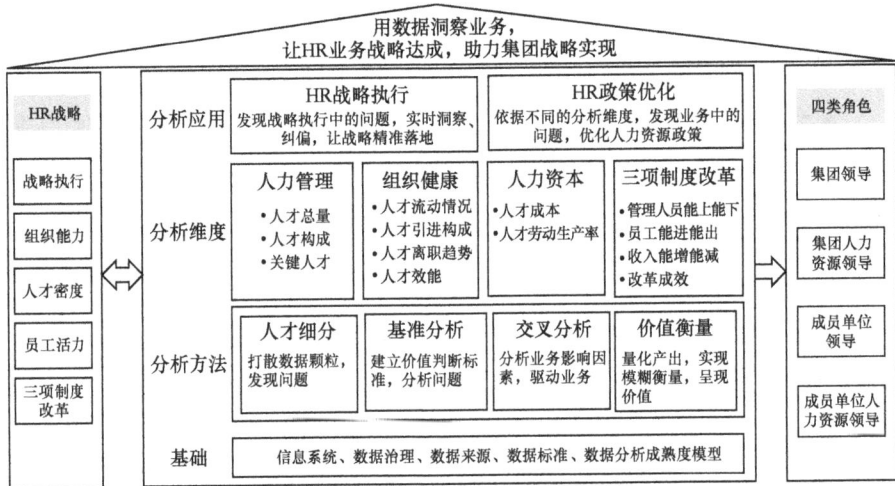

图 11-3 某大型企业人力资源数据治理体系示意

数据治理不仅包括技术层面的数据运维、数据架构、数据安全，而且包括人力资源业务运营层面的数据标准、数据质量和数据应用。

1. 定标准

定标准是一切数据工作的前提，人力资源数据标准是保障数据质量、做好数据分析工作的基础，而且人力资源数据标准是HR部门与技术部门对话的重要媒介。在人力资源数字化升级的过程中，企业经常会遇到类似的问题，HR部门向技术部门说明需求的时候，即使沟通过程中没有发现问题，最后技术部门做出的成果也往往与HR部门想要的结果千差万别。

制定一套规范的人力资源数据标准，将专业性的HR业务抽象成数据元和信息代码，使之形成具体的规范，就可以优化技术方案。企业从管理和业务视角出发，结合人力资源管理系统，把人力资源数据标准从业务属性、技术属性、管理属性3个方面进行定义，形成人力资源数据标准。其中，业务属性包括数据项的名称、业务分类、业务含义，以及对应的代码表、指标口径、统计维度等；技术属性包括数据类型、数据精度、数据长度、数据格式、数据取值范围等；管理属性主要包括归口管理部门、业务负责人、授权范围、安全级别等。

将人力资源管理所需要的各类信息集、字段集、指标集建立一定规范和标准，HR部门在和技术部门对话的时候就会大大提高沟通效率，为人力资源数字化升级打好基础。

2. 保质量

保质量是数据治理的核心，提升系统中人力资源数据的质量是数据治理工作的重中之重。数据质量会直接影响人力资源数字化升级的成果，进而影响企业管理层决策的可靠性和可信度。一旦用户怀疑系统中数据的准确性，出现信任危机，用户就不敢继续使用系统，将导致该次人力资源数字化升级失败。

企业如果想要提升人力资源数据质量，那么大体上可以把数据分成存量数据和增量数据两大类。按照制定的数据标准，将存量数据不断地优化和完善，同时，还要管理好数据的入口，无论是通过员工信息采集还是通过其他系统进入的数据，做好数据的审核和验证，规范数据输入，从源头处把控好数据质量，把不符合要求的数据拦截在外面，不允许其进入系统。企业可以通过这样的方式，保障人力资源管理系统的数据质量。同时，还需要形成定期稽核和考核机制，实现人力资源数据质量的持续提升。

3. 深应用

制定好数据标准，保证好数据质量，就到了数据应用和分析阶段。人力资源数据应用是HR运营工作最重要的成果输出窗口。企业如果觉得HR运营工作没有成果，就可以查看在数据应用层面做得是否到位。

需要提醒的是，人力资源运营都可以分析哪些问题呢？首先，企业需要搞清楚人力资源数据分析的目的。人力资源数据分析，是为了发现问题和解决问题，这是做人力资源数据分析的第一个原则。麦肯锡有一个著名的思维模型，即"空雨伞"模型。该模型中提到，通过观察客观事实，分析后续可能的事物发展，最终提出解决方案。例如，如果看到天空布满乌云，就推测可能会下雨，那对应的解决方案就是出门带雨伞。

人力资源数据分析的第二个原则是，管理异常数据，在日常工作中，人力资源发现的每个实际问题背后几乎都会有一个异常数据。例如，用人部门经常抱怨HR招聘效率低，招人速度太慢，那么是哪一个招聘环节的问题，在哪里停留的时间最长，通过数据展示，再形成热力图，通过热力图中的不同颜色分布，就可以看出问题出现在哪里。

因此，通过建立人力资源数据标准，提升数据质量，深入数据应用，让人力资源数据"活起来"，发挥数据真正的价值，做好数据治理，让人力资源数据有治（理）更有质（量）。

第 12 章

人力资源数字化升级的模式、路径与实践

与其他国家的企业相比，我国企业的人力资源管理模式明显不同。这种不同主要源于其他国家与我国的工业化进程不同，以及所面对的文化背景不同。很多西方国家在百年间完成了工业化，而我国仅用了40年便完成了这一进程。因此，我国企业在人力资源管理上更注重人性、创新和创造力的激发。在管理模式上，我国企业既借鉴了西方成熟的规范化人力资源管理体系，又融入了自身独特的管理创新模式。例如，在绩效管理方面，我国企业更加注重文化和价值观的融入；在干部管理方面，我国企业更关注人才的发展潜力和对组织的认同感。

另外，由于我国企业多数采用多元化的集团型企业架构，甚至部分企业通过合并、重组形成先有子公司后有总公司的格局，所以我国企业对人力资源的管控要求尤为突出。这种组织结构要求企业在人力资源管理上不仅要注重一致性，而且要兼顾灵活性和适应性。

在人力资源管理信息化建设方面，我国企业的发展历程也与其他国家企业存在明显不同。早期的人力资源信息化建设，我国企业大部分并未真正经历或重视，因此，人力资源信息化的应用负担相对较轻。这使大量企业能够直接跨越到人力资源数字化建设阶段，并在进行人力资源数字化升级时拥有更彻底的建设规划。

在人力资源数字化的内涵上，我国企业同样展现出自己的独特性。我国企业的人力资源数字化不仅涵盖了员工服务、人力运营、人才发展与组织发展等多个方面，而且内涵更丰富，特别是在移动应用和智能设备的导入方面，表现得更积极和主动。

在人力资源数字化建设的路径上，由于我国企业发展的历程存在较大差异，所以许多企业在人力资源数字化建设过程中需要兼顾管控要求、运营需求和个性化应用。这使其建设的路径更加多样化，以满足不同企业的特定需求。

12.1　企业人力资源数字化升级的路径

结合企业在人力资源信息化建设阶段的不同基础和建设历程的差异，综合考虑到企业人力资源管理数字化的创新与利旧，至少是管理经验的沉淀和数据的延续，从立足技术跃迁、管理升级、业务重构、数据智能的视角，以及转型变革落地的实施视角出发，企业人力资源数字化升级的路径可以从人力资源数字化管理模式和人力资源数字化系统搭建模式两个维度思考。人力资源数字化升级的路径九宫图示例如图12-1所示。

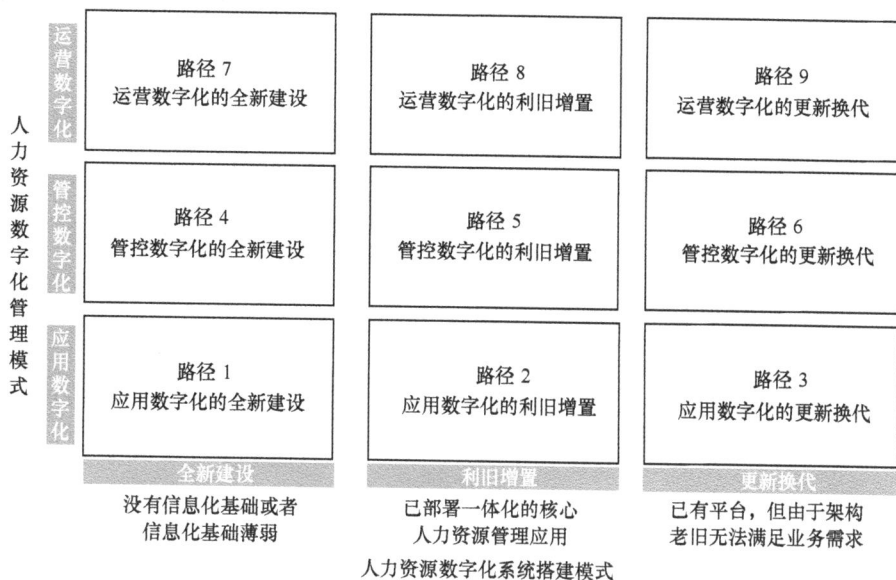

图 12-1　人力资源数字化升级的路径九宫图示例

在图12-1中，纵轴代表的是人力资源数字化管理模式，详细描绘了企业集团总部与下属各业务板块或专业公司在人力资源数字化系统中的相互关系角色定位。

1. 应用数字化（或称为分置）

应用数字化即单级次应用（分置），在这一模式下，集团总部主

257

要承担数据的集成和统一规范管控职责，而不需要深入参与具体的人力资源管理业务流程和业务运营的管控工作。这样的设计使下属业务板块或专业公司能够拥有更大的自主权和灵活性。

2. 管控数字化（或称为管控）

管控数字化体现了一种多级次管控的思维。集团总部通过提供一体化的统建系统平台，确保下属业务板块或专业公司的业务相对独立，同时，实现数据和人力资源管理关键业务流程的统一。这种统一不仅体现在数据层面，而且体现在诸如干部任免审批、薪酬总额管控等关键业务流程上。

3. 运营数字化（或称为统管）

运营数字化是一种全级次一体化运营的模式。集团总部通过搭建一个"集团—业务板块或专业公司—人事单元"的上下贯通、全级次的人力资源管理数字化一体化运营平台，实现了数据、业务、流程的全面统一。这个平台不仅提供数据服务，还具备全球化和智能化的特点，有助于提升整体企业的运营效率和管理水平。

在图12-1中，横轴则聚焦于人力资源数字化系统搭建模式，反映了企业人力资源数字化升级中，如何兼顾原有信息化建设基础的策略选择。

4. 全新建设（或称为新建）

这种方式适用于那些之前并未建立系统、缺乏统一或一体化的人力资源管理数字化平台或基础设施的企业。它要求从零开始规划和建设，实质上是全新应用的构建，旨在打造一个全新的、符合企业需求的人力资源管理系统。

5. 利旧增置（或称为增置）

这种方式适用于已经部署过一体化人力资源系统的企业。但考虑到企业原有的这些系统可能缺乏支撑数字化升级的高阶管理应用，因此，需要在保留原有系统的基础上，增加一些创新的模块。这种方式既充分利用了现有资源，又满足了业务发展的需求。

6. 更新换代（或称为替换）

这是基于技术升级、业务重构等需求出发，对企业原有系统进行全面更换、重新规划和设计的策略。它本质上是对原有系统的一体化升级改造，既涉及组织范围的全面统筹，又涵盖了应用范围的一体化思考。在替换顺序上，可以根据实际情况选择先建设核心模块再更新周边应用，或者先更新周边应用再建设核心模块等不同路径。

12.2　人力资源应用数字化的模式与路径

聚焦本级次应用，不要求全公司一体化管理的建设模式与路径，结合系统建设的不同历程，人力资源应用数字化的模式与路径可以分为以下3种。

1. 应用数字化的全新建设

集团总部采用创新数字技术，从零开始构建一套完整的人力资源管理数字化系统。这套系统不仅充分满足了集团总部的人力资源管理数字化应用需求，而且展现出高度的灵活性和包容性。下属机构在遵循集团整体战略框架的基础上，可以根据自己的业务特色和业务需求，自主选择建设方式，从而确保各自的管理模式和业务实践得以充分展现。而集团总部则负责对这些分散的数据进行统一汇总和处理，以实现对整个集团数据的全面监控和高效管理。

（1）业务特点

① 总部级创新人力资源管理应用，对下属机构没有做强制一体化要求。

② 下属机构既可以依托集团的一体化平台自行建设符合自身需

求的应用，也可以接入集团平台，共享集团资源，实现快速部署和高效运营。

③ 集团始终聚焦应用赋能，致力于通过数字化手段提升人力资源管理的效率和效果。同时，集团也充分尊重各板块的个性化差异，鼓励下属机构在遵循集团整体战略的前提下，发挥自身特色，实现差异化发展。

（2）优点

① 允许下属机构有个性化需求，能够更好地满足不同单位、部门甚至个人的应用需求，提高系统的适用性和用户满意度。

② 更容易获得下属机构的支持，减少了人力资源数字化建设和推广的阻力。

③ 提升集团整体的人力资源数字化水平，对于部分人力资源数字化水平较低的单位，可以借鉴集团最佳实践，快速部署成型，提升了企业人力资源数字化建设的进度。

（3）缺点

① 系统集成和统一管理的难度较大，新平台投入使用后，各层级组织自建业务系统会产生大量的集成需求，这部分需求如果处理不好，就会影响未来新平台的深度应用。

② 缺乏一体化的人力资源数字化变革规划，存在后期重新规划的风险。

③ 权责划分争议多，各单位系统上线使用后，运维责任和升级成本归属容易出现模糊地带，进而影响系统的深入使用。

2. 应用数字化的利旧增置

在原有人力资源数字化应用的基础上，结合企业紧迫的管理诉求，搭建数字化的试点应用。大型集团公司下属机构众多，各机构在成立时间上、专业人员配置上、业务发展上均存在一定差异，造成其在管理成熟度与管理诉求领域存在较大不同。有的机构处于信息化基础阶段，主要需求仍然停留在"数对人头、发对工资"阶段；有的机构处于信息化发展阶段，以流程驱动管理；有的机构处于数字化阶段，需要通过数字化和智能化技术进行人才管理，辅助决策。

（1）业务特点

① 在原有的人力资源管理平台基础上，结合实际业务需要，搭建满足本级次的创新应用，例如，员工服务应用、共享服务中心建设、绩效管理应用等。

② 聚焦于对员工服务赋能和对下属机构的服务共享。

（2）优点

① 能够沿袭原有的应用成果，通过在现有系统基础上进行增置，可以最大程度地保持系统的稳定性和可靠性，降低因系统替换而带来的运营风险。

② 企业文化变革挑战小，企业内部已适应现有系统的工作模式，用户对新内容的学习成本和抵触情绪也会降低。

③ 投入少，见效快。在原有系统基础上进行优化改进，可以节约大量系统重构的时间和成本。

④ 各级机构能够根据自身的数字化水平进行系统建设，量体裁衣，系统建设与自身的业务管理成熟度相匹配。

⑤ 允许下级机构根据实际情况进行个性化建设，有利于企业激发创新意识和探索新的管理模式，推动企业人力资源管理的不断进步。

（3）缺点

① 缺乏体系化的规划，需要集成和改造之处较多，系统建设的资源投入比较分散，难以发挥集中优势。

② 原有系统的操作习惯和局限性会制约人力资源数字化升级的

建设目标。系统在优化改进过程中，可能会受到原有系统设计的限制，难以增置一些创新性的功能。

3. 应用数字化的更新换代

结合技术创新、应用升级、管理变革等因素，聚焦本级次管理需求，对原有系统进行重新规划、设计、开发和建设。

（1）业务特点

① 充分考虑企业内部管理的数字化需求，同时兼顾外部数字化的要求，例如，产业链上下游的协同、社会化用工的管理等。系统能够全面覆盖企业的各项管理活动，实现内外一体化的数字化管理。

② 在系统设计和建设过程中，特别注重数据的合规性，确保企业在全球范围内的数据管理和使用都符合相关法律法规的要求。

（2）优点

① 一次性规划成型，不用受限于原有系统建设的约束，新系统提供更多的功能和定制选项，可以满足企业的特定需求。

② 能够应用全新的技术和先进的管理工具。集团公司将立足于长远规划，对系统进行选型，更好地应对当前和未来的业务挑战。

③ 精准创新：企业借助于在旧平台上积累的应用经验，能够深刻洞察自身存在的问题与发现业务痛点，进而在新平台的设计中有针对性地对其优化与改进。

（3）缺点

① 数据迁移难度大。不同单位对原系统的应用程度不同，会导致数据质量参差不齐，在进行系统替换时，对历史数据的迁移有较大的难度。

② 系统切换成本高。员工需要花时间和精力去适应新系统，包括熟悉新系统的业务处理逻辑和改变操作习惯等，会产生一定的学习成本。在系统替换的过渡期间，新旧系统的业务衔接会导致生产效率低

下。另外，如果各单位的切换时间不一致，在跨单位业务协作领域会增加较大的沟通成本。

12.3　人力资源管控数字化的模式与路径

立足全集团多级次的数据统一管理，结合部分核心职能（例如，干部管理）的上下协同一体化要求，实现数据和关键业务的管控数字化，基于不同系统建设的历程，人力资源管控数字化的模式与路径分为以下3种。

1. 管控数字化的全新建设

集团针对某项关键的人力资源管理业务，提出了明确的管控需求，旨在构建一个上下贯通、一体化管理规则的系统，确保在特定管理领域实现全级次的无缝管理。另外，集团需要对管控的所有数据做统一的管理。

（1）业务特点

① 集团构建一套人力资源管理数字化平台，在核心模块上实现了上下一体化的全级次管理，例如，干部管理、薪资总额管理、组织管理，以及编制管理等。

② 关注员工服务和移动端应用，将最终用户由业务部门变成全体员工，围绕移动端应用，搭建智能平台。

③ 围绕用户使用的便捷性和易用性，搭建系统。

（2）优点

① 数据管理及核心业务管理的一体化，集团可以更好地对核心业务进行管控，统一制定政策、流程，提高数据质量和一致性，有利于集团全面、精准地掌握各项人力资源数据，实现高效地管理和决策。

② 维护下属机构的业务管理自主性。各个下属机构可以根据自

身业务特点和需求，在一定范围内进行定制化建设，更好地适应各自的业务模式和流程。

（3）缺点

① 对数据治理的要求较高，存在数据质量较低的风险。

② 下属机构的过往投入或系统建设的应用缺乏延续性。

③ 管控方案向下兼容度不高，统一管控平台在设计时，往往只注重集团的管控方式，很难兼顾下属机构向下的管控需求，不能有效服务各层级组织。统一管理和个性化设计的结合可能增加管理的复杂度和难度，需要寻找平衡点来保证集团的整体利益。

2. 管控数字化的利旧增置

集团对某项人力资源管理业务的管控需求日益迫切，例如，绩效管理，结合现有的人力资源管理系统，策划并增建上下贯穿一体的试点应用。这一举措旨在通过技术的力量，进一步提升人力资源管理的整体运营效率，并努力降低运营成本，为企业创造更大的价值。

（1）业务特点

① 关注整体的运营效率提升和成本降低。

② 聚焦业务集中化和智能化技术应用。

③ 关注创新应用与业务变革的一体化管控，例如，干部、绩效、招聘、数字化学习等。

（2）优点

① 系统建设阻力小。

② 单体应用见效快。

（3）缺点

① 新旧系统的应用流程集成难度大、不同系统的操作习惯不一致，用户在实际应用时，遇到的挑战多。

② 统一实施单位同步建设比较困难。

③ 运维成本增加，运维团队需要掌握多平台的不同技术，以完成不同平台的运维工作任务，对运维团队的要求较高。

3. 管控数字化的更新换代

紧跟新技术和新应用的步伐，深度结合最新技术、应用升级、管理变革等多重因素，构建一套针对某些细分管理工作的全面管控体系。这一体系的建立旨在实现对特定业务领域的精细化、高效化管理，以满足企业日益复杂多变的管理需求。

（1）业务特点

① 人力"三支柱"转型完成，需要搭建内部完整的人力资源运营平台，并关注人力运营的标准操作流程（Standard Operating Procedure，SOP）的改进，以及服务质量的提升。

② 关注各板块的人力资源创新。

（2）优点

① 技术转型：引入当下先进的技术平台底座，完全遵循自主可控原则，全面升级人力资源的基础设施。

② 模式变革：全新的平台完全重构了管控模式，将管控模式由原先的以限制为主要手段，逐步转变为以协作赋能为主要手段，进而提升了集团总部形象。

（3）缺点

① 项目成本高、周期长，全平台更换往往需要2~3年。

② 需要投入大量的人力、财力，企业和项目责任人的压力较大。

12.4　人力资源运营数字化的模式与路径

立足于集团一体化统一的人力资源管理和运营，结合过往的信息化建设历程，人力资源运营数字化的模式与路径分为以下3种。

1. 运营数字化的全新建设

企业如果没有现成的人力资源管理系统，则需要构建一套全新的覆盖全级次的人力资源管理数字化系统，旨在实现集团范围内人力资源管理的标准化、一体化和规范化。

（1）业务特点

① 通过搭建统一的人力资源管理数字化系统，实现数据的集中管理、共享和流通，从而提升人力资源管理的效率和企业管理层的决策水平。

② 聚焦一体化、规范化、标准化，通过系统的整合和优化，打破部门壁垒，实现人力资源管理的无缝衔接和高效协同。同时，注重标准的制定和执行，确保人力资源管理的各项工作都符合集团的战略目标和业务需求。

③ 集团对下属机构的管控力度高。通过系统的权限设置和数据监控，集团能够实时掌握下属机构的人力资源状况，对其进行有效的指导和监督，确保整个集团的战略目标得以顺利实现。

（2）优点

① 不需要背负历史各设备和平台应用的包袱，系统建设的技术障碍少。

② 统一使用一套系统，可以减少重复建设的成本，降低系统维护的成本，有利于整体资源的有效利用。

③ 全面盘点，借助项目建设的新契机，集团可以更深入地了解各下属机构的人力业务现状，有利于后续更好地监督和指导下属机构不同领域的工作。

（3）缺点

① 员工的培训教育压力大，新系统的上线意味着原有工作模式的改变，增加员工的学习成本，需要通过持续的培训教育来提升员工认知。

② 企业内存在权力博弈的情况，内耗严重，项目在实施过程中，需要群体决策的事项往往很难达成一致，如果项目缺少企业高层领导的支持，则很难成功。

③ 个性化设计对满足特定业务需求非常重要，系统可能无法完全满足所有下属机构的特定需求。

2. 运营数字化的利旧增置

在原有的人力资源系统基础上进行全面升级，构建了一个高效协同的人力资源数字化系统。这一系统不仅延续了原有系统的优势，而且增置了很多新功能，为企业的人力资源管理注入了新活力。

（1）业务特点

① 针对原有系统在高阶人才管理应用方面的不足，在统一管控的前提下，特别针对高阶模块（例如，绩效管理、人力共享、人才发展等）部署了新系统。这些新系统不仅满足了企业对高阶人才管理的需求，而且在数据整合、流程优化等方面发挥了重要作用，提升了企业整体管理的效率。

② 集团在系统建设中聚焦核心人事一体化，通过集中管理、统一标准，确保了企业人事信息的准确性和一致性。同时，集团也充分考虑到下属机构的业务个性化需求，通过灵活的配置和定制功能，为下属机构提供了个性化的业务支持，实现了管理与业务的有效结合。

（2）优点

该系统的基础设施稳定，能够快速见效。

（3）缺点

① 原有系统架构存在的问题无法解决。

② 新旧系统的应用差异大，可能对系统的深度应用体验带来一定挑战。

③ 对于业态多元的集团化企业适用性不足。高阶模块应用往往

伴随着很强的行业特点，如果集团的下属机构分布在不同行业，那么很难搭建出一套匹配各单位业务特点的高阶应用。

3. 运营数字化的更新换代

该路径对原有系统进行了颠覆式的重构，不仅在技术路线上进行了全新的布局，而且在应用模式上进行了深刻的变革。这一重构旨在打破传统人力资源管理的束缚，为企业带来更加高效、智能的人力资源运营体验。

（1）业务特点

① 聚焦于一体化应用，打破数据孤岛，实现数据的共享和互通。通过整合各类人力资源数据，为企业提供了更加全面、准确的数据支持，助力企业做出更明智的决策。

② 关注新平台的智能化和扩展性，通过引入先进的人工智能技术，实现对人力资源数据的智能分析和处理。同时，注重平台的扩展性，新平台可以与各类外部系统进行对接，为企业提供更加灵活、多样的应用选择。

③ 关注新平台的生态建设，致力于打造一个开放、共享、协同的人力资源管理生态，吸引更多的合作伙伴加入，共同推动人力资源的高效智能管理。

④ 关注新平台的创新性和可靠性建设，确保平台的安全稳定，并提供便捷的维护服务和预留可升级功能，以满足企业不断变化的业务需求。

⑤ 在整体数字化转型的浪潮中，关注人才的优先地位，通过优化人才管理流程，提升员工体验，激发员工的创新力，为企业的发展注入新的动力。

（2）优点

① 整体更新换代后的一体化管理力度大、员工体验一致性强、

功能更完善。

② 项目实施过程中，更注重内部团队的能力培养，尤其是科技公司可以借助项目建设，实现员工的同步技能提升，为企业未来更多的数字化建设项目提供人才储备。

（3）缺点

① 需要充分的研讨和论证。

② 员工体验差异可能会带来风险。

③ 异构系统数据迁移，基本不可能做到无损迁移，方案设计过程中，需要重点考虑关键数据的范围、迁移、展现和后续应用，具体方案在实施过程中难度较大。

④ 停用原系统，转而使用新系统可能面临员工重新培训等多方面的问题。

⑤ 下属机构已有自身的信息系统，可能会拒绝更新换代，遇到一定的抵制和阻力，项目负责人需要做大量沟通和协调工作。

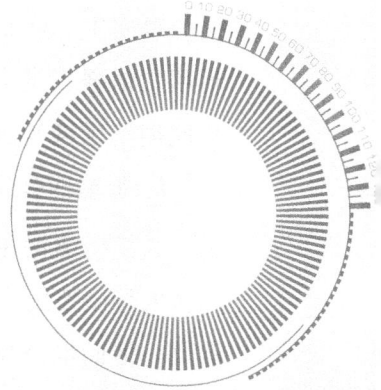

总结与展望：关于人力资源数字化升级的建议

2024年2月16日，OpenAI公司发布的文生视频Sora再次震撼业界。不少人惊呼，通用人工智能成为现实将从原来的10年、20年压缩到1～2年，很多人开始焦虑人工智能技术会不会让很多人失去工作岗位。事实上，我们不应把人工智能看作取代人类活动的技术，而应该利用它增强人类自身能力，减轻人类思考的负担，这样人类就可能在其他创新领域有更大突破。

1. 智能时代拥抱人工智能的建议

人工智能正在给人们带来一种焦虑、兴奋和喜悦等交融的漩涡感。许多人希望使用人工智能来让他们的工作变得更轻松，变得更有效率。然而，他们也担心人工智能技术的深度应用可能会让人们丢掉"饭碗"，尤其是机器人可能会取代他们。

面对人工智能技术的飞速发展，人力资源管理者需要升级认知，既要考虑自身的转型，又要考虑企业和人才的转型与发展，谨守"趋势不可逆、回避不可取、学习不可少、未来不可怕"的理念，从容步入智能时代。

① 正视人工智能发展、积极拥抱人工智能技术、视人工智能为不可或缺的合作伙伴

正视人工智能会替代部分岗位，企业做好员工分流与安置工作计划。为了应对人工智能对劳动力可能产生的影响，企业应该预测人工智能带来的潜在失业风险，并制定重新安置受影响员工的策略。为了帮助员工适应不断变化的工作要求和排班计划，企业可以考虑提供工作共享、灵活的时间表和远程工作等替代方案。

企业在设置人工智能岗位过程中保持透明性，并为相关员工提供技能转型计划，让员工了解人工智能，认识到它是如何影响员工当前的职位的。这对于可能需要更好地适应这一现实的员工来说尤其重要。

转变思维观念，人们可以利用人工智能完成协作工作，并保持持续的进步。人工智能不是为了取代我们的员工，而是为了协助和增强他们的工作。转变思维，意味着拥抱这些技术，企业应该鼓励员工将人工智能视为一个强大的盟友，可以为其简化工作任务并创造新的工作机会。

② 打造持续学习的文化，推动个人能力结构升级

企业应该鼓励员工成为终身学习者，以应对不断变化的技术和适应不同的商业环境，帮助员工及时了解最新企业发展趋势。

企业应该立足人工智能无法取代的人类独特技能，例如，同理心、创造力、批判性思维、情商和复杂问题的解决能力等，鼓励员工发展战略思维和创造力等技能。

企业应该帮助员工发展新技能，随着人工智能技术的深入应用，员工需要掌握数据分析技能、提高战略思维能力等以保持竞争力。

③ 驾驭人工智能，将人工智能作为有益的工具集成到工作流程中，推动人才结构的数字化升级

企业可以将人工智能工具集成到员工具体的工作流程中，以减少员工工作量并提高企业运营效率。企业应鼓励员工学习和探索这些工具，并提供培训课程来提高员工的技能。

将人工智能视为一种可以接管日常任务的工具，从而使员工能够专注于其日常工作中更复杂、更具创造性和战略性方面的任务。

引导并培训员工使用人工智能工具，并利用这些新技术提高他们的生产力。

需要强调的是，智能时代，人类所独有的认知能力、科学思维、批判思考、体系学习和反思能力，这些都是人工智能无法替代的，因此，人类只有升级自己的认知维度，建立结构化的思维体系，才能在智能时代立于不败之地。

2. 智能时代人力资源数字化升级的建议

未来并不属于人工智能，未来属于能够娴熟驾驭人工智能的超级个体或超级人类。因此，在人工智能深入应用的智能时代，每个个体、团队领导者、企业管理者、人力资源管理者均需要思考，适应智能时代的人才技能结构将如何变迁，如何通过数字化和智能化的应用提升人类的技能，如何未雨绸缪地规划人才能力结构和人才管理？

① 积极拥抱数智技术

人工智能不再是未来的科技趋势，而是当下社会与技术发展的生动写实。因此，对于人力资源管理者而言，拥抱人工智能技术，不仅需要积极投身学习，将人工智能知识内化于心、外化于行，而且在日常工作中，需要熟练地运用和驾驭这一强大工具。在推动人力资源数字化升级的进程中，更应勇于探索、敢于创新，积极引入人工智能技术，从员工思维认知的革新、员工服务数字化体验的升级、人力运营数字化变革的推动，到人才管理数字化升级的实现等多个维度，全面而深入地应用人工智能，以此提升员工满意度与工作效率，优化人力资源运营的水平，提高人才发展的精准度，进而增强组织的整体效能。

② 从组织能力视角思考人力资源管理的创新与数字化升级

人力资源管理者需要跳出固有的专业框架，摒弃传统的职能或管控式思维，积极构建符合数智时代特点的人力资源管理数字化新模式。这一模式的核心在于聚焦组织能力的重构，从人才发展、组织发展、员工体验、人力运营4个不同层面进行深入探索。在这一过程中，人力资源管理者应充分结合数据要素的价值创造，利用数字化手段，实现组织效能的提升与个人发展的和谐统一。通过这种方式，推动企业持续涌现人才，并将人才与组织目标精准匹配，实现智效合一，使组织在数字化浪潮中保持领先地位，实现可持续发展。

③ 从变革属性思考人力资源数字化升级的规划

缺乏变革的数字化，其实只是信息化的升级而已，远未触及企业数字化转型的核心理念。因此，我们必须从变革的视角出发，认真对待人力资源数字化升级的顶层设计。同时，还应着眼于数智员工的应用规划和数字化人才的培养策略，确保人力资源数字化升级能够深入组织的每个环节，为组织的长远发展注入强大动力。

④ 持续迭代的思路建设人力资源数字化

数字化建设不是一蹴而就的，更不是一次性的技术改造或系统升级所能达成的。它应当是一个不断迭代、持续优化的渐进过程，既涵盖了人力资源管理体系本身的深化完善，又涉及数字化建设的整体升级。因此，人力资源管理者必须树立持续建设和运营的思维，既要实现管理创新，又要积极拥抱新兴技术应用，让管理与技术相互融合、相互促进，从而不断释放数字化的潜在价值，推动企业实现更为深远和持久的变革。

⑤ 关注人才在人力资源数字化升级中的深度参与和积极推动作用

人才既是企业持续高质量发展的动力源泉，又是人力资源数字化升级的推动力量。因此，需要重视并加大人才在人力资源数字化升级中的引领和推动作用，尤其是数字化素养的建立、数字化领导力的建设、数字化人才的培养等方面。

⑥ 注重数字化工具的深度应用

在人力资源数字化升级中，深度应用数字化工具至关重要。人力资源管理者需要了解各种工具，例如，数据分析、人工智能算法及云计算平台的功能与特性，以选择最符合自身需求的工具。这些工具能助力企业实现数据快速处理、精准分析及智能化决策。同时，企业需要关注工具的更新迭代及新技术发展，保持对新技术的敏感性，及时引入最新数字化工具，以适应不断变化的市场需求。

商业环境日趋复杂多变，不确定性因素层出不穷。在这样的大背景下，人力资源管理者肩负着引领组织能力锻造与变革的重任，为了应对这一挑战，必须不断学习新知识、掌握新技能、应用新技术，并勇于创新实践。通过持续学习和创新，人力资源管理者能够为企业打造更加灵活、高效的组织结构，提升员工能力，打造高凝聚力和创造力的企业文化，进而推动企业整体竞争力的提升。因此，不断学习和创新是人力资源管理者应对商业环境变化、引领组织能力持续发展的关键。

后　记

自2003年以来，无论是在跨国公司甲骨文（Oracle）和思爱普（SAP）工作，还是在国内业界领先的企业用友公司任职，本人一直在人力资源信息化领域工作和学习，目睹了人力资源管理的创新和变革，更亲身参与众多企业人力资源管理信息化和数字化的建设，亲历了人力资源管理作为企业信息化或ERP企业资源计划的一个模块，到独立成为人力资本管理（Human Captial Management，HCM）套件或HR SaaS的变迁，更全程参与了企业从"数对人头，发对工资"，到创建世界一流企业管理提升行动的人力资源管理数字化新阶段。这一系列的变革不仅印证了企业发展模式从要素驱动向创新和领导力驱动的转变，而且让我深刻感受到科技与人才作为驱动经济和企业发展的强大而持久的动力。

不同于其他企业管理领域，人力资源管理的弹性和柔性特征明显。不同的行业背景、发展阶段和企业规模，使人力资源数字化所面临的挑战和问题千差万别。在为客户提供人力资源数字化解决方案的过程中，我深切感受到众多企业对于在管理创新和数字化建设方面汲取头部企业先进实践经验的渴望。目前，市面上关于数字化转型的图书十分丰富，关于人力资源数字化的图书也不少，但这些图书大部分缺乏从全球人才供应链和企业组织能力视角、人工智能应用、数字化转型顶层设计、不同企业类型建设实践等视角的系统阐述。本书基于作者在服务于全球知名企业的人力资源数字化实践中的经验，介绍了人力资源信息化和人力资源数字化的顶层设计。尝试帮助读者看到中国企业在走向全球化过程中，人力资源管理利用数字化和智能化技术重构组织的能力，从精准人才管理、敏捷组织发展、智能人力运营和卓越员工体验4个不同的维度，推动企业高质量发展。

本书立足于系统地分析人工智能对企业人才能力结构、人力资源管理和人力资源数字化升级，从企业视角阐述推动人力资源数字化升级的动因，从应用视角剖析组织能力与人力资源管理数字化的底层逻辑，阐述了数字经济与组织数字化转型、企业组织能力与人力资源数字化的关系，以及人工智能的应用与人力资源数字化的融合，提出人力资源数字化的本质是通过人力资源升级实现组织能力的重构，因此，本人大胆地提出"人力资源数字化升级"的概念。

希望能够帮助企业管理者、人力资源管理者思考并推动人力资源数字化的建设落地。

感谢北京大学光华管理学院王冬霞老师、徐杏老师的鼓励，坚定了我撰写本书的信心。在本书的撰写过程中，有幸得到了众多的全球头部企业人力资源高管们的鼎力支持。这些企业以其丰富的数字化实践经验和创新探索，为本书提供了宝贵的素材和深刻的见解。同时，我也得到了众多既专业又敬业和热心的同事们的智力支持。感谢聂帅和任真如提供的宝贵建议和细致的校对工作，感谢牛继善在实践案例方面，郑百兴在员工体验方面，张宇光在数据治理与数据分析方面，王轶在组织网络分析方面，王福明、王学良、王邦林、王磊、孔令林等人在人力资源数字化"雷区"方面，以及魏思辰在AI算法应用方面提供的宝贵智力贡献。

人力资源数字化的发展与创新方兴未艾，而人工智能的飞速发展更是为这一领域带来了强大的创新动力。不可否认的是，新的实践和创新日日更迭，由于个人在认知和实践上的局限，本书可能存在疏漏之处，所以诚挚地期待更多专家和读者朋友们批评指正，您的宝贵意见和建议将对我们未来的研究和写作产生极大的帮助和启发。我坚信，在大家共同的努力下，人力资源数字化的发展将更加深入和广泛，让我们共同为企业和组织的可持续发展注入新的活力。

张月强

2024年8月17日

参考文献

[1] 尤里奇，艾伦，布罗克班克，等. 变革的HR：从外到内的HR新模式[M]. 朱翔，蒋雪燕，陈瑞丽，等译. 北京：机械工业出版社，2020.

[2] 杨国安. 组织能力的杨三角：企业持续成功的秘诀[M]. 北京：机械工业出版社，2021.

[3] 张月强. GOT：目标共进 激活组织—新时代绩效管理变革的创新探索与实践[J]. 企业管理，2021（3）：18-24.

[4] 牛继善. 从企业实践看人力资源共享转型[J]. 企业管理，2022（2）：102-104.

[5] 刘秀华. 数字化支撑央企绩效变革[J].企业管理，2022（9）：108-111.

[6] 张月强. 依托数字技术重构组织能力[J].企业管理，2022（11）：104-109.

[7] 文跃然，张月强，王丹阳，等. 绩效认知升级——基本理论与数字化[M]. 北京：电子工业出版社，2024.

[8] 张月强，路江涌. 智能时代的人力资源管理"智效合一"转型[J]. 清华管理评论，2023（5）：24-33.

[9] 张月强. 人力资源数字化企业高质量发展新引擎[J]. 企业管理，2023（8）：100-105.

[10] 路江涌，张月强. 智能时代的人力资源精准管理[J]. 清华管理评论，2023（11）：74-84.

[11] 张月强. 国企人力资源数字化全景图[J]. 企业管理，2024（1）：115-119.